2010年度教育部人文社会科学研究规划基金项目"幼儿园集体教学活动有效性研究"（项目批准号：10YJA880131）研究成果

幼儿园教学诊断技巧与对策58例

王春燕◎等著

中国轻工业出版社

图书在版编目（CIP）数据

幼儿园教学诊断技巧与对策58例／王春燕等著. —北京：中国轻工业出版社，2014.2（2024.6重印）
ISBN 978-7-5019-9454-0

Ⅰ.①幼…　Ⅱ.①王…　Ⅲ.①学前教育-教学研究　Ⅳ.①G612

中国版本图书馆CIP数据核字（2013）第219714号

保留所有权利。非经中国轻工业出版社"万千教育"书面授权，任何人不得以任何方式（包括但不限于电子、机械、手工或其他尚未被发明或应用的技术手段）复印、拍照、扫描、录音、朗读、存储、发表本书中任何部分或本书全部内容（包括但不限于光盘、音频、视频等）。中国轻工业出版社"万千教育"未授权任何机构提供源自本书内容的电子文件阅览、收听或下载服务。如有此类非法行为，查实必究。

责任编辑：吴　红　　　责任终审：杜文勇
策划编辑：吴　红　　　责任校对：刘志颖　　　责任监印：吴维斌

出版发行：中国轻工业出版社（北京鲁谷东街5号，邮编：100040）
印　　刷：三河市鑫金马印装有限公司
经　　销：各地新华书店
版　　次：2024年6月第1版第4次印刷
开　　本：710×1000　1/16　印张：18.25
字　　数：178千字
印　　数：9001—11000
书　　号：ISBN 978-7-5019-9454-0　　定价：38.00元
读者热线：010-65181109
发行电话：010-85119832　　010-85119912
网　　址：http://www.chlip.com.cn　　http://www.wqedu.com
电子信箱：1012305542@qq.com

版权所有　侵权必究
如发现图书残缺请拨打读者热线联系调换
240627Y1C104ZBW

本书编写人员

（按姓氏拼音排序）

蔡振岚	陈　蕾	陈戎戎	陈　娴	陈　宴
何　丹	金　环	金康力	金晓群	林　沁
刘丽丽	陆燕莉	马春艳	沈国香	盛于蓝
王春燕	邬海燕	吴文艳	徐甜甜	许　颖
姚群利	周　婧			

前　言

课程是教育的核心，是关于教育目标、教育内容、教育方法和教育评价的一个系统，是教育思想、教育理论转化为教育实践的中介与桥梁。笔者长期从事高等师范院校学前教育学专业的教学工作，在多年的教学实践中发现，目前高等师范院校学前教育学专业"幼儿园课程"的教学状况呈现出两难境地：一是学生对幼儿园课程与教学中的基本理论，尤其是幼儿园课程的编制原理、设计理论等很难理解，学生在幼儿园课程理论素养及实践能力的形成中缺乏支撑的实践环节及典型案例，致使学生对幼儿园课程与教学理论的理解不深入、不到位，设计教育、教学活动的能力不强；二是虽然教师在教学中理论联系实践的意识有所增强，但囿于手头所收集的案例或缺乏或不够典型，即使教学竭尽全力，教学效果也达不到理想状态。因此，教学实践中的突出问题是反映幼儿园课程与教学实践的典型案例缺乏，而对这些典型案例的分析说明在很大程度上能引领学生形成主流的课程价值观，有助于学生对课程与教学问题进行诊断和分析，促进学生反思实践能力的形成，也便于学生毕业后进入幼儿园尽快熟悉与了解幼儿园课程与教学状况，成为一名合格的新教师。

笔者试图解决上述两难问题，为此开展了"实践取向的幼儿园课程教学诊断案例研究"。笔者带领的研究团队在充分研究与分析《幼儿园教育指导纲要（试行）》、《3—6岁儿童学习与发展指南》的内容以及幼儿园教学现状问题的基础上，借鉴美国课程专家施瓦布的实践性课程理论，确立了该研究的实践取向，强调从课程、教学的现实与现场出发，并在课程的建构、实施中不断循环创建课程教学案例资源，运用病理诊断学的路径进行案例收集、整理和诊断分析。

"诊断"本是医学范畴——病理诊断学的概念，引用到教育中，即为教育诊断学。教育诊断学主要是指对教育（包括课程）中的问题现状进行透视，诊断其教育病理，揭示其病根所在，然后针对病根，开出"处方"。按照病理诊断学的学理路线，要对教育病症做出诊断和治疗，最基础的步骤是观察、收集和归纳它存在的各种发病的症状和反应，然后在临床中逐步排查，最终确定病症。

本团队采用病理诊断学的技术路线，深入幼儿园课程与教学活动现场进行持续的观察，以参与观察和非参与观察两种方式收集、记录大量幼儿园课程教学活动的案例。在历时两年多的课程实践中，我们收集了大约80个案例。这些案例涉及幼儿园课程教学中的教学活动目标、教学活动内容、教学活动实施、教学活动设计及主题教学、区域活动等方面的问题。王春燕组织团队成员对这些案例进行了筛选和讨论，并最终确定了58个案例，使呈现的案例能反映幼儿园课程教学中的关键与典型问题。案例确定后，团队成员按特长进行分工，对每一个案例进行诊断，指出病状与反应，然后按照现代课程的基本理念进行诊断分析，最后给出解决问题的对策与建议。

2010年5月至2011年5月，案例收集筛选完毕后，团队成员分工协作，开始了案例的还原描述及诊断分析部分的写作。2011年10月一稿完成后，由王春燕审阅，提出修改意见并反馈给各成员修改。2011年寒假，二稿陆续发回，王春燕再次进行审阅，并提出了继续修改的意见。到2012年暑假，王春燕再对三稿进行审阅并执笔统一修改定稿。由于平时的教学科研工作比较繁忙，也由于其他事务的影响，直到2013年年初利用寒假才修改完毕。2013年5月出版社编辑给出修改意见后，王春燕进行了最后一稿的修改、完善与定稿。

全书既通过实例展示了幼儿园教学的诊断技巧，又针对案例反映出的某一类教学问题给出了对策与建议。它对于师范院校学前教育专业的学生学习和运用幼儿园课程与教学理论、开展教育教学实践，具有很好的指导作用；对于一线幼儿教师理解幼儿园课程基本原理、落实《幼儿园教育指导纲要（试行）》及《3—6岁儿童学习与发展指南》的精神、有效地开展教育教学活动及教研活动，也有很大的借鉴和帮助作用。此外，它对于学前教育教研员和研究者更好地了解一线幼儿园教学实践、更有效地开展教育教学研究，也有很高的参考价值。

本书为集体智慧的结晶。组织者王春燕为浙江师范大学杭州幼儿师范学院教授。编写人员为王春燕、沈国香、姚群利、陈娴、马春艳、蔡振岚、金晓群、陈蕾、陈宴、金环、吴文艳、盛于蓝、徐甜甜、陆燕莉、邬海燕、何丹、林沁、刘丽丽、金康力、陈戎戎、周婧、许颖。其中，王春燕撰写案例40、41、47、52、54、55、57，沈国香撰写案例1、3、4、5、6、7、15、27，姚群利、陈宴撰写案例8、9、10、11、12、13、14、36、37、38、58，陈娴撰写案例17、18、19、20、21、22、23、24、25、26、42，陈蕾、马春艳、蔡振岚、邬海燕撰写案例35、45、46、48、50、51、53，金晓群、何丹、林沁、刘丽丽、金康力、陈戎戎、周婧撰写案例2、16、28、29、30、31、32、33、34，金环、盛于蓝、徐甜甜、陆燕莉、许颖撰写案例43、44、49、56，吴文艳撰写案例39。除王春燕外，其他编写者都是幼儿园一线的园长、教研员和教师，他们有丰富的实践经验，深谙幼儿园课程与教学实践问题。为了写好本书，本团队成员查阅了大量的文献，做了积极的思考与讨论，虽竭尽全力做了努力，但遗漏之处在所难免。同时，对每一案例的诊断分析，虽运用相关的课程理论做了阐释，但由于每个人教育价值取向的不同，所以我们的分析与建议并不是最理想的答案。不妥之处，敬请同人批评指教。

"实践取向的幼儿园课程教学诊断案例研究"是王春燕主持的浙江师范大学教改课题。在此感谢浙江师范大学教务处领导所给予的支持和关怀。

编写人员在写作过程中参阅了很多研究成果与相关案例，在文中都一一做了注释，谨向这些作者表示衷心的感谢。

感谢编写人员的通力合作和理解，感谢编写人员所在单位及领导给予的支持。感谢中国轻工业出版社给予的关怀，感谢责任编辑吴红老师提出的修改意见及辛勤劳动。

王春燕

2013年5月12日

【目录】CONTENTS

前言 / I

第一部分 教学活动目标与内容

案例1 怎样从分析教材入手,制订适宜的教学活动目标?
——"小壁虎借尾巴"教学诊断 / 3

案例2 怎样表述教学活动目标?
——"撕面条"等教学诊断 / 9

案例3 怎样把握促进幼儿发展的教学活动目标?
——"小壁虎借尾巴"教学诊断 / 17

案例4 怎样适度把握教学容量,使教学活动目标更集中和深入?
——"爷爷一定有办法"教学诊断 / 21

案例5 怎样使教学活动目标具有可操作性,避免空洞和泛化?
——"蓝天上的幼儿园"教学诊断 / 26

案例6 怎样在教学活动目标的制订中体现教师自身的积累?
——"狼大叔的红焖鸡"教学诊断 / 31

案例7 怎样处理教学活动目标与教学活动内容的关系?
——"啪啦啪啦——砰"教学诊断 / 37

案例8 怎样使教学活动内容合乎教学活动目标?
——"想办法"教学诊断 / 42

案例9 怎样避免教学活动内容脱离、远离幼儿生活的现象?
——"会响的小路"教学诊断／47

案例10 怎样根据幼儿的兴趣选择教学活动内容,同时避免教学活动目标不明确?
——"春风轻轻吹"教学诊断／52

案例11 选择教学活动内容时怎样体现内容的发展适宜性?
——"春天来了"教学诊断／56

案例12 怎样使教学活动内容从逻辑上关照不同年龄阶段的幼儿?
——"中秋节主题活动"教学诊断／60

案例13 选择教学活动内容时怎样避免教学活动目标的流失?
——"各种各样的树"教学诊断／64

案例14 怎样有效利用幼儿园的自然资源,使教学活动内容更贴近幼儿生活?
——"秋天的树"教学诊断／68

第二部分 教学活动设计与实施

案例15 怎样在教学活动实施中突出重点、化解难点?
——"称一称"教学诊断／75

案例16 怎样设置教学活动的导入环节?
——"粗心的小画家"等教学诊断／80

案例17 怎样在教学活动中回应幼儿的话题,使互动更深入?
——"萝卜回来了"教学诊断／84

案例 18　怎样在教学活动中帮助幼儿进行经验迁移？
　　　　——"小动物吃什么"教学诊断 / 88

案例 19　怎样在教学活动中避免环节的等待和时间的浪费？
　　　　——"水仙花圆舞曲"等教学诊断 / 92

案例 20　怎样在教学活动中给幼儿留出想象的空间？
　　　　——"做木偶"教学诊断 / 96

案例 21　怎样在教学活动中支持幼儿的深入表现？
　　　　——"狐狸偷鸡"教学诊断 / 100

案例 22　怎样在教学活动中创设教学情境以利于幼儿的学习？
　　　　——"来把门儿敲"教学诊断 / 104

案例 23　怎样在教学活动中巧妙引导幼儿的兴趣？
　　　　——"皮筋乐"教学诊断 / 108

案例 24　怎样在教学活动中发现幼儿的真问题以挖掘教育的价值？
　　　　——"哪些东西会溶解于水"教学诊断 / 112

案例 25　怎样在教学活动中观察幼儿？
　　　　——"自制月历表"教学诊断 / 116

案例 26　幼儿园的集体教学活动必须有时间限定吗？
　　　　——"给鸡蛋宝宝一个家"教学诊断 / 120

案例 27　怎样在教学活动中发挥教师的教学机智？
　　　　——"身边的数字朋友"教学诊断 / 124

案例 28　怎样在教学活动中关注细节、从细节做起？
　　　　——"气球小车动起来"教学诊断 / 128

案例 29　怎样在教学活动中有效地利用教具？
　　　　——"宝宝睡了"等教学诊断／133

案例 30　怎样处理好教学活动中快乐与发展的关系问题？
　　　　——"动一动"教学诊断／138

案例 31　怎样在教学活动中进行语言指导？
　　　　——"秋天的颜色"教学诊断／142

案例 32　怎样根据教学活动目标选择适宜的教学策略？
　　　　——"小乌龟看爷爷"教学诊断／147

案例 33　怎样在教学活动中对幼儿进行示范引导？
　　　　——"快乐的绽放"教学诊断／153

案例 34　怎样在教学活动中设计有效的提问？
　　　　——"会动的身体"教学诊断／156

案例 35　怎样在教学活动中选择适宜的教学活动组织形式？
　　　　——"鳄鱼拔牙"教学诊断／164

案例 36　怎样看待幼儿在教学活动中的合作与假合作？
　　　　——"电珠亮了"教学诊断／168

案例 37　怎样在艺术活动中处理创造力培养与艺术技能学习的关系？
　　　　——"做早操的小朋友"教学诊断／172

案例 38　怎样通过适宜的操作材料来促进幼儿的有意义学习？
　　　　——"沉浮"教学诊断／176

案例 39　怎样通过有效策略使教学活动层层推进？
　　　　——"有趣的纸"教学诊断／180

案例 40　怎样在教学活动中进行有效的师幼互动？
　　　　——"大问号"等教学诊断 / 184

案例 41　怎样在主题活动中处理好主题预设与生成的关系？
　　　　——"认识车"等教学诊断 / 191

案例 42　怎样把握主题活动的进程和结束时间？
　　　　——"蚯蚓为什么会在这里"教学诊断 / 197

案例 43　怎样将主题活动与幼儿的一日生活有机结合？
　　　　——"朋友见面真开心"教学诊断 / 200

第三部分　区域活动组织与指导

案例 44　怎样因地制宜地合理利用现有场地开设区域活动？
　　　　——"风水宝地"的利用 / 207

案例 45　怎样在区域活动中对幼儿进行有效指导和管理？
　　　　——"学做解放军"等教学诊断 / 213

案例 46　区域活动材料投放应该注意什么？
　　　　——"做彩链"教学诊断 / 218

案例 47　怎样在区域活动中观察幼儿并给予有效指导？
　　　　——"建造车库"教学诊断 / 221

案例 48　怎样根据幼儿的年龄阶段特征设计区域活动？
　　　　——"小熊请客"教学诊断 / 226

案例 49　怎样在区域活动中利用乡土资源？
　　　　——"蓓蕾小农场种植活动"教学诊断 / 229

案例 50　怎样在区域活动中提高学习性材料的有效性?
　　　　——"有趣的滚动"教学诊断 / 236

案例 51　怎样解决区域活动过程中教育契机的流失问题?
　　　　——"玩水"教学诊断 / 241

案例 52　怎样引导幼儿建立区域活动的规则?
　　　　——"玩沙"教学诊断 / 245

案例 53　怎样使区域活动与主题活动相辅相成、恰到好处?
　　　　——"可爱的蛋宝宝"教学诊断 / 249

案例 54　怎样有效地组织区域活动的分享交流环节?
　　　　——"分享交流环节"教学诊断 / 253

案例 55　怎样在区域活动中化解教师预设与幼儿选择的矛盾冲突?
　　　　——"老师,为什么"教学诊断 / 259

案例 56　怎样在区域活动中更好地介入活动、指导幼儿?
　　　　——"瓶子创意操作"教学诊断 / 263

案例 57　怎样设计区域活动中的规则提示?
　　　　——"休闲吧的小闹钟"教学诊断 / 268

案例 58　怎样看待与应对区域活动中的幼儿偏区现象?
　　　　——"幼儿偏区现象"教学诊断 / 272

第一部分

教学活动目标与内容

第一编

生物学及自然科学

案例 1

怎样从分析教材入手，制订适宜的教学活动目标？
——"小壁虎借尾巴"教学诊断

目标是教学活动设计和组织的出发点和归宿，设计科学适宜的教学活动目标不仅是教师教学能力的基本体现，更是指引教学有效达成的至胜法宝。在日常教学中，我们经常发现教师对目标不是进行认真冷静的斟酌，而是将目标视为可有可无的构成部分，教学活动设计只凭感觉罗列几条目标，然后将其束之高阁，完全弱化了目标在整个教学组织中的核心地位和引领作用。这样的教学难免会偏离了方向，失去了灵魂，引来大家的质疑。

不同的素材蕴含不同的内涵和教育教学价值，进而衍生出不同的教学活动目标。教学内容价值是教育者依据自身的文化背景对教学的一种信念追求。当教师心中无信念，教学活动目标自然就远离教育的本质和现场。因此，教师要明确"用教材教"与"教教材"的区别，把教材深层次的价值挖掘出来，使教材最大限度地承载起其全面育人的功能。用著名作家刘震云的话说："很多作家写作是因为生活打动了他或激怒了他，过去我也这样做过。但我是想把生活中拧巴了的理儿给拧巴出来，把骨头缝里拧巴的理儿也给拧巴出来……"[1] 因此，教师也要学会"用教材教"，即"拧巴出教材中的理儿来"，而不是简单地肢解教材。

---

[1] 赵明河. 用幽默化解严酷的现实——访作家刘震云 [J]. 人民教育，2011 (7).

一、现象扫描

大班语言活动：小壁虎借尾巴

《小壁虎借尾巴》是一则经典的科学童话故事，故事围绕被蛇咬断了尾巴的小壁虎向小鱼、黄牛、燕子借尾巴的经过，传递了各种动物尾巴特点的知识和动物尾巴都有其作用的道理。同时，故事中动物之间真诚、礼貌的美好形象给人留下了深刻的印象。简短的故事情节加上一定的知识性，使这一作品一直以来受到幼儿园教师和孩子们的喜爱。

一位教师组织大班幼儿学习本内容。

在活动导入后，教师说："小壁虎断了尾巴，它会想什么办法呢？"

一位幼儿说："自己长出来。"

另一位幼儿说："把蛇嘴里的尾巴抓出来。"

又一位幼儿回答："向松鼠借。"

教师非常高兴，马上接下去说："对呀，小壁虎想到了去借一条尾巴。"

教师说："小壁虎爬呀爬，爬到了哪儿？"教师边说边转身用画笔在白纸上迅速画起了小河。

孩子们一边看着图画一边齐声说："小河里。"

"对了，它看见——"教师边说边随手将小鱼图片贴在"小河"上。

"小鱼！"孩子们看到贴图后不假思索地回答。

"小鱼有尾巴吗？它的尾巴在水里干什么呢？谁能用好听的话说说？"教师连续问。

有幼儿说："小鱼的尾巴在水里游来游去。"

也有幼儿说："小鱼的尾巴在左右摇摆。"

教师随口表扬："你们说得真好听。"

"哪条小鱼游得漂亮？老师请他来游一游。"

这时孩子们都急切地想去表演，教师请两名幼儿表演小鱼游的动作，接着又说:"这些'小鱼'的尾巴漂亮吗?"

"漂亮。"

"小壁虎会喜欢吗?"

"喜欢。"幼儿脱口而出。

"小壁虎会怎样对小鱼说呢?"

一位幼儿说:"壁虎说,'小鱼小鱼,你的尾巴真漂亮'。"

另一位幼儿说:"小鱼小鱼,你的尾巴借给我行吗?"

"小鱼会同意吗?它会怎么说呢?"教师又请个别幼儿来回答,孩子们同样回答得非常顺利。

最后,教师说:"我们一起学一学小壁虎与小鱼的话。"这时师幼合作扮演壁虎和小鱼,边做动作边复述故事中的对话。

后面的内容,教师同样以画画引出黄牛、燕子,与孩子们一边做动作一边对话。

二、学理分析

实践中,我们发现一些幼儿教师备课时很少去思考、挖掘教材的真正意图,只是翻阅教参,抄抄教案,这样就算是备课。其结果是目标肤浅,流程简单,不同的教学内容组织框架如出一辙:活动开始就导入名称,目的是让幼儿记住故事名称;遇到对话就提问,这样就"培养了孩子的语言表达能力";遇上对话或动作就表演,以"发展孩子大胆表现的能力"。殊不知,这样的活动只是教师的"演艺剧场",幼儿是教师手中的道具,何时学说话、何时做表演,一切听从于教师的安排。这样的教学活动对幼儿的有效发展多半无益。

《小壁虎借尾巴》是一则科学童话,知识性较强。文本多次重复了小壁虎向小动物借尾巴的对话,编者的意图十分明了:一方面是介绍动物尾巴的作用,另一方面为故事情节的发展服务。其中教师给活动预设的两条目标是这样的:

1. 通过讨论,探究并了解动物尾巴的作用及小壁虎的尾巴具有再生功能。

2. 培养幼儿用完整、连贯的词句表达自己的想法。

但在本案例中，我们很难见到孩子们围绕问题进行有效的讨论、探究、思考和表达，也很少自发地表达表演。例如，教师问："小壁虎爬呀爬，爬到了哪儿？"幼儿回应："小河里。""小鱼有尾巴吗？""有！""它的尾巴在水里干什么呢？""游来游去。""这些'小鱼'的尾巴漂亮吗？""漂亮。""小壁虎会喜欢吗？""喜欢。"师幼之间的对话简直就是无意识的脱口秀。这怎么能培养孩子们的思考和表达能力，怎么会激发孩子们表现的欲望呢？因此，没有一定的分析教材的能力，教师制订的教学活动目标只能是"无稽之谈"！

三、对策与建议

那么，该怎样分析教材呢？

1. 通览文本整体，了解文本信息

初涉教材，首先需要通览整体，以获得"第一印象"。整体阅读两遍故事以后，教师就可以获取这样一些必要的信息：故事题目是否隐含重要的价值或线索；文本总体上分为几个部分，每一部分有怎样的作用，是介绍背景还是表达经过、掀起高潮还是引出思考；文本涉及的主要角色、主要事件以及事件的主要冲突是什么等。搞清了这些问题，也就基本上掌握了文本的整体信息。

2. 把握文本主次，明确文本重点

尽管每一个文本都有一定的篇幅，但一般而言，幼儿所学习的作品中的主要矛盾冲突往往是比较单一的。在作品中，为了解决这单一的矛盾，作者会以一定的反复手段去凸显矛盾过程，作品其余的部分就显得比较次要了。

例如，在本案例中，小壁虎"借尾巴"是需要解决的核心事件，文本就反复提到"壁虎向谁去借"、"对方是怎么回答的"。因此，对话部分是学习材料的重要情节，它向我们提供了一个个具体生动的情景：小鱼摇着尾巴拨水，不同意借；老牛甩着尾巴赶蝇子，不同意借；燕子摆着尾巴飞行，也不同意借。这样一个个生动形象的情景，是幼儿运用语言表达动物尾巴功能的重要契机，教师要尽可能地利用这些特定的情景诱发幼儿自主表达的意愿，而不是仅仅停留于内容的单一复述和机械表演。比如，教师可以一问"小壁虎断了尾巴很伤心，见到小鱼有尾巴非常羡慕，它会怎么向小鱼借呢"；二问"可是小鱼自己的尾巴是干吗用的"。这样就能引导幼儿直接关注动物的尾巴，思考它们的作用，而不是关注小河、大树、吃草等一些附加情景中的信息。

3. 丰富外围信息，凝练文本内涵

除了文本重点信息以外，一些经典的幼儿故事总是蕴含着丰富的信息内容，以尽可能地拓展幼儿的视野。因此，教师还需要借助各种工具和途径进一步了解文本的外围信息，确保在幼儿学习过程中汲取更多的"营养"。

例如，教师对《小壁虎借尾巴》文本提及的和教材以外的各种动物尾巴的作用和功能需要进行一定的了解。另外，教师要了解，壁虎尾巴除了有文本明确提到的"再生能力"以外，还有"吸附和平衡功能"。教师只有事先了解了这些科学知识，才能在教学的过程中游刃有余地与幼儿对话。但在上面的案例中，因为教师没有深入地分析学习材料，活动过程中几乎没有涉及动物尾巴作用的自主交流，有的只是教师一味的灌输和幼儿不假思索的应答，因此"目标1"显然是无效的。

在分析学习材料时，教师一方面要"外聚营养"，另一方面更要"内集精髓"。如何才能让幼儿的知识和能力在运用中被真正地内化与外显，这是一般的活动设计和组织中最需要关注的。情感调动是一个非常有效的策略。如果幼儿能不由自主地想说、敢说，那么文本的魅力也就在幼儿身上产生影响了。

例如，在本案例中，教师可以诱导幼儿以小壁虎的角色想象其掉尾巴的焦虑、借尾巴的渴望以及长尾巴的欣喜之情。导入时可以问："你见过壁虎吗？它平时住在哪儿呢？它为什么不会掉下来呢？"这与壁虎尾巴的吸附功能有关。接着可设置悬念："小壁虎断了尾巴有危险吗？为什么小鱼、黄

牛、燕子不借尾巴？"最后可以问："小壁虎回过头去看到了什么？"这些对话都紧紧围绕"壁虎尾巴的功能"，基本没有"跑题"的风险。当这些积极的情绪情感浸润幼儿的心田时，幼儿的学习就会自主、主动、内化了。

那么，这样分析下来，我们就可以给该活动确立如下两个合适的教学活动目标：

1. 在讨论对话中，了解动物尾巴的作用及小壁虎尾巴的独特功能（重点是再生功能）；

2. 学习用完整、连贯的词句表达自己对故事的理解。

活动的重心目标是第一个，所有活动的内容都要围绕文本进行师幼的对话讨论，为幼儿创设一个围绕文本进行的语言交流环境，使幼儿想说、敢说、喜欢说，并能得到教师的积极回应，使幼儿通过讨论获得关于动物尾巴作用的经验，并在此过程中提升语言表达能力。

案例 2

怎样表述教学活动目标?
——"撕面条"等教学诊断

教学活动是教师有目的、有计划地引导幼儿开展生动、活泼、主动的活动过程,这些活动要以促进教师和幼儿的共同发展为目标。教学活动目标是一个教学活动的起点,也是终点;是一个活动的重点,也是灵魂。适宜、科学的教学活动目标,是教学活动成功与否的先决条件,它决定活动的方向,影响活动的范围,涉及活动的难易程度。在当前教育改革的背景之下,如何使教学不再只是知识的传授过程,而是探求知识、建构知识的过程,是情感、态度、知识、能力全面发展的过程?如何使每一个活动都能达到应有的、可以有的效果?这就需要有明确的、可操作的、能够达成的目标。因此,教学活动目标如何确立、如何适当表述,是幼儿教师必须关注的问题。

一、现象扫描及学理分析

以下是几个教学活动目标表述不当的典型例子。

1. 表述不具体,核心目标不突出

现象扫描

例1 小班艺术活动:撕面条

【活动目标】

1. 学习把较大的纸撕成"面条"。
2. 培养幼儿对艺术活动的兴趣。

【活动过程】

1. 出示实物面条，引起兴趣。

师：今天是小动物的生日，妈妈给她准备了一碗面条，它是什么样子的呢？（面条是细细的、长长的）

2. 出示教师所做的"面条"，介绍材料。

3. 教师示范。（学会用拇指和食指捏住纸边慢慢撕纸，知道将撕下的纸放进托盘里）

师：请宝宝们一起来撕面条，看一看谁能撕得长长的、细细的。

大家边撕边说"请你吃面条"、"面条长又长"。

4. 在《生日歌》的音乐声中，模仿各种小动物，大家一起来欢庆，祝小动物生日快乐。

学理分析

从上述目标可以看出，有关目标的叙述过于笼统粗略，让其他教师无法感知在这个活动中幼儿具体需要掌握的经验，同时没有对活动中幼儿具体的、可被观察的行为进行表述。"学习把较大的纸撕成'面条'"只是表述了幼儿要做的事情，而没有表述要发展的方向与内容；"培养幼儿对艺术活动的兴趣"让人感觉针对性不强，在任何艺术活动中都可套用。在此活动目标中，根据小班幼儿的年龄特点，可尝试做以下调整：

1. 学习把较大的纸撕成"面条"，发展手指小肌肉群的灵活性和协调性。（更具体）

2. 在撕的过程中说一说"请你吃面条"、"面条长又长"等，愿意表述简短的句子。（根据课程内容和幼儿能力范围提出语言能力方面的要求，体现活动的领域整合性）

3. 乐意参与撕纸活动，体验给小动物过生日的快乐。（可以伴随情感维度的目标。在小班艺术活动中培养幼儿的学习兴趣、体会活动乐趣是很重要的一点。）

2. 阶段性目标与结果性目标的错乱

现象扫描

例2 小班语言活动：小乌龟找家

【活动目标】

1. 通过故事，培养幼儿热爱自己的家和幼儿园的情感。
2. 理解故事内容，知道小动物的家在哪里，并理解词汇"东瞧瞧，西望望"、"钻"、"温暖"等。
3. 初步学说故事中小动物的对话，培养幼儿的语言表达能力。

【活动过程】

1. 开始：以谈话的方式导入活动。

出示：小蜜蜂、大狮子、海豚的图片，提问幼儿它们的家都在哪儿，引出本次活动。

师：小乌龟找不到家了，你们知道在哪儿吗？

2. 引导幼儿学习故事。

（1）看课件讲故事。

提问：故事中有哪些小动物？它们帮助小乌龟找到家了吗？

（2）听第二遍故事。

提问：小乌龟找家时问过哪些小动物？它们是怎样回答的？小乌龟找到家了吗？哪个地方是它的家？它怎样做才能进到家里？小乌龟在家里感觉怎么样？

（3）组织幼儿学说故事中的对话。

教师讲述故事，幼儿扮演小乌龟、小鱼、小蚯蚓、小鸟。教师旁白并扮演小蜗牛。

3. 培养幼儿对家的热爱。

小乌龟喜欢它的家，那么小朋友们的家在哪里呢？你喜欢你的家吗？为什么？除了自己的家，你还有哪个家呢？

总结：我们都要爱自己的家，家会带给人幸福温暖的感觉；我们不仅要爱家，还要热爱幼儿园，爱我们的班级，让我们一起进步，一起开心地成长。

学理分析

在例2中，除了例1具有的"过于空泛、不易操作"之外，其中的第一个目标，作为"情感目标"，提及的是一个阶段性目标，不是通过一次集体活动就可以达到的。这个问题在语言活动目标表述中经常出现，教师对此一定要慎重！

尝试调整如下：

1. 听听说说，初步理解故事内容，知道小动物的家在哪里。
2. 说说做做（动作），尝试理解词汇"东瞧瞧，西望望"、"钻"、"温暖"等。
3. 学学（说话的语气）想想，感受小动物们对"家"的喜爱之情。

在教学实践中，情感态度、行为习惯、品质等方面的教育目标，不是简单几次教学活动就能达到的，因此在表述此类目标时，我们无须将它们具体表述为可观测的行为目标，而只需明确表述幼儿需要参加的活动，规定幼儿在这些活动过程中的态度即可，不必精确规定幼儿应从中获得什么。

3. 过于笼统模糊，令看者没有观测标准

现象扫描

例3 大班艺术欣赏活动：戏剧脸谱

【活动目标】

1. 让幼儿感受戏剧脸谱。
2. 激发幼儿对戏剧脸谱的兴趣。

【活动过程】

1. 欣赏活动。

(1) 幼儿边听京剧音乐，边自由欣赏各种脸谱作品。

(2) 引导幼儿欣赏脸谱中的色彩、图案和造型，着重引导幼儿注意色彩中色块的表现、图案中对称花纹的表现和造型中角色表情的表现。

2. 操作活动。

(1) 布置任务，提出要求。

两人一组，共用一套操作材料，互为同伴设计一幅脸谱。

操作时要注意安全和卫生，不要把油彩涂到五官上。

(2) 巡回指导。

引导幼儿大胆用色，设计花纹，敢于表达自己的设计意愿。

提醒幼儿运用对称、夸张的手段进行表现。

3. 评价。

幼儿先自选自述脸谱作品中自己最喜欢的一幅作品。

教师点评幼儿作品中对称图案、夸张色彩、精彩造型的特色表现。

4. 延伸活动。

幼儿把脸上的油彩印在宣纸上，让全班幼儿互相参观、欣赏。

学理分析

这样的目标描述，一个"感受"、一个"激发"，都是我们在设计目标中常用的动词，但对于一个具体的美术欣赏活动而言，让人感觉笼统，针对性不强，通过此活动要让幼儿获取的关键经验不清晰。

建议修改如下：

1. 欣赏我国传统的戏剧脸谱，感受戏剧脸谱的色彩、图案和造型美。

2. 体验自己动手绘画脸谱的乐趣，能大胆表达自己的情感。

修改后，目标明示了幼儿将在活动过程中做些什么、获得些什么，教师的期望结果是什么，更有利于教师把握。

这种情况在表述幼儿社会性、情感等方面的目标时极易出现，教师往往会习惯性地使用"培养兴趣"、"萌发情感"等模糊的词语。

我们且从三个维度来看行为目标表述的具体程度（见下表）：

行为目标表述具体程度对照表

	含糊、笼统	较具体、明确	最具体、明确
小班手工活动"剪面条"教学活动目标	发展动手能力	发展手部动作灵活性	会用剪刀剪纸条
中班"动物操"教学活动目标	发展动作的协调性	发展正确的身体姿势与节奏感	能跟着节奏准确地做操

4. 主语不统一，提法较乱

现象扫描

例4　小班体育活动：我是小司机

【活动目标】

1. 练习在指定范围内四散跑，并学会互相不碰撞。
2. 培养幼儿遵守交通规则的意识。

学理分析

在这里，我们不难发现，第一条目标是从幼儿角度提出的，即以幼儿为主体，而第二条目标是从教师角度提出的（以教师为主体）。这样的提法主语不统一，比较混乱。

修改如下：

1. 练习在指定范围内四散跑，并学会互相不碰撞；
2. 感受体育游戏的快乐。

二、对策与建议

1. 要把握的要点

（1）目标要具体细化。教学活动目标是教学过程的指引，是评价教学效果的标尺，只有具体的、有针对性的目标才能够起到导航作用，有效检测学习达成程度。

（2）目标要内容全面。目标要有整合的思想，关注教学活动中各领域的互相渗透性，使活动更具有多重价值。

（3）目标要实用有效。目标应具体、可实现、可操作、可评测，并符合实际情况，如幼儿的现有水平、季节、主题连贯性、科学性等。

（4）目标要贴近幼儿的最近发展区。目标应在幼儿的经验基础上对其发展有所挑战和促进，把握好"度"，贴近幼儿的最近发展区。

（5）目标制订应体现领域的特点和结构性。虽然幼儿园实施的是整合教学，但就教育实践而言，各领域的教学仍必不可少，教师应深入分析具体领域的特点和各自的内容体系，使目标的制订符合不同领域的要求和结构。

2. 语言表述

（1）应陈述幼儿在学习活动之后发生的变化，如知识、技能、能力、情感上的变化。

（2）应反映幼儿学习结果的层次性。比如在认知领域，应能根据幼儿实际能力及最近发展区原则适当运用"记忆、理解、运用"等，而不是一律用"掌握"作为指标。

（3）应斟酌、推敲词语的运用，比如操作性动词"说出"、"比较"、"指认"，涉及掌握程度的动词"尝试"、"体验"、"理解"、"运用"等。另外，应尽可能用外显型动词，如"能知道"、"能理解"、"体验到"、"感受到"、"引导"、"鼓励"等。

（4）应注重主语的统一。在目标表述中，应该从统一的角度出发。我们应提倡以幼儿为主体的陈述角度，这也反映着一种观念的转变，即由原来的关注教师的教，转向关心幼儿的学习和发展。

3. 基本原则

教学活动目标虽是既定的，但教学的具体目标也要关注生成性。既定目标要在教学实际过程中动态变化。同时，目标还应具有灵活性，根据师幼在教学过程中的互动、交流而做出一定的调整，因为教学活动是一个动态过程，倘若以静止的目标来代替或抑制幼儿的学习和探究，无异于削足适履。因此，制订目标要注意几个基本原则：

（1）主体性原则。幼儿是教学活动的主体，教学的目的就是为了幼儿的学习，为了幼儿的发展。教师的职责就是引导幼儿主动学习、探究学习、合作学习，帮助幼儿在活动中快乐体验、快乐发展。

（2）多样性原则。虽说教学的终极目标是一致的，但由于施教内容不同，施教班级有差异，每个教学活动的目标自然也就不尽相同。其实，即使是同样一个活动，对于不同班级的幼儿来说，目标也不是唯一的，而是多样的，因为不同幼儿的原有经验是有差异的。因此，承认差异，因材施教，因人设标，分类推进，方是科学之原则。

（3）生成性原则。每一位教师在教学活动前都会根据所在班级幼儿的原有水平制订出教学活动的目标，但是教学活动的不确定性、情境性的特点又使预订的教学活动目标具有了一定的变化性，需要根据现场的情况灵活调整和生成。因此，教学活动目标不是刻板的东西，应该适时调整，需要教师依据教育智慧不断生成。

总之，教师要多学、多想、多做，切实提高自己的教学活动目标制订与表述能力，通过学习教育学、心理学等相关知识夯实自己的理论基础，并对照理论，在自己的教学实践中多反思、多琢磨，通过教学研究多分析、多练习，理论结合实践，使自己的教学活动目标真正贴近教学实践，成为教学活动成功的基础！

> **案例 3**

怎样把握促进幼儿发展的教学活动目标？
——"小壁虎借尾巴"教学诊断

教学活动的宗旨是为了幼儿的发展。因此，教学活动的设计必须基于幼儿的原有经验，并有效提升幼儿的经验，促进幼儿的发展。在幼儿园教学活动中，我们经常发现，在与幼儿互动的过程中，有的教师虽然听到幼儿说了什么，但不明白幼儿为什么这么说；有的教师听到幼儿说了什么，也明白幼儿为什么这么说，却不关心幼儿是以怎样的方式表达的。要改变这种现象，就需要教师了解幼儿，触摸幼儿的经验世界，并以此作为教学活动设计的基点。

一、现象扫描

大班语言活动：小壁虎借尾巴

在组织大班语言活动"小壁虎借尾巴"的重点部分——小壁虎向小鱼、老黄牛、小燕子借尾巴的经过时，教师以逐句提问和简笔画的方法帮助幼儿感知"小壁虎爬呀爬，看见了谁在哪儿"的情节，接着又以表演小壁虎与动物之间的动作、对话来加深理解。

在活动的后半部分，为了拓展新经验、巩固小壁虎借尾巴的对话学习，教师进行了拓展式的提问："小壁虎还会向谁去借尾巴呢？为什么呢？"

教师一连叫了几个孩子，但孩子们支支吾吾的，站起来后又悻悻然地坐下了。

见此情形，教师伸手将藏在黑板后面的几张动物尾巴图逐一排列呈现出来："松鼠松软的尾巴能当被子盖，孔雀的尾巴能做凳子用……"说完后教师问孩子们："小壁虎是怎么向它们借尾巴的？对方又是怎么回答的呢？请小朋友们说说看。"

在教师的启发下，孩子们的回答流利了一些。

二、学理分析

在上面的活动中，教师将教学活动目标预设如下：

1. 通过讨论，探究并了解动物尾巴的作用及小壁虎的尾巴具有再生能力；

2. 培养幼儿用完整、连贯的词句表达自己的想法。

从活动来看，教师制订的目标与教学真正落实的要求尚有较大的差距。大班语言活动"小壁虎借尾巴"是一则科学童话故事，以壁虎掉尾巴—借尾巴—长尾巴的情节发展为线索，重点围绕借尾巴的经过具体展现了各种动物尾巴的作用，最后展现小壁虎尾巴的再生能力。《幼儿园教育指导纲要（试行）》指出：语言能力是在运用的过程中发展起来的，发展幼儿语言的关键是创设一个能使他们想说、敢说、喜欢说、有机会说并能得到积极应答的环境。《幼儿园教育指导纲要（试行）》同时强调：幼儿语言的发展与其情感、经验、思维、社会交往能力等其他方面的发展密切相关。因此，如果想让幼儿打开口语表达的通道，将壁虎多次"借尾巴"的对话用完整、连贯的语言表达出来，幼儿首先要有自主表达的内在欲望。那么，以什么来作为幼儿"借尾巴"的动力？"借尾巴"当然是以小壁虎"痛失尾巴"为前提的。如果幼儿对小壁虎掉了尾巴的"痛"和"急"抱着无所谓的态度，那么，接下来的"借"就不会点燃幼儿急切、主动地表达的欲望。

本案例中，教师在引导时没有很好地强化幼儿对小壁虎"断尾巴的痛—借尾巴的急—长尾巴的喜"的情感变化的体会，没有厘清不同经验的表现属性，没有在难点的处理中施以必要的学习支架，因此，教师只是为让幼儿模仿"借尾巴"的对话而表演对话,为告诉幼儿不同尾巴的作用而进行灌输,促进幼儿的发展事实上只是一种假象。

三、对策与建议

1. 制订目标时要厘清经验的不同属性

幼儿经验的建立有各种不同的途径,有的是"获得性经验",有的则是"操作性经验"、"体验性经验"。在不同的活动领域中,经验的属性可以有所转化。例如,在科学活动中,很多"获得性经验"可以变成"操作性经验";在音乐活动中,关于音乐知识的"获得性经验"又可以转化为"体验性经验",使幼儿可感可悟。在不同领域的活动中,如果不分清经验的不同属性,随意制订目标,那么,幼儿新经验的建立将是一句空话。在本案例中,幼儿认识动物尾巴的功能应当属于"获得性经验",而非"操作性经验",这样的知识多半是由口耳传递获取的。因此,本活动在目标制订时不宜使用"探究"之类的词语,宜用"获得"、"了解"之类的表述,整条目标宜改为"了解各种动物尾巴的作用及小壁虎尾巴的再生功能"。

2. 目标制订要借助幼儿已有经验的作用

幼儿在生活中接触的动物及尾巴很多,如何将生活中零碎的经验作为眼前学习的支架加以利用,这是幼儿教师的专业能力。因此,当教师发现幼儿一时回答不上来时,教师可以转换提问的方式,将话题链接到幼儿的原有经验上,从而促进幼儿在本次活动中新经验的建立。比如,教师可以问:"你平时见过哪些小动物?"这样,幼儿就会想到大量即兴的答案。接着,教师可以从中梳理出尾巴作用比较明显的动物,追问幼儿:"××的尾巴会干什么?"这时,师幼、幼幼之间的思考、讨论与相互学习就会落到实处,教师的支持与引导作用就体现出来了。案例中,教师在幼儿没有思想准备的情况下临时问幼儿"还会向谁去借",这样显得比较唐突,面对措手不及的问题,幼儿根本来不及在头脑中建立经验表象之间的联系。即便幼儿有小狗小猫之类的回答,如果没有教师有效的引导,活动也会陷入无的放矢的对话状态。

3. 目标制订要促进幼儿的真发展

作为一个语言活动，以提问的方式引起幼儿的思考与对话是比较常用的方法。但提问是否能有效地引起幼儿的思考和表达则与教师对幼儿的原有经验水平、情绪情感的调控有着很大的关系。在这个活动中，教师事先没有帮助幼儿积累动物尾巴功能的相关经验，做出这样的即时性回答对幼儿来讲自然是有难度的。要化解这一难点，有效的方法是将难点前置，教师在幼儿接触这一难点前事先搭建好一定的学习支架，这样幼儿学习起来会轻松得多。例如，本活动宜放在"动物世界"主题中进行。在主题的其他活动中，幼儿可以积累有关动物的名称及身体部分的用途的经验，了解动物全身都是宝。当本活动开始时，教师就可以直接导入："它是谁？它平时住在哪儿呢？它为什么不会从墙上掉下来呢？"这样就引出："小壁虎的尾巴真厉害！断了尾巴是多么疼痛呀！更重要的是失去了吸附和平稳的功能，小壁虎怎能不着急呢！"这样一来，幼儿感受到"借尾巴"的迫切，内心的表达愿望无形中增强了，作为目标之一的活动难点——"学习用完整、连贯的词句表达自己对故事的理解"——随即化解了。因此，情感不是轻易可以做出来、演出来的，它是内心充盈时的自然外溢。这样的情感由内而外点燃了幼儿的表达愿望，促进了幼儿的真实发展。

总之，幼儿在基于经验、富有内驱力的学习情境中，不仅其外在的言行与所学的内容高度相关，其主观的态度也是放松的、积极主动的。在这样的活动中，我们看到了幼儿生命的蓬勃成长，看到了师幼之间、幼儿与情境、情境与生活的密切对话。当幼儿的主体感受与课堂、与情境同呼吸时，这样的课堂就不仅是教师驾驭之下的课堂，而且是幼儿生命自由翱翔的天空。

案例 4

怎样适度把握教学容量，使教学活动目标更集中和深入？
——"爷爷一定有办法"教学诊断

教学不是简单的给予。教学活动内容的选择与组织更不是简单的信息堆砌与传递的过程，而是一个根据幼儿的经验水平与发展需求量身定制的互动活动。所谓"基于幼儿经验的课程"，需要合理、自然、恰当的提升，使之有利于幼儿完善经验、迁移经验。[①] 在教学实践中，许多教师对教学容量还不是十分敏感，这一问题应当引起一定的重视。

一、现象扫描

大班语言活动：爷爷一定有办法

《爷爷一定有办法》以一个充满智慧的老爷爷把孙子心爱的旧毯子变成外套、背心、领带、手帕、钮扣的一系列过程作为情节，用重复、简洁而富有节奏的文字细腻地描绘出充满浓厚人情味的家庭生活。例如，爷爷总回答说："这块料子还够做……"一个慈爱、简朴、睿智的爷爷形象跃然脑海，让读者拥有无限的遐想。

在大班的活动组织中，教师一边讲述一边播放课件，讲完故事后问："你们瞧，（故事中）爷爷把一条旧毯子变成了什么呢？"

幼儿三三两两地按故事中的内容回忆出背心、领带等。

教师接着又说："这里有一些图片，一会儿请小朋友们四人一组坐到桌子

---

① 王春燕，主编. 幼儿园课程概论 [M]. 北京：高等教育出版社，2007：88.

边，按照故事里的顺序把它们排列出来。"

这时，桌子中间早已准备了一只盒子，里面放着画有毯子、外套、背心、领带、纽扣的图片和一条用来显示排列顺序的长胶条。

孩子们很快行动起来。教师在旁边鼓励："排好的小组将胶条拿到前面来，看哪一组排得又快又对。"

等全体操作结束，教师引导大家对胶条上的答案逐个进行检验，结果所有小组的答案全部正确。

教师说："你们听得真仔细，答案全对了。我们再完整地听一遍故事。"

讲完故事，教师说："爷爷真是有办法！在生活中，人们也想办法把许多废旧物品做成了有用的东西，我们一起去欣赏欣赏。"

教师带领孩子们起身来到活动室后面事先布置好的"变废为宝"展览区，一边走一边说："这些东西好看吗？"

孩子们大声说："好看！"

"那我们一起动手做一做，看谁也能把废物变成宝贝。"

于是孩子们又被带回到桌子边，桌上放着早已准备好的材料，一些孩子一边好奇地摆弄一边互相询问："这怎么做呀？"

二、学理分析

该教学活动的最大缺点是将唯美的绘本作品过度"开发"，使其"膨胀"为一个综合性活动。

该活动中教师将目标定为以下两点：

1. 通过排列从毯子到纽扣的变化过程，使幼儿理解故事内容，初步形成废物可以再利用的意识，发展幼儿的思维推理能力。

2. 尝试进行"变废为宝"的操作，感受相互合作变废为宝的快乐，并懂得，对于废旧物品，只要肯动脑筋，也能将其变废为宝。

从活动中，我们可以了解教师对教学活动设计的思考：因为绘本中有从大到小的变化顺序，教师遂将之演绎为探究性操作，因为有故事情节而设计为倾听故事，同样因为蕴含"变废为宝"的理念而提炼成即兴的实践活动。这样一来，教学的信息似乎一下子变得丰富起来。为了面面俱到地落实目标，教学形式就变得支离破碎，孩子们在教师的安排下一会儿听，一会儿探究，一会儿实践，频繁变化的教学形式使孩子们在"综合性"的大旗掩盖下穷于应付，这样的"教"如何内化为"学"呢？事实上这是将一则单纯的绘本故事变成了一个无所不包、无限扩容的"主题综合活动"，是一次综合性极强的活动向有限的教学时间发出的极端挑战。这种教学容量的超载在本质上又反映了教师专业发展的弊病：一是内容安排超载，二是过程设计超载，三是年龄分析超越。

三、对策与建议

1. 目标把握要典型集中，避免信息容量的超载

在教学实践中，一些幼儿园教师过度"挖掘"教材，试图在一次活动中将所有信息都提取出来当作有价值的发展目标，以为这样才显得"吃透教材"，然而，这样做恰恰是忽略了对信息是否典型、信息与文本的主体价值是否对称的思考。由于信息量大，加上信息表现的形式各异，有些是知识性的，有些是实践性的，有些是体验思辨性的，有的教师就将活动定性为"综合活动"，使一次集体教学活动膨胀为微型的"主题综合活动"。在"综合"的大旗下，信息涣散，过程"蜻蜓点水"，目标自然就显得多而杂了。

例如，目标1中的关键词多重复杂——排列、理解、思维、废物利用意识等，导致教学的着力点分散。有专家建议："教师在设计教学活动时不宜在总目标下设置过多的二级目标。一方面，过多的二级目标会分散教师教学的着力点；另一方面，儿童活动时间有限，儿童的已有经验和能力也难以适应

多个二级目标的教学要求。"① 再者，目标中"通过排列从毯子到纽扣的变化过程"、"尝试进行'变废为宝'的操作"等都只是活动的过程和手段，教师将过程和手段当作目的来追求，本末倒置，势必导致活动功效发生变异，教学流于形式，从而"种了别人的田，荒了自家的园"。

2. 过程安排要稳步递进，避免形式手段的超载

《幼儿园教育指导纲要（试行）》强调："教师要制订切实可行的工作计划并灵活地执行。"在集体教学中，教学活动目标如何落实？一个基本的宗旨是，教师必须以合理的内容为载体，立足教学的最佳起点，让幼儿体悟学习的真实过程，实现教学的有效终点。

在本案例中，教师追求热闹、开心的场面，活动中对话、操作、实践等环节一个接着一个，让人应接不暇，实在"劳师伤生"。在教师看来，在倾听故事的基础上，让幼儿回忆情节、探究排列，就实现了目标1。而让幼儿合作操作就是实现目标2，这种由形式制订的目标没有遵循学习的基本规律，背弃了内容与目标的同一性联系，在有限的时间内，这样的过程自然是浮夸的。只有稳步递进的教学流程，才能保证幼儿学习经验的起点与新经验的不断衔接与相互渗透，促进教学活动目标在渐进中深入，囫囵吞枣的教学只会导致幼儿跟在教师后面盲目折腾。因此，原活动目标的定位只适宜作为"保护环境"的大主题目标，而不宜在一次活动中集中实现，更不宜与本次绘本活动共生。

3. 年龄特征要正确把握，避免能力水平的超越

幼儿作为学习的主体，其经验水平和年龄特征是教学的起点，其张力只能达到最近发展区，这也是新经验无法逾越的局限所在。美国教育心理学家戴维·奥苏贝尔曾说："影响学生学习新知识最重要的因素，就是学习者已经知道了什么，要探明这一点，并据此进行教学。"不少教师因为对幼儿的了解

---

① 高潇怡，杨彦捷. 科学探究活动目标确立中的问题及解决对策［J］. 学前教育研究，2009（9）：27-28.

不多，缺乏对幼儿年龄特征和发展水平的了解，对怎样使用符合幼儿年龄的教学策略心中没底，有时，凭空实施的教学策略不知不觉地远离了"以幼儿为主体"的理念，教学只剩下"教"而抛弃了"学"，于是越走越远，留下孩子们一脸的茫然，这样的教学怎么会有效呢？

例如，本案例中的"目标2"——"'变废为宝'的操作"，包括了合作学习能力和设计、制作技能实践等多个发展性目标要素，它不同于简单的模仿或临摹学习，教师更无法确切地估计孩子们最终完成任务的可能性。面对一群注意力随时分散、心智尚未成熟的低幼儿童，这样的目标显然是空中楼阁，是缺乏最基本的可行性和操作性的。

许多教师往往过度关注知识或信息的容量而忽视单位时间内幼儿完成目标的可能性，当幼儿的学习受挫时，教师又会将其归因于幼儿的"发展水平有限、原有经验不足"等来回避失误。试想，假如"幼儿的水平已经发展了、经验已经积累了"，那么教学还有实施的必要吗？显然，教学不能只是无限地向幼儿灌输！

因此，本案例中的教学活动目标可调整为：

1. 理解故事的内容，感知爷爷的巧妙智慧。
2. 合理推理，初步形成废物可以再利用的意识。

案例 5

怎样使教学活动目标具有可操作性，避免空洞和泛化？
——"蓝天上的幼儿园"教学诊断

在教学实践中，教学活动目标比较抽象，不像过程那样直观、可感，因此，有些教师对教学活动目标的定义和表述相对淡化，认为教学活动目标只是教案结构的一部分，目标把握的好坏与活动质量没有必然的联系，相比之下，比较关注教学形式，以为活动形式丰富、场景热烈，效果自然就好。这种偏见会阻碍教师专业水平的提高，理当引起一线教师的高度重视。

一、现象扫描

小班语言活动：蓝天上的幼儿园

在一次小班散文诗《蓝天上的幼儿园》教学活动中，教师出示小星星图片问："今天有颗小星星来到了我们班上，它想知道小朋友在幼儿园里干什么。谁能告诉小星星？"

孩子们纷纷回答："我在玩"，"我在幼儿园上课"，"我在听老师讲故事"。

教师微笑着点头，顺势引导："小星星也是幼儿园的小朋友，你们想一想，小星星的幼儿园会在哪里呢？"

幼儿有的说"在幼儿园"，有的说"在天上"。

"嗯，小星星的幼儿园在天上，我们和星星一起飞到蓝天上去看看它们的幼儿园好吗？"这时，背景音乐响起，师幼一起做着模仿飞的动作。

一会儿，教师出示画有蓝天、星星的背景图问："小星星的幼儿园在哪儿呀?"

幼儿齐声说:"天上。"

"小星星在干什么呢?"教师接着问。

一位幼儿说:"飞呀飞呀,好像在玩。"

另一位幼儿说:"在跳舞。"

"那谁是小星星的老师呢?"

幼儿有的说是月亮,有的说是太阳。

"是吗?我们一起来听听诗歌里是怎么说的。"说着教师示范朗诵诗歌一遍。

朗诵结束后,教师问:"到底谁是蓝天上的幼儿园里的老师?你还听到了什么呢?"

在教师的提问中,孩子们回忆诗歌内容。

教师小结性提问:"蓝天上的幼儿园和我们的幼儿园一样吗?你喜欢蓝天上的幼儿园吗?"

孩子们齐声回答:"一样","喜欢"。

"那我们就学学小星星在蓝天上的幼儿园里上学吧。"

最后,教师请小朋友们一边听配乐散文诗一边表演。

二、学理分析

幼儿散文诗的特点是以雅致的语言美衬托其意境美,其内容凝练,富有情趣。《蓝天上的幼儿园》以重复简练的语言、生活化的内容、富有意趣的情节引领幼儿进入美好的童话世界。上面案例中的教学活动目标是:

1. 学习安静地倾听散文诗。
2. 初步理解散文内容,产生喜欢上幼儿园的情感。

幼儿园语言活动强调:"引导幼儿接触优秀的儿童文学作品,使之感受语言的丰富和优美,并通过多种活动帮助幼儿加深对作品的体验和理解。"结合活动过程我们可以发现，活动中教师的提问始终围绕诗歌情节，如有谁、在哪儿、干什么等，以帮助幼儿理解内容。上述目标关注的重点是对诗歌的倾听和理解，这样的目标与故事教学的目标相混淆，没有很好地凸显散文诗欣赏的要求。儿童散文诗的内容多以借物联想构筑富有童真意趣的情境，其内容的逻辑性相对稍弱而情趣性较强，因而目标应重在倾听欣赏、感受体会，而非理解。可见，上述两条目标从定位到表述比较空洞，不适合散文诗教学。那么，怎样使目标既合理又具有可操作性呢？

三、对策与建议

1. 依据目标类别正确表述目标，避免目标含糊

不同的社会文化对教育提出了不同的目标要求，在幼儿园目标体系中，从上到下有各个不同层次的目标，越往上越抽象笼统，越往下越具体、富有个性。教学实践中，一些教师只是照搬《幼儿园教育指导纲要（试行）》中各领域活动内容的要求，把这些要求当作具体的活动目标抄写复制在不同的活动设计中，混淆了不同类别、不同层次目标的要求。

美国教育家布鲁姆的目标分类理论将目标分为认知、情感、技能三大领域，各类目标分别用相应的行为动词界定：认知类有"了解"、"掌握"、"知道"、"比较"、"理解"、"运用"等，技能类有"能"、"会"、"制作"、"测量"等，情感体验类有"观察"、"感受"、"尝试"、"体会"、"乐于"、"养成"、"探究"等。

因此，在制订活动目标时，要将目标所属的类别与相应的动词匹配起来，使目标界定正确合理，否则目标制订就会无效。上述案例没有知识类目标，因此原目标表述中使用"理解"一词是比较牵强的，其内容适宜用情感体验类中的"感受"、"体会"等行为动词进行界定，这样就能使目标具体指导、调控教师的教学过程，真正发挥目标的正面导向功能。

除此以外，目标表述要做到语序统一、格式对应。比如某个数学活动有

这样两条目标:"1.(教师)引导幼儿感知生活中事序的变化。2.(幼儿)学习对事序进行排列。"这样的表述主语不统一,也不符合教学活动目标撰写的基本规范。

2. 结合活动内容有效凸显目标,避免目标空洞

上述散文诗教学的目的是使幼儿通过思维的联想、移情获得审美愉悦和情感的陶冶。案例中,师幼之间围绕诗歌内容进行的不断提问破坏了诗歌优美的意境,阻碍了幼儿对作品的欣赏,打破了幼儿在联想基础上的体验和感受,如教师的问题"今天有颗小星星来到了我们班上,它想知道小朋友在幼儿园里干什么。谁能告诉小星星","小星星也是幼儿园的小朋友,你们想一想,小星星的幼儿园会在哪里呢","蓝天上的幼儿园和我们的幼儿园一样吗?你喜欢蓝天上的幼儿园吗"等过于烦琐,这样的对话越多,教学就越游离于诗歌意境之外,怎能让幼儿感受到美的愉悦呢?

因此,作为散文诗教学,上述目标应设定为让幼儿"欣赏诗歌优美的语言和意境;感受蓝天上的幼儿园的有趣,产生喜欢幼儿园的情感"。这样的目标表述清晰、准确,对教学过程具有指导作用,不是其他任何内容可以取代的。

再如,有的数学活动目标是这样表述的:"培养幼儿的思维能力、探究能力,激发幼儿对活动的兴趣……"这样的目标几乎适合任何数学内容,没有鲜明的个案特征。

3. 创设教学情境物化目标要求,使目标更具可操作性

小班幼儿的思维以具体形象、线性为主,教师要创设让幼儿可感受、可体会的学习环境,发展幼儿的审美、联想与情感,同时创造使幼儿积极运用语言的机会。前苏联教育家苏霍姆林斯基曾经说过:"应该使儿童的时间充满使他们入迷的事,而这些事又能发展他们的思维,丰富他们的知识和技能,同时又不至于破坏童年的情趣。"这里所说的"使儿童入迷"就是创设幼儿感兴趣的学习情境,在这样的情境中,不仅幼儿外在的言行与所学的内容高

度相关，其主观的态度也是投入的、积极主动的。

本案例中，整个活动的学习情境宜充满诗意与童趣。活动一开始，教师可以创设富有感染力的音乐情境，让幼儿在轻快、有节奏的背景音乐中体验小星星的角色，产生有关夜空的遐想。此时，教师的语言本身要柔美、富有磁性、缓缓道来，例如"瞧，好蓝好蓝的天空呀，好多好多的小星星，就像在幼儿园里"，使幼儿在语言和音乐的双重熏陶下感受优美的意境。接着教师暗示引出"月亮阿姨"——"天空幼儿园的老师会是谁呢"，使幼儿的新经验顺利软着陆。当幼儿以星星的角色感受夜空的优美时，教师可以游戏化的语言调动幼儿的学习情绪："小朋友们刚才游戏呀，跳舞呀，你们玩累了吗？老师给大家朗诵一首好听的诗歌吧。"教师随即让幼儿安静地欣赏诗歌，再次感受其优美的语言和意境，最后请孩子们一起跳舞做游戏，使"喜欢上幼儿园的情感"在活动体验中进一步得到渗透与升华。

基于上述分析，我们对原教学活动目标做出调整，定位如下：

1. 欣赏诗歌优美的语言和意境，感受蓝天上的幼儿园的有趣。
2. 产生喜欢上幼儿园的情感。

案例 6

怎样在教学活动目标的制订中体现教师自身的积累？
——"狼大叔的红焖鸡"教学诊断

在幼儿园集体教学中，一些教师对幼儿在活动中的语言表达枯燥乏味、对话理解词不达意、表现表演装腔作势颇有微词。对于这样的结果，我们常常是从当时所处的教学对象、教学情境、教学方法策略等方面寻找原因，殊不知，教师自身的知识、经验及能力的积累与教学活动的效果紧密相关。

一、现象扫描

大班语言活动：狼大叔的红焖鸡

在《狼大叔的红焖鸡》绘本活动中，教师先在屏幕上呈现一幅图书封面："这是谁呀？"

幼儿异口同声地回答："大灰狼。"

"这是一只怎样的大灰狼呢？"

幼儿说："凶恶的"，"饥饿的"。

教师微笑着点头，一边播放后面的图片一边说："有一天，狼大叔突然很想吃红焖鸡。一整天他都在森林里走来走去，想找一只肥嫩的母鸡，找了很久。最后，他终于发现了一只鸡。"

讲完后，教师稍做停顿轻声问："他想吃什么了？"

明明站起来回答："想吃母鸡。"教师点头并示意明明坐下。

依兰说："想吃红焖母鸡。"

"嗯！真聪明。"教师微笑着肯定她，进一步问："他想吃一只什么样的红焖鸡？"

这时有幼儿说："香香的。"

教师笑着追问："嗯，故事里是用一个什么样的词来表达的？"

这时，有幼儿回应："肥肥胖胖的"，"噢，肥嫩的"。

教师兴奋地表扬："真棒！那狼大叔找到鸡后的心情是怎样的？"

孩子们集体说："很开心！"

"嗯，很开心是什么样的？谁来表现一下？"教师邀请两名幼儿分别表演狼大叔很开心的样子。

接下来，教师引导幼儿逐张阅读PPT图片，按画面情节进行讲述，遇到有表现大灰狼动作或神态的时候让幼儿进行表演。

二、学理分析

《狼大叔的红焖鸡》立足"狼爱吃鸡"的本性，以幽默、形象的画面情节、夸张的神态向幼儿展示了一只爱吃美味的狼。为了能吃到肥嫩多汁的鸡肉，狼大叔费尽心思，拿出绝活做了许多美味点心，偷偷地放在鸡妈妈的门口，希望将鸡妈妈养胖。当狼大叔偷偷摸摸地来到鸡妈妈家，想要抓她去下锅的时候，竟然被一群热情单纯的鸡宝宝当作圣诞老公公并给他100个亲吻，这些亲吻凝聚成一股爱的力量，让狼大叔陶醉了，此时，他心中挂念的不再是吃鸡，而是想着要再去烤100个小饼干来给这些热情的鸡宝宝吃。故事通过悬置的情节，向幼儿展示了狼的蜕变过程。

在活动中教师将目标确立为：

1. 引导幼儿仔细观察画面，展开想象，大胆猜测并讲述，丰富幼儿词汇。

2. 在观察、模仿的基础上运用丰富的语言、肢体动作等感受狼大叔的不同心理。

3. 通过故事情节初步感受理解爱的力量是强大的。

细细推敲，上述目标的关键词主要是"想象、猜测、观察、模仿、丰富词汇、感受理解"，其中，"想象、猜测、观察、模仿"是手段，"丰富词汇、感受理解"才是目的。案例中，为了实现"丰富词汇、感受理解"的目的，教师的教学组织拘泥于"亦步亦趋"的回忆式提问，这样的师幼互动最多只是就事论事的对答，很难引发幼儿真实的情感共鸣和积极对话，可见，教师对"如何丰富幼儿词汇"仍然持狭隘和灌输的思想。幼儿的"感受理解"也停留在机械的表演上，这样的教学从立意到理念都有待提升。要改变这种局面，必须试着从教师自己的积累上下工夫。

三、对策与建议

1. 努力拓展教师自身对社会文化的了解

教学设计，实际上是教师持有的价值、信念、态度、信息、概念的结合运用，是对教师几十年的综合素养实力的考量。在师幼互动的过程中，教师作为引发互动的主导方，其个人的学识视野、教学理念、专业经验对互动的有效性起着直接的决定作用，在一定程度上决定着教学立意是否有高品位、教学理念是否有新标尺、目标是否合理、策略是否有效。

大野狼狡诈凶残的本性早已为幼儿所熟悉，它又是怎样蜕变为招人喜爱的"狼大叔"的？本材料反映的就是当下经济社会所努力追寻并倡导的"大爱情怀"，是人类构建和谐文明社会的重要内涵，而不仅仅是拘泥于动物之间友情关系的转变。在本案例中，如果教师能捕捉到这样的一种情怀，正确把握此文本的情感线索，教学立意就会精彩纷呈。

也有教师对教学的立意如何显现感到困惑，事实上，教学立意就是教学意义，或者说教学的价值品位。有人说："教育的意义与价值观紧密相连。教育决策的基本思路，最好循着'价值第一，情境第二，策略第三'的先后次序。"可见，教育者的价值判断是首要的，也是至关重要的，教育价值观决定着教育实践的意义并伴随着整个教育活动的全过程，教学情境的创设、教学策略的设计和组织、教学言行的互动等方面往往映射出教师追求着什么样的价值。而作为一种文化要素，价值观往往是个体文化的直接体现。换言之，教师对文化的了解越多越深入，在价值判断时的参照系就越多越全面，做各种分析比较的空间也就越大，价值判断也就越不会偏离社会核心观念。这就是我们通常所说的"观念决定行为"。因此，教师对教材所映射的社会主流思潮以及教育需要培养怎样的人才要敏感，要有潜在意识。

例如，一些教材中反映出人与动物和谐共处的理念、生态环保教育的思想、关于人生拼搏与毅力的追求等，这些主流思潮不仅是教材所反映的，也是整个社会文化所倡导的，而社会对人才培养的需求正是通过教材、课堂的途径和阵地来实现的。幼儿教师同样可以通过各种专题学习和讨论提高反思和价值判断能力，从而间接提高自身的文化素质和现代教育意识。

2. 牢固树立教材即素材的意识

"教材教材，教学的素材。"[①] 特级教师路培琦也说过："教材就是提供给教师进行教学的素材，是给你一个教学思路，你要利用这个素材和思路，达到你的课堂教学目标，因此不能照本宣科，不能把教材当作圣经来念。"[②] 所以，教学组织的出发点应当是通过感悟、体验，用文本鲜活的案例建构起幼儿自我的知识、情感和态度，从而间接地培养幼儿的人生观和价值观，而不是为教材而学习。

在幼儿园集体教学中，一些教师对幼儿在活动中的语言表达枯燥乏味、表现表演装腔作势颇有微词，将此归因于幼儿的发展水平有限。例如，在前面的案例中，教师试图以回忆性追问引导幼儿学习词汇"肥嫩的"，以即兴的表演感受大野狼的心情变化，结果换来孩子们机械的语言和僵化的表情，

---

① 马国顺，主编. 教学设计的智慧［M］. 长春：吉林大学出版社，2010：38.
② 吴永军，主编. 备课新思维［M］. 北京：教育科学出版社，2004：48.

缺少教师、幼儿、教材三者之间情感的交融和思想的共鸣，这样的教学大都只是为文本的学习而学习，教学没能紧贴幼儿的心田，没能走进幼儿的心坎里去，没能让幼儿联系生活说自己的话、想自己的事。因此，在活动组织中，教师不要拘泥于让幼儿学会教材中的某一句某一字，而是要把教材这类素材"适宜化"，使之成为孩子们眼中值得探讨的、有意义的人和事，要在"对话"中激发情感、分享经验、显现思维、促进交往，从而与活动预设的各项目标对接，这与《幼儿园教育指导纲要（试行）》指出的"幼儿语言的发展与其情感、经验、思维、社会交往能力等发展密切相关"的理念相一致。从这个意义上说，教材成了为幼儿发展服务的素材，教学则是根据幼儿的发展需要来量身定做的。

3. 不断积累关于儿童发展和教学实施的专业经验

除了上面所说的教师自身的文化积累、教学理念以外，教师对儿童发展的经验诊断也是决定教学质量的重要因素。

什么是"儿童发展"的经验呢？简单地说，一是反映儿童普遍年龄阶段的认知水平，我们通常也称之为儿童的原有经验水平；二是代表儿童普遍年龄阶段的认知特征，例如具体形象思维、线性思维、游戏心理等。幼儿的心智比较单纯，其内在的情绪情感、思维、能力发展状况往往通过外显的表情、神态、动作、言语直接流露，而这些又往往是教师了解幼儿的认知水平和认知特征发展的依据，可丰富教师在环境创设、教具提供、语言诱导等方面的教学经验。如果为幼儿提供的感知对象远离其生活经验，对思维理解的要求超越其认知的水平，实施的教学策略不符合其认知特征，那么，这样的教学往往是无效的。因此，教学不是想当然地完成流程，而是一种实时互动的精神交流。

教师必须能专业地分析教材，并将其转化为教学实施的策略。教师要学会把教材中有用的成分、深层次的精髓挖掘出来。例如故事《狼大叔的红焖鸡》，我们可以提炼出这样一条线索：狼大叔想吃美味—去捉鸡—喂养鸡—被小鸡爱——爱上母鸡一家。文本的重点是"理解大野狼蜕变为'狼大叔'的情感转变的整个过程"。活动难点则是帮助幼儿理解故事转折的后半部分——"大野狼为什么愿意'再去烤 100 个小饼干来给这些热情的鸡宝宝吃'",即感受到爱是可以传递的,爱的力量是强大的。这就构成了活动目标的具体发展走向。在这里,"理解故事"至关重要。在实践中,一些教师忽视"理解故事内容",将其等同于"朗读文本,掌握文本的词汇"。事实上,"理解文本"最重要的切入点就是把握文本发展的线索。不同的文本有不同的线索,有以时间为线索的,有以地点为线索的,有以事情发展为线索的,其中,以情感变化为线索是事情发展线索中比较典型的一种。如果对文本线索把握不够,就很容易导致组织引导含糊,理解肤浅。在合理分析教材脉络的基础上,教师就可以有顺序地、按重点和难点开展必要的观察、提问、直观情境设计,为学习的有效、顺畅服务。

基于上述分析,本教学活动的目标可定位为:

1. 仔细观察画面,大胆猜测并交流,理解故事内容。
2. 感受爱的力量是强大的,爱是可以传递的。

> 案例 7

怎样处理教学活动目标与教学活动内容的关系？
——"啪啦啪啦——砰"教学诊断

《幼儿园教育指导纲要（试行）》指出："幼儿园教育各领域的内容可以从不同角度促进幼儿情感、态度、能力、知识、技能等方面的发展。"同时，《幼儿园教育指导纲要（试行）》中有关语言内容与要求的部分强调："鼓励幼儿大胆、清楚地表达自己的想法和感受，尝试说明、描述简单的事物或过程，发展幼儿的语言表达能力和思维能力。"在教学活动设计与组织中，教师如何以教学内容为载体促进幼儿的发展，如何把握好教材内涵与幼儿发展两者取向的一致，都影响着幼儿发展的品质。

一、现象扫描

大班语言活动：啪啦啪啦——砰

在大班绘本《啪啦啪啦——砰》活动中，教师坐在椅子上开始操作多媒体，屏幕上显示一只鼹鼠从地洞里蹿上来的图片。看着画面，孩子们的脸上立刻写满了新奇。

教师问："它是谁呀？它有什么本领呢？"

孩子们不假思索地回答："鼹鼠，它会挖洞。"

教师显然很惊喜："这么能干，都知道呀。那我们来看看鼹鼠发生了什么事。"

接着，教师以神秘的口吻轻轻地说："啪啦啪啦，啪啦啪啦，砰！鼹鼠撞到了什么？"

略做停顿后，教师在屏幕上出示图片，孩子们马上大声说："大石头！"

听了回答，教师瞪大双眼露出疑惑，很快又恢复成微笑回答："其实呀，鼹鼠撞到了一个大红薯。我们一起来看看大红薯的样子吧。"

教师边说边转身去取藏在篮子里的物体，表情由神秘逐渐变为欣喜，最后突然取出一个大红薯，对全体幼儿说："这是一个——"

孩子们看到后一起应和着："大红薯。"

教师点点头，右手握着红薯说："小朋友们可以用手摸一摸这个大红薯，看看有什么感觉。"

教师把红薯依次递到每一个孩子面前，让孩子们伸出手来在红薯表皮上摸一下，教师一边走动一边自言自语地说："硬吗？"

"好硬哦！"

等幼儿全部摸完，教师坐下来问："哎！红薯身上这长长的叫什么？"

"胡须。"

"是胡须吗？"

"长毛！"

"噢，叫长毛。"教师和幼儿应和着。

等幼儿安静下来，教师用手指着红薯的根须说："这长长的毛我们叫它——根须，小朋友们一起说。"

教师拉长了声音说"根须"两个字，孩子们重复说着"根须"。

"鼹鼠'砰'的一下撞上了大红薯，会有怎样的感觉？"

"好硬哦。""痛。""哎哟，疼死我了。"

教师一个接一个地请幼儿回答，接着又示意幼儿坐下。

这时有幼儿一边说着一边用手捂在额头上："哎哟，好痛，疼死我了。"

教师也趁机回应："那我们一起来学学鼹鼠撞到大红薯的样子好吗？"

在教师的引导下，孩子们手舞足蹈，情绪有些兴奋地模仿着表演。

接着，教师按照情节发展的顺序依次播放鼹鼠碰到白萝卜、蚯蚓、大蟒蛇的PPT，孩子们则照例说明鼹鼠撞到的物体是什么，继续表演碰撞以后的神态、表情和动作……

二、学理分析

大班绘本《啪啦啪啦——砰》以小鼹鼠在地底下挖洞时碰到一系列地下生物而引发的奇、险、喜为线索展开讲述，画面简洁，充满意趣。教师将教学活动目标预设为三个方面：

1. 看看、猜猜、说说，理解故事情节，感受绘本的诙谐与幽默。
2. 能大胆地表达自己观察到的内容，尝试边阅读边讲述。
3. 对生活中的声音感兴趣，初步感知地底下的动植物。

线性地分析，上面的三条预设目标在活动中已经基本得到落实，孩子们也一直热衷于开心快乐地表演。然而，从发展的需要来看，教学留下的仅仅是模仿的动作和简单的快乐。教学要从不同角度促进幼儿的发展。这个绘本的文字寥寥数语，但作品为什么以鼹鼠为角色？立意是否有新的考虑呢？这些思考是在绘本分析时需要正视的。通过分析不难发现，作品以"天生弱视"和"善于挖洞"的鼹鼠为角色，由鼹鼠挖洞发出的"啪啦啪啦"声为故事线索，因"弱视"而导致挖洞时不经意的"砰砰"声。这一系列"地下探险"引发的奇、险、喜，为孩子们构筑出一幅神秘而丰富的地下生物图景。在活动中，如果教师能直接以鼹鼠的生活习性引发幼儿的大胆想象、角色体验，移情表达鼹鼠与多种生物之间的关系，那么教材的价值将会转化为幼儿发展的价值。

因此，要想使教学成为促进幼儿发展的有意义活动，教师除了要关注目标与过程实施的一致性，更需要思考目标本身的有效性如何，以及是否从教学内容出发制订适宜幼儿发展的目标。只有这样，才能从根本上避免重形式轻内容、重过程轻目标的做法。

三、对策与建议

1. 目标制订要符合内容特性

本绘本中一个十分重要的内容特质就是"鼹鼠"这个角色。与大多数生物通过观察来了解世界不一样，先天"弱视"的鼹鼠是以耳朵的倾听和身体的碰触来感知世界的。如果活动忽视了角色的独特性，不符合教学内容所拥有的特性，就会失去教育的立场和角度，从而背离教育的本质和幼儿发展的本质。该活动中，当教师在屏幕上播放鼹鼠挖洞时的画面并引导孩子们观察鼹鼠碰到了什么、（红薯等）长得什么样时，鼹鼠角色的独特性被简单地代替了。这样的教学组织粗略地看确实在引导幼儿观察，让幼儿有事可做，其参与性和积极性都挺好的，但事实上，这样的活动只是幼儿在现有经验和水平上的即时反应，无法促进幼儿新的发展。

2. 目标制订要反映内容逻辑

有的教师以为，绘本阅读理所当然地以"看"为主，将"观察"和"阅读"的结果大胆地表述出来就是绘本教学的目的。事实上，不同的绘本内容有其特定的内涵，不同的内涵又会从不同角度促进幼儿的发展，教师需要将其中的道理"活化"，才能将其转化为幼儿的发展。在这个绘本中，鼹鼠因为无法看清眼前的东西，才会有后面一系列的境遇。教师可以借助这一点来发展幼儿的触觉联想，加深幼儿对双目弱视的情感体验，当然这些又都是通过语言表达的外壳来实现的，这样，幼儿的发展就是以相应的内容逻辑为基础的。

本案例中，教师与幼儿多次模拟"啪啦啪啦——砰"的象声词进行表演，这一词汇作为情节延续的过渡点过于被强化，使师幼之间的互动流于表面的积极和热闹，缺乏深层次的发展。事实上，鼹鼠挖洞时发出的"啪啦啪啦"声仅仅为文本阅读增添了趣味性和可能性：趣味性表现在反复出现的"啪啦啪啦——砰"，幼儿读起来朗朗上口，同时在表演"挖"、"撞击"等动作时孩子们会非常开心；可能性表现为故事以"啪啦啪啦——砰"为线索。

如果教师在分析教材时模棱两可、似是而非，就会从根本上影响目标定位的完整性，使活动组织偏离正确的方向。例如，活动目标中有一条"对生活中的声音感兴趣"，教师一开始让幼儿"睁着眼睛用耳朵倾听"，辨别不同声源发出的声音，这样的导入与活动内容的逻辑相去甚远。再如，教师让幼儿模仿碰撞大红薯时的疼痛、品尝白萝卜的麻辣，以及表演蚯蚓的扭动、遇见大蟒蛇的惊险等，教材同样也被简单化了。事实上，鼹鼠正是因为看不清才会碰撞红薯，因为看不清才会去咬萝卜，因为看不清才会听到蟒蛇的咝咝声，这样的逻辑是客观存在的，但教师却一厢情愿地让幼儿睁着眼睛看看、说说、演演。

倘若幼儿园的活动组织每每如此，那么教学就无所谓内化与吸收，教育价值就体现不了多元化需求，教学艺术也必然只是一句空话。只有将活动目标与内容逻辑联系起来考虑，课堂才会有自身的生命力。

3. 目标制订要顺应内容发展

目标的落实不是口号，而在于过程中的实践。在活动组织中，教师的教学脉络一般都是循着内容情节而推进的。当然，教师也不能因为急于展开后面的情节而去加快教学进程，告知孩子们一个简单的正确答案。教师需要的是等待，等待孩子们从自己的角度观察、分析、联系、思考。在这一过程中，幼儿的语言得到了发展，思维得到了锻炼，他们在不断的否定别人和自我否定中探究了问题的答案，也赢得了交往的智慧和技巧。

本案例中，为了达到让幼儿"了解红薯的外形"这一小目标，教师将作品的阅读搁置一边，而赘加了"摸红薯"的环节，以服从于"让幼儿初步感知地底下的动植物"的目标。事实上，让大班幼儿通过各种感官认识"红薯"是较低水平的知识性学习，而且与活动内容的主旨关系不大。否则照此类推，活动中幼儿同样要了解蟒蛇、蚯蚓等生物的习性与特征，难道都要"摸一摸"？显然与此相比，让幼儿将"弱视"的鼹鼠碰到的生物的特征在猜测基础上加以描述，对于完善幼儿的思考、观察、表达、分析的能力更有意义。因此，在制订教学活动目标时，教师要始终以内容的发展作为幼儿发展的抓手，而不要被一些无关紧要的信息所干扰，使教学不着边际。

本案例中，三个教学活动目标都没有在活动内容与幼儿的发展中寻找有效的关系，故可将其修改为：

1. 了解鼹鼠的习性和特征，感受绘本的诙谐与幽默。
2. 体验鼹鼠的地下生活，感知地下生物的多样性。

案例 8

怎样使教学活动内容合乎教学活动目标？
——"想办法"教学诊断

适宜的教学活动内容是实现教学活动目标的关键。教学活动的内容并不是新奇花哨就好，只有根据幼儿的发展目标，选择既能适合幼儿现有经验、能力水平，又有一定的挑战性，既能符合幼儿的现实需要，又有利于其长远发展，既贴近幼儿的生活，又有助于拓展幼儿的经验和视野的内容，才能实现目标和内容的有机融合，促进目标的实现。

一、现象扫描

大班语言活动：想办法

在大班语言活动"想办法"中，教师引导幼儿观察图片："爸爸妈妈不在家，小明一个人在家玩气球，一不小心，气球飞到了柜子上，这可怎么办呢？"

幼儿七嘴八舌，想出了各种办法。

丁丁："拿把梯子爬上去。"

教师点了点头："嗯，这是一个好办法。不过小孩子爬梯子比较危险，谁能想个既安全又能拿到气球的办法？"

明明说："搬个凳子站上去，就够得着了。"

教师伸出大拇指赞扬了明明的回答。

其他的幼儿见状，都举起了手，纷纷回答："拿个棍子弄下来"……

教师一一给予肯定。

待幼儿的回答出现重复时，教师出示第二张图片："大家瞧，小明的家里有什么？"

幼儿又纷纷举手："有床、拐杖、凳子。"

教师对幼儿的回答感到很满意，脸上始终保持着微笑，然后提问："小明能不能用这些东西想办法把气球拿下来呢？怎样做既能拿到气球，又能保证安全？"

一位幼儿马上站起来回答："只要把凳子搬到柜子旁边，小明站上去，用拐杖一钩，气球就可以拿到了。"

教师回应："嗯，说得真好，这样就能拿到气球，还很安全。还有没有其他办法呢？"

又一位幼儿站了起来，重复了相同的回答，教师同样给予表扬和肯定。如此，教师请了三四位幼儿讲述"办法"，幼儿除了语言组织稍有差异，给出的都是重复答案。

教学进行到15分钟，幼儿开始跟旁边的同伴窃窃私语，有的开始转来转去无所事事了。此时，教师总结："小朋友们说得真好，真会动脑筋，气球飞到了柜子上，我们只要像小明一样，先搬个凳子，再站上去，拿个拐杖或者和拐杖差不多的木棒，一钩一碰，气球就能飞下来了。我们要向小明一样，做个爱动脑筋的好孩子。"

活动结束。

二、学理分析

"想办法"这个活动，教师的本意是想通过看图讲述，让幼儿学会在遇到问题时借助身边的物品想办法解决问题。大班幼儿解决问题方面的能力较中小班幼儿有了很大的发展，他们的语言表达能力也较强，已经能够观察图片，连贯完整地讲述图片的内容，并且开始使用连词、形容词，语词比较丰富。案例中,教师选择的这一内容却恰恰未能考虑到大班幼儿的这些特点,内容简单,画面单一,问题集中,幼儿无须经过智力挑战就能凭经验解决问题,教学的价值不高,教学活动目标的达成度也被打了折扣。案例中,教师若要达到教学活动的目标,选择的内容应该具有思维挑战性,应在幼儿原有经验的基础上,通过新问题的设置来呈现矛盾,以启发幼儿新的思考,这样才能既达成教学活动目标,又培养幼儿的思维能力。

三、对策与建议

1. 教学活动内容要符合幼儿的需要

教学活动内容要符合幼儿当前的需要,符合幼儿当前的发展目标,应是"有助于幼儿获得客观世界的基础知识的内容""有助于幼儿掌握基本活动方式的内容""有助于发展幼儿的智力和能力的内容""有助于培养幼儿情感态度的内容"。在实际工作中,有时教师为了追求内容的新颖,达到与众不同的效果,在选择教学活动内容时常常迷失价值方向;有时,又会在教学内容要"基于幼儿的生活经验"的理念下,不去考证是否适合,只要是生活化的,拿来就用。

比如,在本案例中,教师就是因为看到《婴儿画报》这一内容比较"生活化",就未判断是否适合大班的幼儿,拿来就用,使得活动不仅不能引起幼儿的兴趣,也无从谈教学活动目标的达成,更谈不上思维能力等的培养了。

又如大班数学活动"火车火车几点开",教师通过让幼儿观察火车票上的时间,引导幼儿认识整点,并以此让幼儿了解时间记录存在于生活中、运用于生活中。由于火车票上不仅有时间的记录,识别码、地点文字、箭头符号等信息则以更强的视觉冲击力影响着幼儿,再加上幼儿还未认识钟面、了解时钟整点的看法以及记录的方法,因此幼儿在活动中一直游离于目标之外,最后,教师只能用传授的方法机械灌输给幼儿认读整点的方法和时针分针的关系,并草草结束课程。

这样的活动，看似要跟生活相结合，用一种新颖的方式来组织，其实令幼儿难以学习和探究，更无法有效地实现教学活动目标。

2. 教学活动内容要在幼儿的"最近发展区"内

《幼儿园教育指导纲要（试行）》指出，教育评价要重点考察"教育计划和教育活动的目标是否建立在了解本班幼儿现状的基础上"。幼儿的现状不仅有年龄段的特有规律，更有经验、生活条件、文化背景带来的园与园、班与班之间的差异。因此，明确教学活动目标是教师选择教学活动内容的关键。当前的心理学研究成果告诉我们：最能引起幼儿学习兴趣、促进幼儿思维发展的教学活动内容是幼儿最近发展区内的知识、技能，也就是那些使幼儿"跳一跳够得着"的知识、技能。

案例中，幼儿的回答集中在同一答案，就是因为活动内容过于简单，问题过于集中，是幼儿原有经验的重复。这样的内容不在"最近发展区"之内，教学活动目标难以达成也就可想而知。

又如某一乡镇幼儿园的教师外出观摩了美术欣赏活动"大碗岛的星期天"，这是新印象主义的创始人和主要代表修拉（巴黎）的代表作品，通过点彩画法，描绘了人们在塞纳河阿尼埃的大碗岛上度假的情景。教师听课后，回园后翻版执教，让幼儿通过欣赏，表达出阳光下的河滨树林间，人们在休憩、散步、垂钓、划船的情景，体验作品中悠闲、恬静的情感与氛围，并初步了解点彩画的特点，尝试运用手指作画。由于孩子们没有相关的生活经验和学习经验，他们无法理解作品的含义，也达不到预定的教学活动目标。但如果这个教学活动内容让原来就经常开展名画欣赏的班级来组织，效果就会完全不同。教师只有了解幼儿的发展现状，才能正确地选择教学活动内容，使教学活动内容更好地为达成目标服务。

3. 教师要灵活地调整教学活动内容

教育的对象是一个个活生生的个体，幼儿来自不同的家庭，其生活经验等也各不相同。在集体教学中，往往是某些幼儿的原有经验导致教师预设的教学过程走向简单或者复杂,影响教育目标的达成。因此,教师要善于调控,在尊重幼儿经验的基础上因势利导,拓展幼儿的思维想象,促进幼儿的发展。

比如,在本案例中,当幼儿回答"只要把凳子搬到柜子旁边,小明站上去,用拐杖一钩,气球就可以拿到了"时,教师可以顺势追问:"凳子太低了,如果小明还是够不着呢?气球那么轻,还有什么办法可能也会使气球'飞'下来?"这样,幼儿就会积极思考,从气球本身的性质等方面去想办法:开动吊扇,让风把气球吹下来,从而让小明拿到气球等。

又比如,当教师发现幼儿很快就能解决问题时,可以将图片中的小明假定为小班的弟弟,幼儿在思考的过程中就要从只有4岁的幼儿方面入手,这就需要幼儿唤起原有经验进行思考,有助于幼儿拓展思维,达到培养幼儿思考能力及解决问题能力的目标。

案例 9

怎样避免教学活动内容脱离、远离幼儿生活的现象?
——"会响的小路"教学诊断

陶行知说:"有生命的东西,在一个环境里生生不已的就是生活……是生活就是教育,不是生活就不是教育;是好生活就是好教育,是坏生活就是坏教育。"可见,教育与生活是密切相关的。幼儿年龄小,生活经验贫乏,任何成人以为的有意义的教育内容,一旦脱离了幼儿的生活实际,就只能成为一种摆设,无法吸引幼儿的兴趣,更无法促进幼儿的发展。因此,教师在选择教学活动内容时,要坚持"从生活中来,回到生活中去"的理念,要从幼儿最熟悉的生活环境(自然环境、社会环境、人文环境)中选择那些具体、形象、直观,或能引起幼儿想象和联想的事物、材料、活动等作为教育内容。对幼儿来说,这种内容具有亲近性,是随手可以触摸的眼前的东西,具有得天独厚的条件。

一、现象扫描

小班语言活动:会响的小路

在一个小班语言活动"会响的小路"中,教师准备了精致的多媒体课件。

教学一开始,教师点击课件提问:"森林里有什么?树叶都怎么了?"

幼儿回答:"树叶都落到地上了。"

教师微微一笑:"对呀,秋天到了,树叶都落下来了,地上都是树叶,这是一条树叶路。"

教师继续点击课件,画面呈现了一只小刺猬在树叶路上走路的场景,伴随着的还有微小的声音。教师引导:"我们仔细看,认真听,小刺猬来了,走在树叶路上,发出了怎样的声音呢?"

幼儿有的说"咔嚓咔嚓",有的说"嚓嚓嚓嚓",有的说"咚咚咚咚"。

教师没有作答,而是让幼儿继续听课件中的声音:"竖起你的小耳朵,再仔细听听到底是怎样的声音。"

幼儿争先恐后,有的说"叮叮叮叮",有的说"沙沙沙沙"。

于是,教师告诉幼儿:"小刺猬这么小,它呀,走过树叶小路,发出的是窸窣窸窣的声音,来,我们一起说一遍,窸窣窸窣。"

按照同样的步骤,教师继续带领幼儿欣赏课件,问:"小蚱蜢(小兔子)走过树叶小路,发出了怎样的声音?"

幼儿回答"窸窣窸窣",于是教师告知:"小蚱蜢更小了,它走在树叶小路上,发出的是吱嘎吱嘎的声音。小兔子是踢踏踢踏的声音。"

随后,教师带领幼儿跟念新词"窸窣窸窣"、"吱嘎吱嘎"、"踢踏踢踏",并带领幼儿一遍遍地在图片的辅助下学习故事中的句子。

最后,教师让幼儿在教室里体验走在树叶路上的感觉,学习小刺猬、小蚱蜢、小兔子走在树叶路上发出"窸窣窸窣"、"吱嘎吱嘎"、"踢踏踢踏"的声音。

二、学理分析

"会响的小路"是小班的一个语言活动,"树林里有一条小路,路上铺满了金黄色的树叶。小刺猬走过小路,窸窸窣窣——像在散步。小白兔走进小路,踢踏踢踏——像在跳舞。小蚱蜢也跳进小路,它在树叶上摇啊摇,吱嘎吱嘎——像躺在摇床上做着甜甜的梦。风儿来了,小刺猬挡住风儿:'你别刮走路上的树叶,树叶的声音多好听呀!'于是风儿踮着脚尖轻轻地跑过小路……"

从文本的角度来看，这是一个活泼、充满童趣、并具有语言美的故事，同时含有丰富的知识，用诗一般的语言描述了小动物们在秋天的树林中玩耍走路的情景，词汇唯美：窸窣窸窣、吱嘎吱嘎、踢踏踢踏，这些重叠的象声词正是孩子们喜欢的。虽然这些小动物对幼儿来说并不陌生，但是幼儿缺乏对这些动物的生活习性等方面的经验，尤其对这些小动物走路的方式还很陌生，对这些动物走在树叶上产生的声响更是从没感受过，即便是成人，都无从知晓这些小动物走到树叶路上产生的声响。因此，教学陷入了机械学习的境地，看似唯美、语言简单活泼的一个故事内容，幼儿却毫无兴趣，游离者众。究其原因，就是因为文本材料所展示的内容远离幼儿的生活实际，脱离了幼儿的经验基础。

教师在选择教学活动内容的时候，不仅要关注内容的价值性含量，在此基础上，更重要的是要基于幼儿的生活经验，使教学活动内容来源于幼儿的生活实际，适合幼儿的现有水平，这样才能引发幼儿的学习兴趣，进而提升教学的有效性。

三、对策与建议

《幼儿园教育指导纲要（试行）》指出，教师选择教学活动内容的时候，要"既贴近幼儿的生活来选择幼儿感兴趣的事物和问题，又有助于拓展幼儿的经验"。那么，如何基于幼儿的生活来选择幼儿感兴趣的教学内容呢？

1. 合理利用资源，让教学活动内容贴近幼儿的生活

在我们周围的生活中，到处都有可利用的资源，把这些资源带进幼儿园，带进教学活动中，定能发挥无穷的魅力。

比如：组织幼儿开展"不一样的高楼大厦"、"生活中的标记"、"各行各业的人"、"生活中的数字"、"有趣的电话号码"、"超市"等内容；将地方童谣、民间故事、民间体育游戏引入幼儿园；利用生活中的材料，开展艺术创作活动等。这些内容因为贴近幼儿的生活而深受幼儿喜欢。当然，教学活动的内容并非将这些贴近幼儿生活的内容引入幼儿园就能满足幼儿的需要。

促进幼儿全面发展的目标要求幼儿园教育的内容选择具有"涉及面广、知识点浅"等要求，幼儿对未知世界的探究欲望也决定了很多内容需要成人通过游戏等适合幼儿的方式传递给幼儿。

因此，在本案例中，教师可以将教学的场景移到幼儿园或附近真实的生活情境中，通过让幼儿扮演小刺猬、小兔子在树叶路上走路、蹦跳，使幼儿获得在树叶上走路发出不同声响的经验。然后，教师可以直接在情境中将"窸窣窸窣"、"吱嘎吱嘎"、"踢踏踢踏"这些词汇贯穿在游戏中，让幼儿在这些词汇语境的伴随下扮演小动物做不同的动作，使幼儿在游戏中自然而然地理解这些象声词的意思，再进入到课堂开展集体教学，就能达到事半功倍的效果，这远比让幼儿凭空去猜想这些词汇要有意义得多。

2. 基于幼儿的原有经验，恰当改编教材内容

在开展集体教学活动时，我们往往会发现，很多优秀的儿童文学作品、幼儿歌曲，或因为某些情境脱离幼儿生活实际，或因为某些词语的生涩，或因为节奏感的突然变化，影响整个活动的流程，甚至会直接影响幼儿对活动的兴趣。此时，就需要幼儿教师用智慧去改编教材，在不破坏教材主旨的前提下，使教材内容为幼儿的当前需要服务。

比如，在本案例中，在小班幼儿的生活经验里，走过树叶铺满的小路，发出的声音一般为"嚓嚓嚓嚓"、"沙啦沙啦"，要让幼儿去理解"窸窣窸窣"、"吱嘎吱嘎"，实为难事。因此，除了可以在情境中去学习外，教师还可以不必拘泥于文本中的"窸窣窸窣"、"吱嘎吱嘎"等象声词，幼儿愿意用"嚓嚓嚓嚓"、"沙啦沙啦"，教师就应随机应变，即时改编教材。教师也可将文本中的小动物替换成"小朋友"——"小朋友走过树叶小路，踢踏踢踏，像在跳舞；妈妈走过树叶小路，像在逛街，的笃的笃；爸爸走过树叶小路，啪嗒啪嗒，像在散步；奶奶走过树叶小路，她在树叶里找呀找，找到了一艘艘小船，晃悠悠，晃悠悠……风儿来了，小朋友挡住风儿：'你别刮走路上的树叶，树叶的声音多好听呀！'于是，风儿踮着脚尖轻轻地走过小路。"这样的改编，让幼儿可以模仿家人走路的样子、神态，既激发了

兴趣，又学习了词语，还能感受秋天落叶美的意境，达到了故事教学的目标。

3. 依据幼儿的特点，设计生活化的活动形式

幼儿的年龄特点决定了只有他们感兴趣的事物才能引发其兴趣，而源于生活实际、与生活息息相关的教学活动，会让幼儿有置身于真实情境的感觉，更能引发幼儿的学习动机。

诸如"开超市"、"玩游乐场"、"我的一天"、"统计爷爷奶奶的爱好"等活动之所以赢得幼儿的青睐，让他们乐此不疲，就是因为这些活动或是真实的情境，或是创设的模拟情境与真实生活具有相似性，抑或本身就是幼儿自己的真实生活。"是生活就是教育。"因此，幼儿教师面对教学内容，要善于"乾坤大挪移"，将活动与幼儿的真实生活对接。比如，幼儿巩固复习10以内的加减法，教师可以设计"游乐场"活动，让幼儿在买票、规划游戏项目的过程中获得经验，并以此发展思维能力。

同样，在本案例中，教师可以带领幼儿在活动前玩走树叶小路的游戏，帮助幼儿积累相关的经验。小班幼儿的生活经验贫乏，但他们也想表达自己的想法，幼儿只有理解了作品的内容，才能在情感上产生共鸣。活动中，在不修改文本的前提下，教师可以在配乐中声情并茂地讲述故事，让幼儿扮演小动物从树叶路上走过，在这样一种大自然的情境中游戏、倾听、理解、表达，既能感受故事的意境美，又能习得相关语词，理解内容，获得语言能力的发展。

案例 10

怎样根据幼儿的兴趣选择教学活动内容，同时避免教学活动目标不明确？

——"春风轻轻吹"教学诊断

兴趣是最好的老师，使幼儿有兴趣的教学活动内容才能激发幼儿的好奇心，引发幼儿的探究欲望，使教学产生意想不到的效果。但在现实教学中，我们经常发现幼儿对很多活动处于茫然、游离状态，缺乏积极投入，教师自以为有价值的活动在幼儿面前变得索然寡味，究其原因，还是因为活动的内容对幼儿缺乏吸引力。因此，教师在选择教学活动内容时应把握幼儿的年龄特点和需要，解读幼儿的关注点，在对内容进行教育价值甄别、幼儿年龄适宜性考量的基础上，以集体形式或小组形式来组织活动，促进幼儿的发展。

一、现象扫描

托班音乐欣赏活动：春风轻轻吹

在一个托班音乐欣赏活动"春风轻轻吹"中，教师扮演春姑娘，准备了风婆婆、花儿等头饰，录制了音乐，还准备了动画课件，在春天的情境中让幼儿倾听音乐、欣赏音乐。

教师出示春风姑娘的课件："宝贝儿们，这是谁呀？"

"姐姐，阿姨。"

"这是春风姑娘，春风姑娘长得漂亮吗？"

"漂亮。"

"春风姑娘是怎么吹的呀?她还带来了一首很好听的歌曲,我们一起来听一听。"教师播放动画课件,声情并茂地演唱一遍歌曲,幼儿倾听得很专注,注意力大都集中在电视动画上。

唱完后,教师问:"你们听到春风姑娘吹到了哪里?是怎么吹的呢?"

一位幼儿应答:"花园里。"其余幼儿没有应答,开始玩自己的小手。

教师又问:"春姑娘吹到了哪里呀?再听老师唱一遍哦!"教师再次演唱一遍后,继续提问,幼儿开始游离,无人理会教师的问答。

于是,教师说:"来,宝贝儿们,我们一起来做春风姑娘吹呀吹的样子,再把她的声音唱出来。"在动画课件的伴随下,教师卖力地边唱边做动作,幼儿却都跑到前面来,对着电视机里的动画指指点点,教师带领幼儿做两遍动作后活动结束。

二、学理分析

幼儿为什么会在倾听的过程中很专注,但一旦教师让其跟着做动作、表达内容时就开始游离?究其原因,就是内容不适宜,这样自然就无法引发幼儿的兴趣。《春风轻轻吹》是一首三拍子的歌曲,曲调优美,在春天的季节里,传唱这样优美的歌曲,理应会让幼儿沉浸其中,感受到其中的旋律、意境美。但是,这首歌曲更适合大班幼儿,虽作为音乐欣赏呈现,但由于托班的孩子注意力集中时间短,理解能力弱,所以他们更喜欢旋律轻快活泼、节奏鲜明、歌词简单且重复的歌曲,尤其喜欢4/2拍类型的音乐。这样的音乐给幼儿的感官带来强烈的频率刺激,也能满足幼儿身体运动的需要,并能刺激幼儿跟随音乐演唱,诸如《我是巧虎》、《饼干歌》就是由于这个原因而深受托班幼儿的喜欢。只有了解幼儿,教师才能把握幼儿的兴趣,才能更好地选择适宜的教育内容。那么,教师该如何来根据幼儿的年龄特点选择他们感兴趣的教育内容呢?

三、对策与建议

1. 教师应成为幼儿园课程的建设者和批判者

教师作为幼儿园课程的实施者,对课程内容具有使用、改编、取舍、重组的权利,从适合幼儿发展的角度出发,课程内容园本化更是课程实施的应有之义。但是,目前很多幼儿教师在实施课程的时候表现出本本主义现象,教材怎么安排内容,就不折不扣地执行,缺少对课程的建设和批判。但实质上,任何教材在编写过程中都带有地域性的特点,由于文化背景、社会风俗、教育环境等的不同,不同地区在教材内容的适宜性方面就存在着地域差异。即便是同一地区的城镇幼儿园和农村幼儿园,幼儿的原有经验和幼儿园的教育资源、外部环境等也都有着很大的差异。因此,作为幼儿教师,必须具有批判性思维,对幼儿园课程内容进行园本化的建设和改编,以使其更好地适合幼儿。

比如,本案例中托班的音乐欣赏活动"春风轻轻吹",从内容甄别上就可知幼儿不感兴趣,教师应该大胆地舍弃。

又如,大班歌曲《学会小心》是健康教育主题"从头到脚"中的一项内容:"我学会小心做事,对对,学会小心做事,对对,对,对,对对对,学会小心做事,对对……"由于其旋律、节奏、歌词刻板,情趣感缺失,幼儿大都兴趣不高,这种为了主题而拼凑的内容,教师也完全可以舍弃。

从一定程度上讲,"适合"是兴趣的别名,适合的才是最好的,幼儿园教学活动内容的选择尤应如此。

2. 捕捉幼儿兴趣焦点,合理设计生成活动

《幼儿园教育指导纲要(试行)》要求我们"善于发现幼儿感兴趣的事物、游戏和偶发事件中所隐含的教育价值,把握时机,积极引导"。在《幼儿园教育指导纲要(试行)》的理念引领下,依据幼儿的兴趣需要而生成的课程内容是幼儿园一道亮丽的风景线。确实,生成课程更关注了幼儿的即时兴趣,来源于幼儿的需要,深受幼儿喜欢,更能使幼儿产生共鸣,教学也就更加有

效,目标达成度高。比如,中班幼儿在外出散步时,发现了一只天牛,孩子们聚拢在一起,对天牛的外形、名称、生活习性产生了浓厚的兴趣,于是,关于"天牛"的科学探究活动产生了。但是,我们也不难发现,在关注幼儿兴趣需要的现实背景中,也存在着在选择内容时一味遵从幼儿兴趣,抑或将个别幼儿、小团体幼儿的兴趣需要当成全体幼儿的兴趣需要,导致教学活动犹如脚踩西瓜皮,滑到哪里算哪里的现象。

教师在发现幼儿的一些学习兴趣点后,要注意观察了解,这是大部分幼儿的兴趣需要还是个别幼儿的需要。如果仅仅是个别幼儿的需要,那么,只要在日常活动中通过引导,保持幼儿的探究热情,支持幼儿的探究兴趣,在需要帮助的时候搭建一个合理的支架让幼儿去攀登即可,不必组织全班性的集体活动。

同时,当幼儿对某一现象或事物产生兴趣时,教师还要对教育内容进行价值判断:这一内容是否适合现在的幼儿,幼儿能否展开探究?它对幼儿的发展有哪些意义?开展这个活动是否可行?只有进行这样全面的考察后再组织活动,才能做到有的放矢,提高有效性。

3. 选择社会热点问题,补充主题教育内容

信息媒体时代让幼儿广受各类信息的刺激,在成人品头论足的时候,幼儿也用他们自己的眼睛在窥视这个世界。教师应善于整理出幼儿关注的热点问题,依据幼儿的年龄特点,找准切入点,设计主题,构建主题教学脉络,让幼儿在主题教育中走近生活,引发幼儿对周围生活的好奇和关注。

比如,面对"5·12"汶川大地震、世博会、奥运会、神九升天等大新闻,以及幼儿生活周围的社会热点活动,如地方艺术节、民俗文化节、西瓜节、滚灯艺术节等,可及时生成主题活动。这些内容都发生在幼儿生活的周围,电视媒体等的传播让幼儿获取了大量的信息,使他们有话题可以交流、讨论,有经验准备去思辨,因此深受幼儿的喜欢,幼儿的学习兴趣自然就浓。这些活动都是教材中现有主题内容的有机补充,是一笔宝贵的课程财富。

案例 11

选择教学活动内容时怎样体现内容的发展适宜性？
——"春天来了"教学诊断

教学活动内容的发展适宜性，是指教学活动内容处于幼儿"最近发展区"内，既符合幼儿的现有水平，又具有一定的挑战性。因此，教学活动内容应该对该内容适用的年龄段大多数幼儿来说是现实可行且可以达到的。但在实际工作中，很多教师未能关注到内容的适宜性，而是过分关注了教学活动内容的新奇新鲜，降低目标、拔高目标的内容屡见不鲜，影响了教学活动的成效，使教学活动内容无法有效地促进幼儿的发展。

一、现象扫描

中班音乐活动：春天来了

在中班"春天来了"主题活动中，考虑到主题安排中艺术领域内容欠缺，结合幼儿园的"春之声"合唱比赛，教师选择了歌唱教学内容《春天在哪里》实施教学。

教师出示图片："小朋友，现在是什么季节？你从哪些地方看出是春天？"

幼儿大声回答："红花开了，小草长出来了，小鸟也出来找东西吃了。"

教师很高兴，随即出示多媒体课件："对呀，春天在哪里呢？我们一起来听一首好听的歌曲，歌曲的名字就叫'春天在哪里'。"

欣赏MTV视频时，幼儿神情专注。欣赏完后，教师边请幼儿回忆歌曲内容，边清唱相关乐句加深幼儿的理解，很快，幼儿都记住了歌词内容，进行了歌词念白。

进入到学唱环节，教师播放音乐："下面，请小朋友们跟着音乐看着图片一起来唱这首好听的歌曲。"

幼儿起初还在跟唱，当唱到"嘀哩哩嘀哩嘀哩哩"时，有的嘴巴在动却没有发声，有的声嘶力竭大声喊唱，有的嘴里无序地唱着"哩哩哩哩哩哩哩"。

一遍结束，教师评价："刚才，有些小朋友的声音真好听，老师奖励一颗五角星，有些小朋友在唱'嘀哩哩嘀哩嘀哩哩'的时候大喊大叫很难听，下面我们再唱一遍，看谁也能得到五角星。"

音乐响起，除了三五个女孩子跟随音乐在演唱外，其余的幼儿眼神开始游离，与旁边的同伴开始你推我挤，玩起了手指游戏。教师用奖花、糖果等奖励幼儿以提高演唱积极性，但都无济于事。

二、学理分析

为什么幼儿刚开始学习歌词时很专注，到最后却是注意力涣散？为什么已经理解了歌词，熟悉了旋律，幼儿还是没有兴趣演唱？究其原因有二：

第一，《春天在哪里》这首歌曲是 F 调的，其音域范围在中央 C 下面一组的 g 到小字二组的 d，而中班幼儿的自然音域范围则为 $c_1 \sim b_1$，可见，歌曲音域范围不适合，是导致幼儿 la 音唱不上去、sol 音低不下来的主要原因，而歌曲中有较多乐句都在 la 音上，幼儿自然就不感兴趣了。

第二，歌词的内容虽然借助多媒体、图片等使幼儿较熟悉并已经理解，但在真正演唱过程中，"清脆的"以及连续的象声词"嘀哩哩嘀哩嘀哩哩"等，节奏速度快，旋律变化多，幼儿按节奏吐字困难，自然就造成了演唱的困难，给幼儿学唱带来了障碍，激发不起幼儿的兴趣。显然，该内容难度水平超出了幼儿的最近发展区，不适合在中班幼儿中学习和教学。

三、对策与建议

1. 依据幼儿的发展水平选择教学活动内容

离开了对幼儿的了解,我们的教育将成为无本之木。目前,国内外大量学前心理学研究已经揭示了幼儿在认知能力、情感态度、社会性发展方面的年龄特征及一般发展规律和趋势,这为课程内容的选择提供了心理学依据。案例中,教师因为要迎合幼儿园歌唱比赛的目的,选择的内容超出了幼儿的能力范围,就演唱能力来说,也超出了中班幼儿的音域范围,因此,造成学习障碍便在情理之中。教师若能熟悉中班幼儿的音域范围,就会选择适合中班幼儿的歌曲,比如《春天里》、《悄悄话》等,不仅歌词易于理解,而且音域跳跃在 dol 到 la 之间,是中班幼儿演唱的适宜区域。当然,在执教过程中若遇到幼儿唱不上去的现象,补救的措施就是教师及时降低调号,从 F 调降到 E 调或者降 E 调,虽会对歌曲原有的韵味有一定影响,但就适合幼儿来说,也是值得尝试之事,只是这对教师操作键盘的能力水平也是一个挑战。

音乐艺术如此,其他领域的教学同样要关注到教学活动内容的适宜性。

比如,小班幼儿喜欢看图书,会一页一页地翻书,对重复性语言感兴趣,喜欢模仿,但他们还不会理解复杂情节的故事内容,因此,教师可选择 10 页左右、开本大、每页单幅的图画书供幼儿阅读。

到了中班,幼儿习得了基本的阅读方法,语言表达能力不断增强,能通过画面角色的表情、动作以及环境布置等猜测故事发展的线索,此时,就可以选择画面之间留有简单猜想、思考,有较明显情节线索的图书供幼儿阅读。

而到了大班,幼儿不但对图书的阅读兴趣浓厚,能较长时间专心地看书,对内容的理解能力较强,而且开始对文字产生兴趣。当他们在书中或广告招牌中看到自己认识的汉字时会非常兴奋,还常常缠着成人教他们认字,识字的积极性很高,记忆力也很强,他们还常常在自己的绘画作品中写上歪歪扭扭的汉字。到了大班下学期,幼儿会聚在一起边看图书边连猜带蒙地念书中的文字。此时,教师可选择一些图文并茂,有细节刻画,情节有趣、夸张的图书供幼儿阅读。

2. 正确定位教学活动目标

同一内容，若有多重价值在，就能在不同年龄段的幼儿中实施，重点在于教学活动目标的制订要适合该年龄段幼儿的发展水平。

如歌曲《春天在哪里》，中班可以定位在歌曲欣赏，幼儿通过倾听欣赏，感受歌曲轻快活泼的旋律和曲调，理解歌词中所表达的春天的意境，乐意用自己喜欢的动作进行表现。而到了大班，则可以定位在歌唱活动，引导幼儿欣赏歌曲，感受乐曲性质，在理解歌词内容的基础上用自然活泼的声音学唱歌曲。

又如"好玩的滚灯"主题系列，在小班开展的相关教学活动内容有滚灯真好玩（体能）、滚灯排序（数学）、给滚灯穿上漂亮衣服（美术）、滚灯乐（音乐）等内容；到了大班，则可开展走近滚灯、跳滚灯舞、滚灯操、创编滚灯舞等教学活动。这样的内容编排，体现了教育目标的层递性，教育内容的发展适宜性就能得到较好的落实。

3. 解读幼儿的个体差异

幼儿由于其遗传、教养方式、教育环境等不同而呈现出个体差异性，这就需要教师善于观察幼儿，解读幼儿的需要，依据幼儿的不同特点因材施教，合理调整选择教学活动内容，这样才能保证教学活动内容的适宜性。同样，同年龄的幼儿，在数概念的发展上呈现的差异性最大可能相差3岁。因此，教师在教学活动的过程中还要关注幼儿的个体差异，在设计问题、操作探究过程中，给幼儿设计难易程度不同的任务，让幼儿站在自己的发展水平上去探究学习、获取新知。在区域活动中，教师设计的每一种材料的玩法也可以呈现不断递进的关系，引导幼儿在熟悉一种玩法后，继续探究高一层次的玩法；教师还可以设计出众多不同的操作材料，让幼儿选择适合自己的，以此让教学活动内容最大程度地满足每个幼儿的需要。

案例 12

怎样使教学活动内容从逻辑上关照不同年龄阶段的幼儿？
——"中秋节主题活动"教学诊断

幼儿园各年龄阶段、各学期、各教学活动之间的内容需要衔接，托幼之间、幼小之间的教学活动内容也需要衔接。教学活动内容的衔接反映了事物发展的内在规律性和幼儿身心发展的阶段性与连续性，同时也反映了知识经验之间的固有逻辑性。因此，教师在选择教学活动内容时要综合考虑多方面的因素，遵循由易到难、由浅入深、由近及远、循序渐进的原则。

一、现象扫描

中秋节主题活动

中秋节到了，各班开展节日主题活动。小班幼儿在教师的带领下，欣赏《嫦娥奔月》的故事，桌子上放满了各种各样的月饼，切开的、包装好的都有，教室里弥漫着一股诱人的香味。教师声情并茂地讲述故事，幼儿的眼睛却大都盯着桌子上的月饼，东东更是忍不住，时不时地将手伸到桌子上去拿月饼，甚至还偷偷地将一小块月饼放进嘴巴里。于是，"老师，东东在吃月饼"，"老师，东东把我带来的月饼拿走了"，幼儿的告状声此起彼伏，教师不得不中断故事，维持纪律，并快速进入到品尝月饼环节。幼儿抢着吃各种月饼，再也没有了告状声。

中班的幼儿同样在倾听《嫦娥奔月》的故事，桌子上放着月饼以及做月饼的材料，幼儿安静地倾听，但交流、对话甚少。当教师提问时，幼儿开始游离，并时不时地去碰桌子上做月饼的工具，直到做月饼环节时，才开始呈现情绪高潮。

大班的幼儿圆桌式围坐，桌子上也准备着品种繁多的月饼，教师在计算机上利用课件播放《嫦娥奔月》的故事，幼儿对故事产生了浓厚的兴趣，有些幼儿一直在追问。"老师，月亮上真的有嫦娥吗？""那只小兔子是不是一直在嫦娥的身边？""月亮离我们有多远？"幼儿边吃东西边聊，气氛融洽。

二、学理分析

三个年龄段，同一个主题活动，这是幼儿园节日教育中常有的活动。同样的活动内容，都在讲述中秋节的故事，为何小班幼儿的关注点在吃月饼上，对教师安排的故事内容虽然能够专心倾听，却未能引起共鸣？而中班的幼儿为什么对做月饼表现出了浓厚的兴趣，而在吃月饼方面没有小班幼儿那么感兴趣？大班的幼儿对各种月饼基本上没有了兴趣，注意力都集中在民间故事上，沉浸在故事情境中，产生了对月球的探究兴趣，有提不完的问题。这是幼儿的年龄不同带来的认知特点和原有经验的差异所呈现出的自然反应。由于节日教育主题活动较少有教材可以参考，因此教师在设计组织活动的过程中，源于习惯性思维，习惯于将活动落实在"听听、做做、说说、玩玩"中。应该说，这样的思路是符合幼儿的年龄特点的。但是，我们都知道，在开展这些活动时，应该"关注幼儿的年龄特点和生活经验，使教学内容体现不同年龄段幼儿的关注点、知识点和发展点"，否则，就会遭遇案例中的尴尬。在案例中，小班幼儿"嘴馋"，中班幼儿的兴趣集中于"做月饼"，大班幼儿则对月球等未知事物产生了兴趣，除此以外，其他活动内容都遭到了幼儿无意的排斥，这就是教师心中没有形成"教学大纲"所致。

三、对策与建议

1. 明确领域目标，形成"教学大纲"

幼儿园课程内容是一个有机整体，应遵循逻辑上的一致性，也应追求知识的延续性。简言之，就是层递性——相同的领域内容安排在不同的年龄阶段就应设定不同的教学目标，而这些目标之间本身有着内在的关联性，呈现出层层递进、不断丰富的过程。

很多教材的编写中都有各年龄段的领域目标，指明了各年龄段幼儿各领域的水平发展目标，这是教师选择教学活动内容的依据。熟知各领域目标，教师就能辨别教学活动内容在普遍情况下可以安排在哪个年龄段，在制订教学活动目标的过程中，也就能依据幼儿的年龄特点制订出适合幼儿水平发展的目标，做到目标不偏离，内容不拔高、不下移。

比如，在对自我的认识方面，小班幼儿可认识自己的五官，懂得五官的作用和保护五官的方法；中班幼儿可认识自己的身体，了解身体各部位的作用以及保护的方法；大班幼儿则可认识自己的能力，体验每个人都是独一无二的个体，萌发自我意识。

又如，大班幼儿学习数的组成，应以中班掌握数的形成概念为基础，而数的形成的概念，又要基于小班幼儿数数能力的发展，这其中的内在逻辑，具有层递发展的关系，错乱的关系便会带来幼儿学习的不当，造成学习障碍。当然，在内容的整合和选择时，应注意避免内容的重复，也要避免忽视幼儿情感、能力、学习兴趣和学习习惯、方法等方面的培养，要多选择有利于幼儿长远发展的教学活动内容，为幼儿的终身学习和发展打好基础。

2. 基于幼儿经验，重组教学活动内容

教学活动内容的选择应基于幼儿的原有经验和水平，这是《幼儿园教育指导纲要（试行）》中传递的一个重要理念，也是对"促进幼儿在原有水平上

提高"的另一注解。因此，教师在选择或者重组教学活动内容的时候，要经常问问自己：设计这个活动，与幼儿的原有经验是否能有效对接？组织这个活动，需要幼儿有哪些经验基础？要达成预定的教学活动目标，是否有更好的内容作为介质？如何选择恰当的教学方式来促进幼儿的学习？教学活动内容是否适合今天的幼儿？经常这样进行自问，教师便能在纷繁的教学活动内容中筛选出最适合幼儿的材料，并在这样一种自问中更加关注幼儿的现有经验和基础，提升解读幼儿的能力。

本案例中，对于同样的主题，在设计重组内容时，教师应该考虑到小班幼儿的原有经验基础缺乏，语言表达能力弱，对神话故事的理解能力欠佳，在组织教学活动内容时就应避开此类内容，而将重点放到观察各种各样的月饼上，让幼儿从形状、大小、包装、品尝等方面去感受月饼的丰富，帮助幼儿积累相关经验；中班幼儿的动手能力有了较大发展，可以在初步了解中秋节的习俗后，重点开展"做月饼"的活动，使幼儿体验自己劳动后的成功感；而到了大班，幼儿的抽象思维开始萌发，他们探求未知世界的积极性和好奇心大增，也积累了较多的经验基础，具备了一定的是非判断能力，此时就应该引领幼儿去探究知识，使其萌发探究欲望，感受获取新知识后的喜悦和成功感，激发积极思考的兴趣。

案例 13

选择教学活动内容时怎样避免教学活动目标的流失？
——"各种各样的树"教学诊断

《幼儿园教育指导纲要（试行）》给幼儿教师指明了幼儿教育的总体目标，设定了宽泛的教育内容和要求，虽然没有特定的教学大纲以及教学内容，但是使教师在课程实施、教材选用、教学内容选择等方面有了更多的自主权和主动权。教师可以根据本地、本班幼儿的实际，有针对性地选择适宜的教学活动内容。但是在现实中，自主权和主动权下放的幼儿教师，在教学活动内容的选择方面还存在较多问题，常会出现因过多关注活动组织的新颖性、活动性、兴趣性，而在组织实施的过程中丢失教学活动目标的现象。

一、现象扫描

大班艺术活动：各种各样的树

在大班艺术畅想活动"各种各样的树"中，教师让幼儿倾听音乐，并根据自己的理解自由组合变成各种各样的"树"。

活动开始，在背景音乐的伴随下，教师让幼儿欣赏各种各样的树，有虬枝向天的，有几棵互相缠绕的，有挺拔如山的，也有婀娜多姿的。

教师问："小朋友们，你们刚才看到了那么多漂亮的大树，你最喜欢哪一棵呢？请你用动作做给大家看。"

一位幼儿站了起来，高举双手，做成一棵树的样子。

教师点头微笑："嗯，你这棵大树真高大，谢谢你！谁还愿意来做一棵树的样子?"

幼儿纷纷起立,都将双手举高,做出了大树的样子。

于是,教师转移话题:"刚才我们都是一个人做出一棵树的样子,现在谁能找个朋友,两个人、三个人来试试,做做树的样子?"

教师请了三个幼儿到前面,孩子们举高了手,搭在一起,扮成了一棵大树,教师给予了表扬。于是,幼儿纷纷站立找朋友,开始合作扮演树,整个活动热烈而兴奋。

最后,大家在教师的拍照记录中结束了本次活动。

活动后,当被问到"本次活动你的主要目标是什么"时,教师的回答是"让幼儿体验快乐"。

二、学理分析

教师在选择教学活动内容的过程中,第一考虑总是从幼儿的兴趣出发,让幼儿在快乐的体验中得到认知、情感、能力上的发展。但是,在具体操作过程中,教学活动的核心目标经常会在"快乐"、"有趣"的情感目标下产生偏离,甚至被丢失;抑或是走反面之道,过分注重认知目标的达成,丢失了活动的情趣美、活动美,使幼儿在情感上得不到愉悦的体验,更无法获得情感上的发展。

案例中,从艺术活动的核心目标来看,应该是让幼儿在欣赏音乐、理解音乐的基础上,通过与同伴合作,用肢体语言来表现树的各种姿态,以此培养幼儿对音乐的感受力、想象力。但这一核心目标在"有趣、快乐"的情境中被教师丢失了,以至于到最后,活动的主要目标成了"体验快乐"。究其原因,是教师心中缺少对教学活动目标的正确定位,目标意识不强,过分注重活动的形式,未能落实"形式要为目标服务"的理念,最终使活动走向低效甚至无效。

三、对策与建议

1. 把握核心经验，抓住核心目标

《幼儿园教育指导纲要（试行）》对教师开展教育活动没有规定具体的教育内容，仅仅表明了在每个领域应重点追求什么以及主要的价值取向，指明教师应该做什么、该怎样做，以及每个领域的学习中"教"与"学"的特点。因此，这对教师是一个极大的挑战，需要教师依据各领域的总目标进行分解，清楚每个活动的核心元素。

案例中，教师首先应该把握艺术领域的核心目标：这是一门听觉艺术，教师要给予幼儿充分的欣赏和倾听的机会，在此基础上，让幼儿理解音乐内容，结合课件资源，将音乐与树的各种姿态建立一种"生长的对接"，这样，幼儿才能产生表现的欲望。其次，教师不仅要牢记艺术领域中应使幼儿"体验自由表达和创造的快乐"，同时还要明白，应"在此基础上，根据幼儿的发展状况和需要，对表现方式和技能技巧给予适时、适当的指导"。这样才能既抓住核心元素、掌握核心目标，又为幼儿自由表达提供机会。

2. 分析教学活动内容，正确定位教学活动目标

在主题教学、整合课程的大背景下，教学活动内容的命名从过去的"目标式"走向"活动式"。比如，以前的"认识时钟整点"，如今命名为"火车火车几点开"。在这样的背景下，很多教师往往会感到茫然，特别是没有从事过分科教学的教师，更无法定位活动的核心目标，往往注重了情感目标，丢失了认知目标，重视了认知目标，又丢失了情感目标，目标流失偏离现象也就不足为奇。因此，教师要通过对幼儿各年龄段教育目标的解读，学习并掌握各领域中每个项目的教学活动目标，并通过研读教材、研读内容，正确定位核心目标，同时通过框架式备课的方式使得每一环节的活动安排紧扣目标，在层层递进中达成目标。教师要在每次备课和执教活动时叩问自己："核心目标是什么？如何表述？第一（二、三……）环节指向哪个目标？如何体现每一目标落实中的活动性、兴趣性、可操作性？"活动结束后要反思："今天预

设的教学活动目标达成了吗？是什么原因影响了目标的达成？"经常在这样的目标落实中反思，就会防止教学活动目标的流失。

3. 观察解读幼儿，了解幼儿的需求

幼儿的需求是教师选择内容的依据，也是教师制订目标的依据。目标偏离现象的产生，往往是由于教师对幼儿的需求读不懂、读不透，自己一厢情愿地专注于把幼儿培养成"这样的人"，所以把"幼儿的学习目标"强化成了"我的教学目标"，于是，教学活动目标的偏离现象也就变得不足为奇。因此，幼儿教师要学会走近幼儿的心灵世界，在倾听中解读幼儿的需求。一个经常与幼儿在一起交谈的教师和一个长期脱离幼儿生活的教师，前者更能精准地把握幼儿的需要，赢得幼儿的喜欢。

比如，教师要开展"好玩的磁铁"科学活动，可在区域活动中投放相关材料，观察幼儿的行为，若幼儿都已经能了解磁铁的吸铁性和隔物吸特征，那么在集体活动中就可省略这些环节，将重点转移到探究磁铁的同性相吸、异性相斥以及磁场范围等方面，这样的目标设定更能引发幼儿的探究兴趣，更适合幼儿的需要。

案例 14

怎样有效利用幼儿园的自然资源，使教学活动内容更贴近幼儿生活？
——"秋天的树"教学诊断

幼儿园的自然资源不仅指自然生成的可以被利用的物质，比如水、空气、土地等，同时还包括利用自然物制作的生态物，比如石头路、小池塘等。幼儿园的自然资源作为教育资源的重要组成部分，因其存在于幼儿的周围生活中，是幼儿每天能够看得到、感受得到的，是幼儿熟悉的、贴近幼儿生活的事物，深受幼儿关注和喜欢。合理利用幼儿园的自然资源，设计适合幼儿的教学活动，不仅能降低幼儿园的办园成本，而且能激发幼儿对周围生活和大自然的热爱，拓展幼儿的生活情趣，激发幼儿的创造欲望。

一、现象扫描

大班美术活动：秋天的树

在一个大班美术活动"秋天的树"中，教师让幼儿利用麦秆制作树干，利用青菜梗、胡萝卜等印树叶。

教师在让幼儿欣赏了大自然中各种各样的树后，画面一转，进入对自制麦秆画的欣赏中："小朋友们，你们知道这些画是用什么做出来的吗？"

"好像是印出来的。"

"老师，我看到树干是金黄色的，好像我在奶奶家看到过这个。"

"哦，那你们知道它的名字叫什么吗？喏，你瞧，这就是今天我们要用来做大树的东西，它的名字叫麦秆。还有这个——胡萝卜，这个——菜梗。在我们的生活中有很多这样的东西，都可以让我们创作出一幅幅美丽的画来。"

"哇，好漂亮呀。"

有的幼儿已经开始转头朝向背后桌子上的材料。教师在与幼儿探讨了作画布局、颜色搭配等内容后，开始引导幼儿创作。

"老师，我回家以后也要这样玩。"

"老师，今天做好的画我们能带回家吗？"

"老师，我们下次能不能用稻草来玩？"

"老师，我上次捡了很多的鹅卵石，我们能不能也拿来画画？"

二、学理分析

一种日常生活中常见的自然物，在引入课堂后，孩子们的喜好让成人惊诧。幼儿对生活中自然物的喜好从细节中可见一斑：他们会将捡到的一颗石子当成宝贝；会悄悄收藏起一枚树叶当成书签；会每天去看看小花开放了多少，为一朵花的凋谢而掉泪；会念念不忘幼儿园里他亲手栽下的一棵小树……这些自然物，在幼儿的童年生活中犹如良师益友般陪伴他们，并养成了他们善感的心。案例中，教师抓住了幼儿的心理特点，在美术活动中引入生活化的材料，是对周围自然资源的合理利用，改变了幼儿对生活中自然物用途的一维看法，激起了幼儿的学习兴趣，萌发了幼儿的创造力，使教育更贴近生活。那么，幼儿园如何有效利用自然资源，使教育内容更贴近幼儿的生活呢？

三、对策与建议

1. 依据幼儿的年龄特点，精心组织教学活动内容

幼儿园自然资源众多，特别是很多农村幼儿园、城市郊区幼儿园，可利用的自然资源更是丰富多彩。但是，是不是所有的自然资源都能利用？是不是每一种自然资源都适合每一个幼儿？答案是否定的。这就需要教师依据幼儿的年龄特点，根据自然资源的特点，精心选择教学活动内容，合理选择教

学方式和手段,从而保证教学的有效性。

比如:依据园内的常绿树和落叶树,在秋天季节,可在大班组织科学探究活动"常绿树和落叶树";在小班,可以设计"树叶舞蹈"的韵律活动;在中班,可设计"树叶变变变"的美术创作活动。这些随手可得的自然资源,让幼儿在活动中感觉更亲切,乐于投入,并保持后续观察和利用的浓厚兴趣。

又如:可在牵牛花的围墙旁,组织幼儿一起观察牵牛花,感受诗歌《牵牛花》的节律美,学习诗歌,幼儿就会获得更多关于牵牛花的知识,并在自然的情境中更有兴趣地学习。同样,可利用园内种植的蔬菜瓜果,开展以种植、除草、培土、采摘、品尝、播种等为主要内容的系列实践活动。这种贴近幼儿生活的教学活动内容,能激发幼儿对大自然的浓厚兴趣,培养幼儿的探究欲望。

2. 有效利用自然资源,充实幼儿的日常活动

除了利用自然资源开展正规性的教学活动之外,教师更应利用自然资源开展随机教学活动,在日常活动中组织开展观察、谈话、实践、体验等活动。

比如,餐后可带幼儿走走鹅卵石的小路,比较一下和走平路不同的感觉;春天到了,可观察各种不同的花苞,记录不同的花苞开放的时间和凋谢的时间,观察哪些植物先长叶再开花,哪些植物先开花再长叶……夏天到了,可来到大树底下乘凉,找找草丛中的小虫子,赤脚走在泥土上,感受大地的温度,抚摩树叶的皮肤……秋天的早晨,可观察草地上的小露珠在太阳的照射下慢慢变小,直至没有了,可捡拾飘下的片片树叶,观察树叶飞舞的样子,用身体动作来学学树叶的样子,可闻闻桂花的香味,回家尝尝桂花糕的味道……冬天,下雪的日子,可带着幼儿打雪仗、堆雪人,看着手中的雪儿慢慢融化,给幼儿园内的小树穿上稻草衣服,观察早上草地上的一层白白的霜……只要做个有心人,一切自然资源都可以成为幼儿园的"活教材",孩子们的生活也会变得更加丰富多彩。

3. 创造性地利用自然材料，丰富幼儿游戏材料

《幼儿园教育指导纲要（试行）》指出，要"充分利用自然环境和社区的教育资源，扩展幼儿生活和学习的空间"，"幼儿园的空间、设施、活动材料和常规要求等应有利于引发、支持幼儿的游戏和各种探索活动，有利于引发、支持幼儿与周围环境之间积极的相互作用"。因此，幼儿教师就要善于把丰富的自然资源"请"到幼儿园，比如竹子、稻草、石头、麦秆、棕榈等。在修剪下来的树枝上涂上颜色，幼儿可以按照颜色分类，也可以按照长短排序。成熟的老地蒲、老南瓜、吃剩的蚌壳可以当成幼儿的"画布"；蚌壳洗干净后，里面放一些豆子，还能成为好玩的乐器。用稻草编成一个个圆盘，用颜料画上娃娃的头发、眼睛、鼻子、嘴巴，就变成了一个个可爱的稻草娃娃，还可以不断变换玩法：可当作飞盘，进行投掷活动；可竖在地上滚，进行滚盘活动；可放在地上当石头，进行跨跳活动；可顶在头上，练习平衡走；可夹在两腿中间，练习跳跃；可搓成草绳，当马鞭甩，当尾巴抓……捡拾回来的小石子，秋天收获的稻穗、麦穗等都能成为幼儿的活动材料。有效利用自然资源，打开的不仅是一扇活动材料的门，更是开启幼儿智慧的门。

第二部分

教学活动设计与实施

案例 15

怎样在教学活动实施中突出重点、化解难点？
——"称一称"教学诊断

在教学活动实践中，设计并组织一次新的活动往往意味着促进幼儿新的发展。然而，要将这些新目标在活动中合理有效地落实，就需要教师具有一定的专业能力。这些专业能力包括对幼儿原有经验的了解，对幼儿长远发展目标的预期，对活动过程中幼儿认知盲区的填补，以及对本次活动中关键经验的把握等。教师只有完善这些方面的专业能力，在活动实施中才能突出重点、化解难点，实现教学的轻负优质。

一、现象扫描

中班科学活动：称一称

在中班科学活动"称一称"中，教师出示一个小皮球和一个报纸球，说："今天老师带来了两个球，一个小皮球，一个报纸球，你们猜一猜哪个球重，哪个球轻。"

孩子们有的说皮球重，有的说报纸球重。

教师问："请你告诉大家，你是怎么知道的。"

被请的幼儿站起来，不知如何回答。教师只好自己小结："嗯，我们可以用小眼睛看。"

稍停教师又补充："除了用眼睛看的方法外，还可以用什么方法比较呢？"

教师又请个别幼儿上前去用手掂一掂哪个球更重，幼儿的回答还是有分歧。

教师没有给出答案，而是小结："比较两个物体的轻重，我们可以用眼睛看，也可以用小手掂一掂，到底谁更正确一些呢？我们可以用一种'法宝'来验证。"说着教师出示两根弹簧秤说："这叫弹簧秤，我们把两个球称一称，比比看哪个球更重。"

教师将两只球分别装进两只一样的塑料袋，挂在两根弹簧秤上，让孩子们观察："究竟是小皮球重还是报纸球重？"

教师拎秤的两只手高度不一样，这时多数幼儿指着拉得长的弹簧秤回答："这个重。"（指皮球）

"对了，皮球比报纸球重。"教师微笑着表扬，"弹簧拉得长的物体重，弹簧拉得短的物体轻。"

接着，教师又取出红色和紫色两件大小不一的毛衣："我们再来称称看，是红色的毛衣比紫色的毛衣重呢，还是紫色的毛衣比红色的毛衣重呢？"

教师将两件毛衣分别挂在两个秤钩上，拎秤的两只手高度还是不一样，由于两件毛衣大小不一，挂在秤钩上一件长一件短。这时，大多数幼儿用手指着毛衣垂下来较长、离地面又较近的一件："这件重，这件重。"

教师进一步追问："到底是哪一件重呢？你们再看看弹簧，哪一根拉得长？"教师极力想让孩子们纠正刚才的答案。

二、学理分析

本案例的预设目标为：

1. 通过看一看、猜一猜、掂一掂、称一称的方法，比较物体间的轻重关系。

2. 体验用多种方式比较物体轻重的乐趣与成功感。

对照案例可以发现，目标1中的"多种方法"在活动组织中没有明确的定位，只是蜻蜓点水般地完成了流程而已，即看、猜、掂、称四种方法中究竟哪些方法是本次活动的经验起点，哪一种方法是本次活动的关键经验，显得含混不清。这样一来，探究的重点在重复的认知过程中被淡化了。进一步分析可以发现，目标2与目标1在语言表述上有部分重叠之嫌。因此，以上两条可以稍加整理，修改为：

1. 体验用多种方式比较物体轻重的乐趣，了解弹簧秤的基本构造。
2. 感知弹簧变化与物体重量的关系。

按照这样的目标，活动重点和难点就比较清晰了。第一条目标是活动的重点部分，是构建幼儿新经验的基础，在活动中，幼儿完全可以通过看看、猜猜、掂掂、称称等有趣而富有变化的悬念感受到比较轻重的乐趣，至于弹簧秤，不妨作为最后一种工具出现，那时孩子们会更好奇地去探究它的构造。第二条目标是活动的难点部分，"感知弹簧变化与物体重量的关系"这一目标是比较抽象的，知识性很强。《幼儿园教育指导纲要（试行）》强调，科学活动中"要尽量创造条件让幼儿实际参加探究活动，使他们感受科学探究的过程和方法，体验发现的乐趣"。因此，在科学活动中，教师要努力实践可感性、操作性的理念和策略。在本活动中，幼儿实际参加探究的关键是让幼儿对弹簧拉伸的变化能够感觉到，因此，在用弹簧秤探究物体重量时，让幼儿在弹簧上做记号或者在纸上写数字记录等不失为好的方法。这样的活动重点明确，难点突破，幼儿在探究过程中才能提升新经验，感受真快乐。

三、对策与建议

1. 放眼幼儿的长远发展，推敲核心价值

笔者以为，确立活动内容的核心价值并不难，教师首先需要观照所选择的素材与幼儿的长远发展要素之间有哪些相关性，这就是活动内容的价值取向。

本案例中，教师显然还不明白究竟是比较两件毛衣的结果重要还是探究

使用弹簧秤的方法和体验探究的快乐更重要。如果是前者，教具应当始终围绕两件毛衣，其他教具如球类物自然是不宜提供的，活动过程和方法可以先是眼睛看，再是徒手掂，最后是弹簧秤称等。假若是后者，则活动的重点应当是了解弹簧秤的结构和弹簧的伸缩性能，体验弹簧称物的趣味性。这样，学具中宜投放多样化的物体材料供幼儿探究和比较，过程安排则是先了解弹簧秤的基本结构，感知单个称物时弹簧的伸缩和有趣，然后再比较两类及以上多个物体重量的不同。对照活动内容与目标，后者的定位立足于幼儿对知识的运用能力和积极的学习情感体验，符合幼儿长远发展的需要。

2. 找准核心经验，凸显学习重点

本活动中，球、毛衣是幼儿原先早就认识的物品，符合幼儿的现有水平；弹簧秤是本次活动的探究工具，是幼儿生活中不常见但又十分感兴趣的探究对象，符合幼儿探究的欲望，属于新经验的范畴。据此可以判断，活动所提供的球、毛衣之类，同样可以用其他幼儿熟悉的物品代替。因此，幼儿用多种方法感知判断"皮球比报纸球重，或者红毛衣比紫毛衣重"不是本次活动的经验重点，只是活动的手段，目的是由幼儿熟悉的经验引出后面的弹簧秤结构及弹簧伸缩变化与物体重量的关系这些新经验。因此，本活动的核心经验是"感知弹簧秤称物的伸缩现象，体验弹簧秤称物的有趣，会使用弹簧秤比较物体的轻重"。教师在找准核心经验的基础上，通过有效的过程、方法和手段将其转化为幼儿的学习重点，就能使自身的教学认知转化为教学技能，为幼儿有效学习提供保障。因此，教师要学会诊断幼儿的原有经验与新经验，从而拨开迷雾，明确幼儿发展的新经验和引导策略，确保幼儿新经验的建构。

3. 及时填补认知盲区，化解学习难点

本案例中，当弹簧秤钩挂上毛衣后，弹簧秤的弹簧都被拉长了，但其中一根弹簧拉伸得比另一根长，这个细微的变化是幼儿经验发生质的变化和提升的前提。如果幼儿能够捕捉到这个细微的信息，那么弹簧变化与物体重量的关系就会迎刃而解。显然，这是幼儿的认知盲区，很难引起幼儿的关注，

也是本次活动的难点,即幼儿不会自发地感知弹簧拉伸的细微变化,更不会自发建立弹簧变化与物体重量有关的经验。这时就要依靠教师在活动中投放多层次、多元化的材料和建构有步骤的问题情境供幼儿观察、记录,获取新的经验。例如,可先引导幼儿观察弹簧秤的结构,尝试单个称物,观察到弹簧变化的现象;然后再让幼儿称两件毛衣,记录比较两次拉伸的弹簧长度,这样幼儿就能清楚地观察到长度的变化。只有及时把握活动中幼儿的认知盲区并积极修补好,才能使幼儿的学习轻松、简洁而高效。

案例 16

怎样设置教学活动的导入环节？
——"粗心的小画家"等教学诊断

俗话说得好，"良好的开端是成功的一半"，教学活动也是如此。若要使教学活动一举成功，达到先声夺人的效果，那么出色的导入必定起着举足轻重的作用。一个活动的导入与该教学活动的效果有着密切的联系。导入是很重要的一个环节，它是活动的开端，精彩的导入能唤起幼儿的注意力，激发他们的学习兴趣，开启他们思维的闸门，能营造幼儿渴望学习的心理状态，为整个教学活动打下良好的学习基础。

一、现象扫描

例1 大班美术活动：粗心的小画家

在一次大班绘画活动"粗心的小画家"中，教师在引题部分首先以木偶人身份进行自我介绍，然后请幼儿按照一定的节奏来说说自己的名字。

随后教师清唱歌曲《粗心的小画家》，再结合图片提问："丁丁画了什么？它画对了吗？"

教师将幼儿回答出的正确答案用歌词唱出来，提问："哪里画错了？请把丁丁画错的地方改过来。"

最后教师归纳："刚才我们说的是动物的特征。"

教师又画一部分，让幼儿来猜猜画的是什么动物。

例2 中班科学活动：柔软的身体

在一次中班科学活动"柔软的身体"中，教师表演一段机器舞后，对幼儿进行提问："我在干什么？"

幼儿回答后，教师再请幼儿欣赏一段街舞表演视频。

教师继续提问："他身体的什么地方在动？"

幼儿回答说："肚皮。"

然后教师请几个幼儿来学一些动作并提问："为什么我们的身体会动？"

当幼儿回答"因为有关节"后，教师请幼儿摸一摸自己的身体，找找身体上的关节在哪里。

二、学理分析

可以看出，以上两个活动的导入部分都存在时间过长、点题不明确的问题。

从例1看出，教师想利用一首好听的歌曲来调动幼儿参与的积极性。刚开始一看，这像是一个音乐活动——学唱歌曲《粗心的小画家》，然而等到真正进入关键环节，我们才发现，原来这次活动的目标是让幼儿认识动物的特征，并根据动物的特征进行添画。显然，导入环节的设计并没有达到点题的效果。

从例2来看，在教师的安排下，通过教师表演、幼儿看视频，再请幼儿模仿动作，摸自己的身体，找相应的关节，导入这一环节才完成。教师在设计时安排了一些累赘的环节，不仅浪费活动时间，而且点题模糊不清。显然，这样的引题导入花费了太长的时间，而且教师的问题问得太散，不集中，活动没有紧扣活动主题，没有起到导入点题的作用。

一般来说，导入环节往往用2~3分钟的时间，所起的作用是引起注意、激发兴趣，或者交代任务，目的在于唤起幼儿的觉醒水平。导入完成后就要进入活动的主要环节或关键环节。如果导入环节所用的时间过长，那么整个活动的节奏和框架就会受到破坏。

三、对策与建议

1. 导入语言要精练，紧扣教学活动目标

导入本身不是活动的主体，更不是活动的重点，因此时间不宜过长，以2~3分钟为宜。集体教学活动时间紧凑，教师在导入活动中应注意不说空话、废话，不做毫无意义的重复，点到为止，切不可喧宾夺主。导入的设计一定要针对目标，根据教学活动的目标精心设计，与教学活动目标无关的内容不要硬往上加，不要使导入内容游离于教学内容之外，浪费有限的教学时间。

例2中，教师原本在观看视频后就能直接点出关节，完成导入，但是教师安排的环节过多，分散了幼儿的注意力。针对这样的科学活动，教师安排环节要紧凑，语言要精练，可以去掉观看视频的环节，在幼儿欣赏教师表演舞蹈后就开始提问："我身体的什么地方在动？为什么我们的身体会动？"用两个简单的问题直接引出活动的主题，而没有必要让幼儿来模仿。这样简洁的导入，既能引起幼儿的兴趣，有效地调动幼儿的积极性，又能引导幼儿一步一步地进行探索，为幼儿后面的活动做好铺垫。

2. 导入方式要巧妙，符合教学活动内容的特征

导入重在引起幼儿的兴趣，有效地调动其活动的积极性，因此导入语要依据活动内容力求巧妙、有趣，既能造成悬念，又富有吸引力。一般来说导入方式有经验导入、教具导入、游戏导入、演示导入、悬念导入、情景导入、任务导入、问题导入等。

例1中的导入让人感觉是音乐活动。如果结合歌曲的内容，我们可以直接出示图片进行导入，比如教师可以这样说："小朋友，你们喜欢画画吗？我认识一位小朋友，他也非常喜欢画画，但是他画的画有些奇怪，我们一起来看看他画的画是怎样的。（出示图片）他的画哪些地方让你觉得奇怪？"这样开门见山的引题既能引起幼儿的兴趣，又紧扣主题，而且符合教学内容。因此，我们在选择导入方式时，一定要根据教学内容和幼儿的特点来精挑细选，

让导入环节恰如其分。

3. 从细节入手，追求更出色的导入环节

教师对教学活动的各个环节要成竹在胸，导入环节也不例外，但不能照本宣科。也许幼儿的回答或幼儿的已有经验跟教师的原有设计不一致，所以教师要提前做好充分的"应急预案"。

例2中，教师足足花了3分钟时间播放视频，幼儿虽然能欣赏到优美的舞蹈，但此环节与教师表演舞蹈环节雷同，这样的导入在方式上过于热闹、花哨，实际上也是对教学时间的隐性浪费。

总之，教学活动中的导入方式如设计得巧妙而精当，就能在顷刻间激发幼儿的学习热情，唤起幼儿的注意力，营造幼儿渴望学习的心理状态，使幼儿迅速进入觉醒水平，并在好奇心的驱使下产生强烈的探究欲望，从而为新的探索活动做好心理预备，为整个教学活动打下良好的基础。

案例 17

怎样在教学活动中回应幼儿的话题，使互动更深入？
——"萝卜回来了"教学诊断

《幼儿园教育指导纲要（试行）》中提到："关注幼儿在活动中的表现和反应，敏捷地察觉他们的需要，及时地以适当的方式应答，形成探究式的师生互动。"在集体教学活动中，教师作为幼儿的支持者、合作者与引导者，不仅要具备设计、组织和实施教学活动的能力，同时还要具备较强的活动驾驭能力和调控能力。其中，在实施过程中如何解读幼儿出现的各种问题并适时、适宜、适当地回应就是关键，教师如何回应幼儿，直接影响着教学的效果以及幼儿的发展。

一、现象扫描

小班语言活动：萝卜回来了

在小班语言活动"萝卜回来了"的教学活动中，教师以神秘的口吻引出一个大萝卜："这是什么呀？谁爱吃萝卜呢？"

幼儿大声回答："小白兔爱吃萝卜！"

"对了，冬天到了，下起了白茫茫的雪，小白兔在雪地里发现了什么？"教师边说边出示图片，引导幼儿根据图片内容回答问题、理解故事内容。

当看到图片中的小兔抱着大萝卜在雪地里走的时候，教师提问："小兔会把萝卜送给谁呢？"

晨晨立刻举起小手，教师看到了，微微一笑，示意请他回答。

"它想把萝卜带回家。"晨晨说完,笑着坐下来,眼睛一直看着老师。

教师没有回应,又开始看其他小朋友,晨晨看着老师,又着急地说:"它想把萝卜送给弟弟妹妹吃。"

教师还是没有答复他,而是指着图片上的一幢木头房子,面对其他的小朋友问:"你们看,这是谁的家呀?"

见大家没什么反应,教师用手指着图片里房子窗户上画着的小鹿的头像暗示:"这是什么小动物啊?"

"小鹿。"幼儿集体回答。

"对了,小兔想把萝卜送给谁呀?"

"送给小鹿!"孩子们异口同声地回答。

教师笑着环视了一下小朋友们,说:"对了,它要把萝卜送给小鹿。"

二、学理分析

当幼儿对教师的提问做出回答时,教师的有效回应便成为问题能否保持、能否开展、能否深入、能否解决的关键。

童话故事《萝卜回来了》向幼儿展示了一个快乐、有趣的童话世界。故事是以小白兔在下雪天找到两个萝卜,然后把萝卜送给朋友分享为线索展开的,通过拟人的手法,传递出小动物之间互相关心、懂得分享的情感。在该活动案例中,教师是控制活动的主体,在与幼儿互动中的提问往往是由教师发起,为了回答预定的答案而设计的。教师设计的提问过于单一,较多的是一些已有标准答案的、封闭性的问题,很难引发师幼之间深层次的讨论。比如活动中,教师问"小兔会把萝卜送给谁"时,当幼儿的回答和教师预想的答案有偏差的时候,教师马上加以暗示和引导,把幼儿的回答拉回到预设的轨道上来,禁锢幼儿的思维;此外,教师对幼儿的回应缺乏"跟进性",没有针对幼儿的回答做进一步的追问或反问。教师这样做就不能真正了解幼儿的想法,不能促使幼儿思考的深度和广度不断递进、上升,不能帮助幼儿拓展思维、激发联想,也不能充分挖掘幼儿潜在的能力与智慧,无法形成有效的师幼互动。

三、对策与建议

在教学实践中，教师如何才能有的放矢、恰到好处地做好回应呢？

1. 随机追问，帮助幼儿梳理思路

在活动中，有时幼儿的回答会出乎意料，有时又常常会表述不清甚至偏离话题，教师可根据他们的回答进行追问，进一步地提出一些具有探究性的问题。

比如，活动中当教师抛出问题"小兔会把萝卜送给谁"时，有个幼儿回答："它想把萝卜带回家。"这时，教师可以及时地追问："小兔把萝卜带回家，它会怎么做呢？"教师可通过追问的方法使问题清晰和有层次、有条理，及时了解幼儿真正的想法，帮助幼儿梳理思路、大胆表述。这种随机追问的问题不能仅仅停留在表面，而应进一步促使幼儿阐述自己的观点，从而修正、补充不正确、不完整的答案，有助于幼儿发展思维能力，养成寻根究底的意识，能够推动教学活动的深入发展。

2. 适时调整，调动幼儿的主动性

适时调整是对教师教育智慧的更大挑战，它要求教师因人而异，通过分析幼儿当前的已有经验、捕捉幼儿的兴趣点、估计幼儿的能力水平，对幼儿有可能出现的状况做出预见；同时，教师还应具备敏锐的观察能力，及时发现问题，并根据幼儿的回应适时地调整教学策略，从而调动幼儿参与活动的积极性和主动性，使每个幼儿都能在原有的水平上得到发展。

在案例中，当晨晨小朋友回答说小兔想把萝卜送给弟弟妹妹吃时，这是一个很好的教育契机，教师可以因势利导地启发幼儿："小兔除了会和自己的弟弟妹妹分享，它还会和谁分享自己的萝卜呢？"教师可以让幼儿结合自己的生活经验，进行合理的猜想和联想，使话题自然而然地发展、深入，进一步地引导幼儿根据画面的内容充分地表达自己的想法，激发幼儿的发散性思维，引导幼儿进行有针对性的、有效的创造性想象，而不是仅仅局限于教师预设的内容。

3. 巧妙反问，促进师幼、幼幼互动

在教学中，教师应该提高自身的教育机智，灵活地应对幼儿的回答。当幼儿向教师提出问题时，教师可通过连续的反问，引发其他幼儿对问题的思考，将幼儿抛过来的球再抛给幼儿。教师应鼓励幼儿积极提问，引导幼儿由单一的师幼之间的互动，扩展为幼儿与幼儿之间的互动，调动全体幼儿参与活动的积极性，提高幼儿解决问题的能力，有效地达成回应的目的。这意味着不仅要由教师提出问题，而且要鼓励幼儿发现并提出问题。只有这样，才能保证教学过程真正成为幼儿独立自主地发现、分析、解决问题的过程，教师与幼儿才有可能真正对话。教师的回应要善于及时捕捉幼儿回答中有意义的信息，并把它作为教育资源充分利用，使活动过程既有资源的生成又有过程的生成。

4. 环环紧扣，引发幼儿持续性探究

教师在教学中设置的问题可以由浅入深、环环紧扣，以一个个富有启发性的问题引发幼儿的思考，使探究活动层层深入。前一个问题的解决为后一个问题打基础，后一个问题则是前一个问题的总结和提升，这样就能一步步地引发幼儿持续性的探究，从而帮助幼儿建构有益的经验。

5. 恰当评价，引导幼儿正确思考

有的教师对幼儿的回答一律用程度相等的肯定给予回应，全是诸如"很好"、"真不错"、"你真棒"之类，这是教师对幼儿回答的不恰当的反馈和评价，是教师驾驭教学活动能力弱的表现。教师对幼儿的回答不应该只是简单的评价，而应是进一步的具体指导，比如肯定正确的观点，并进一步诱导追问，激发幼儿再思考，或艺术性地纠正幼儿的错误观点，引导幼儿正确思考。

案例 18

怎样在教学活动中帮助幼儿进行经验迁移？
——"小动物吃什么"教学诊断

教学活动不再只是知识的传承过程，而是探求知识、建构知识的过程。在这个过程中，幼儿在自己原有知识经验的基础上，通过与环境、教师及同伴的互动，进行经验的迁移，建构自己新的知识体系。因此，在教学活动中，教师不应局限在幼儿已有的经验上，而要注重各领域知识的综合性和有机联系，帮助幼儿进行经验的迁移，拓展幼儿原有的知识和经验。

一、现象扫描

小班语言活动：小动物吃什么

在小班的儿歌教学活动"小动物吃什么"中，教师出示了小鸡的手偶，问："这是谁啊？"

小朋友们一起说："小鸡。"

"小鸡是怎样叫的呀？"

"叽叽叽。"

"它爱吃什么？"

几个小朋友举起了小手，教师一边转身在教具盒里找图片，一边嘴里重复着："嗯，它爱吃什么呢？"

"对了，"她翻出了一张小虫子的图片，"这是什么呀？"

小朋友们说："小虫子。"

"连起来说说,小鸡喜欢吃小虫。"教师引导着。"对了,我们一起来说:小小鸡,叽叽叽,吃什么,吃小虫。"

接着教师把图片贴到了黑板上,然后又换了一个小狗的手偶。"它是谁呀?它是怎么叫的?"

教师边问边转头在教具盒里找到了图片:"小狗吃什么呀?"说着教师把图片贴到了黑板上:"对了,吃骨头。大家一起说说看,小小狗,汪汪汪,吃骨头。"

然后,教师一一出示小动物的图片,教幼儿学念儿歌。

二、学理分析

儿歌《小动物吃什么》中的动物形象鲜明,主要描写小动物的叫声和喜欢吃的食物,内容比较简单。掌握儿歌对幼儿来说并不难,比较符合小班幼儿的年龄特点和学习特点,内容的选择是建立在幼儿原有经验的基础上的,有助于拓展幼儿的经验和基础。因此,如果把教学活动局限在儿歌内容的框架之内,就大大弱化了该儿歌教学的教育价值。案例中教师的教育行为直奔让幼儿学会念儿歌这个教学目的,而忽略了在儿歌背后蕴含着的丰富的教育资源。

《幼儿园教育指导纲要(试行)》中指出:"幼儿语言的发展与其情感、经验、思维、社会交往能力等其他方面的发展密切相关。"因此,教师发展幼儿语言的重要途径是通过相互渗透的各领域的教育,在丰富多彩的活动中去扩展幼儿的经验,提供促进语言发展的条件。教师应充分扩展、深化、挖掘、利用儿歌蕴含的教育价值,在学习儿歌的基础上,引导幼儿对儿歌进行仿编活动,通过表演、绘画等活动来表现和扩展儿歌内容。这样不仅能够发展幼儿模仿语言和运用语言的能力,更能促进幼儿积极动脑,调动多种感官参与到学习活动中,充分体验活动及学习语言的乐趣,并使教学与幼儿已有的知识经验联系起来,从而进行经验的迁移,促进幼儿在原有经验的基础上得到发展和提高。

三、对策与建议

1. 了解幼儿认知结构的特性,提高幼儿的认知水平

关注幼儿的原有认知结构是帮助幼儿进行经验迁移的基础。幼儿原有的经验或认知结构的不同特性影响着后续的学习,直接决定了迁移的可能性及迁移的程度。一般而言,原有经验的概括水平越高,迁移的可能性越大,效果越好;反之,概括水平越低,迁移的范围越小,效果也越差。就幼儿阶段而言,要使幼儿的知识经验达到真正的概括是非常困难的,也是不现实的,但可以通过引导幼儿进行分析、综合、比较等活动,来帮助他们理解事物,发现事物之间的共同特性,进而提高幼儿的认识水平与概括水平。

比如,教师可以在日常生活中有目的地引导幼儿观察不同动物的叫声的特点以及爱吃的各种食物,并结合儿歌学习的内容,引导幼儿在原有经验的基础上进行整合和迁移,使幼儿重新建构新的经验,链接新旧经验,积极调动幼儿参与语言活动的热情,启动幼儿的自主学习与探究。

2. 利用开放性的问题,拓展幼儿的思维空间

一些开放性的提问、探究性的发现、竞赛性的游戏、展示性的表现或随机生成的问题能够拓展幼儿的思维空间,帮助幼儿迁移经验,进一步丰富学习内容。

比如针对儿歌第一句"小小鸡,叽叽叽,吃什么,吃小虫",教师可以提出问题"小鸡除了喜欢吃小虫,还喜欢吃什么",引导幼儿结合自己已有的生活经验进行思考,说出小鸡喜欢的各种食物,如米粒、菜叶、馒头等,进而依次思考小狗、小猫喜欢吃的多种食物。

通过发散思维的训练等方式,教师在活动中运用有效的延伸性提问引导幼儿回忆旧经验,并将新旧经验进行链接,引导幼儿进行有效的经验迁移回答,开阔幼儿的思维,使其更具有灵活性、变通性,支持幼儿在主动探究与操作中扩展新经验,并在理解的基础上对原有经验进行较好的迁移,达到一

个新的经验累积平台，同时激发幼儿构建新经验的兴趣和欲望，引导幼儿尝试发现问题、生成问题、提出问题（即双向提问），进而建构主动的学习方式。

3. 遵循迁移规律，合理安排教学内容

教师应选择那些具有广泛迁移价值、适合幼儿心理发展水平、能够使幼儿顺利适应不同情境的内容作为教育与教学的基本内容，同时合理组织这些内容，合理安排教学顺序，依据从已知到未知、从简单到复杂等顺序来教学。教师还要注意将幼儿园的教学内容与幼儿园以外的情境进行衔接，创设各种条件鼓励幼儿应用所学的知识与技能。教师应遵循幼儿的自身特点与发展规律，根据幼儿的特点设计合适且层层深入的问题，从启发、激励幼儿的思维出发，运用开放的形式，引导幼儿逐层深入分析，促进幼儿对活动的理解与体验。

除上面提及的影响迁移的一些基本因素外，诸如幼儿的智力、态度和外界的帮助等都在不同程度上影响着幼儿的迁移能力。幼儿园教师要理解迁移规律，并有效地利用迁移规律来进行教育与教学。

案例 19

怎样在教学活动中避免环节的等待和时间的浪费？
——"水仙花圆舞曲"等教学诊断

《幼儿园教育指导纲要（试行）》指出："教师直接指导的集体活动要能保证幼儿的积极参与，避免时间的隐性浪费。"如何在短短的集体教学活动时间内合理地安排、利用好时间，减少或避免集体教学活动中的消极等待环节，追求教学有效性，增加有效学习时间，实现教学价值最大化，是幼儿教师应该关注并重视的问题。

一、现象扫描

例1 大班音乐活动：水仙花圆舞曲

在一次大班音乐活动中，教师给小朋友准备了一段好听的音乐《水仙花圆舞曲》。

听完一遍后，教师说："好听吗？我们再来欣赏一次，这次，我们听听这段乐曲有几个乐段。"

说着，教师按下了录音机上的倒带键，在"嗞嗞嗞嗞"的倒带声中，小朋友们开始窃窃私语。

教师对着小朋友们拍了三下手："一，二，三。"

"静下来！"小朋友们安静了。

教师接下来按了停止键和播放键，一听，音乐播放不对，倒过头了，于是又按了进退键。

在一按一听的过程中，孩子们又开始小声讲话。

最后，教师索性不顾小朋友们讲话了，转过身专心地在录音机旁边倒带，小朋友们乱成一团。

例2　大班语言活动：有趣的象形文字

在大班"文字大观园"的主题活动"有趣的象形文字"中，教师出示了一些象形文字的卡片，让幼儿猜猜这些是什么字。接着，教师拿出许多汉字的图片，让幼儿进行象形文字和汉字的配对。

教师请姗姗上来做配对。姗姗从文字框里拿了一张字卡，仔细看了一下，又把字卡转来转去看，又看看另一个框里的一叠文字，由于象形文字和汉字比较多，姗姗一下子显得有点无所适从。坐在座位上的小朋友们忍耐不住了，大家争先恐后地举手，还有几个嘴巴里嘀咕着答案。

教师用手势制止了吵闹的小朋友们，说："嘘——安静一点，不要把答案说出来，请你们先用眼睛看看，等会儿再举手回答！"小朋友们安静了。

姗姗还在继续看着字，用手指拨着文字框里的一叠字卡，始终没有选出相应的字来。坐着的小朋友们又开始骚动起来，有的说话，有的互相打闹，有的眼睛看着窗外。

二、学理分析

《幼儿园教育指导纲要（试行）》指出，要"尽量减少不必要的集体行动和过渡环节，减少和消除消极等待现象"，"教师直接指导的集体活动要能保证幼儿的积极参与，避免时间的隐性浪费"。在教学过程中造成环节等待的因素很多，有物质因素和教学因素。物质因素主要包括幼儿操作材料的投放和活动环境的创设。在例1中，教师事前没有做好充分的活动准备、衔接好音乐磁带，以至于在教学活动中不停地倒带、播放，造成时间的浪费、幼儿无意义地等待，打破了正常的教学秩序。

教学因素是指教师作为集体活动的组织者和实施者，对活动内容的熟悉、活动环节的设计以及活动过程的引导没有进行很好的把握，产生消极等待，带来时间的浪费。例2中，教师活动环节设计的不合理和不科学带来了不必要的等待环节。教师只让个别幼儿来操作教具，而让大部分幼儿坐在座位上看，造成幼儿不必要的等待环节，遏制了大部分幼儿的学习兴趣，阻碍了幼儿的学习动力。因此，要想拥有成功的教学活动，教师应改进活动的组织策略，变化教学形式，减少轮流、等待现象，并且认真做好课前准备和教学实施工作，避免出现消极等待环节。

三、对策与建议

1. 精心研读教材，设计合理的教学活动

教师作为课程的组织者和实施者，必须熟悉和学习现代教学设计理论，要在研究每一个教学内容的特点和幼儿的实际情况的基础上，明确目标、重点和难点，制订有效的教学计划。教师要精心地设计活动的每一个环节，一个集体活动成功的前提是要有设计得科学合理的活动过程。科学合理的活动过程能有效地减少教师花费在教学组织上的时间，使幼儿有更多的学习时间和机会。教师还要以高度的责任心去钻研和熟悉活动内容，避免因自己不熟悉内容和环节而带来不必要的等待环节。

如例1中，教师应将教学中需要欣赏的《水仙花圆舞曲》的音乐，根据活动环节的设计需要事先录制多遍，避免在活动中不停地倒带，破坏课堂节奏的流畅性。

2. 根据幼儿的年龄特点，创设科学的学习环境

科学合理的教育环境能有效地避免等待环节。从产生消极等待的因素可看出，营造适合幼儿需要的教育环境能减少集体活动开展中的时间浪费。在材料的投放上，教师不仅应投入使幼儿有兴趣、能主动探索的材料来辅助活动的成功开展，而且要根据幼儿的需要考虑人数以及幼儿的个体差异，适当投放全面、到位、足够幼儿使用操作的材料。

如例2中，教师可以多准备一些文字配对的卡片，让更多的幼儿有独立操作的机会，缩短轮流等待的时间。另外，教师应将预设活动中可能出现的状况及对策考虑得多一些、细一些、全面一些。教学活动中教具的出示与摆放以及一些电器设备的使用，都要事先做好充分的准备。对于一些突发的状

况，教师要有随机应变的能力，比如音乐活动中录音机磁带卡壳了，教师可以采用乐器弹奏或清唱的方式延续教学活动，而不是让幼儿无意义地等待。

3. 教学组织形式灵活多变，提供更多表达、表现的机会

在教学活动实施的过程中，教师应能够及时、准确地把握、控制好课堂节奏，具有敏锐的观察力以及灵活的应变能力，使教学组织形式灵活多变。教师可以根据教学活动目标和活动内容的安排，采取集体活动、分组活动与个别活动相结合的方法，让幼儿有更多的操作、表达和表现的机会，减少消极等待的时间。

如例2中，教师可以先集体示范象形文字和汉字的配对方法，再通过分组的形式让幼儿进行配对操作，使每个幼儿都能积极地参与到活动中，减少消极等待，为幼儿提供更多的学习时间和机会。

4. 注重每一个环节的自然过渡和衔接，提高教学活动的有效性

在教学活动中，教师要合理充分地利用教学活动时间，就必须科学、合理地安排和组织教学活动。教师应注重教学的有效引导，根据幼儿的年龄特点、个体发展水平设计问题和提出问题；善于总结、发现、选择教学策略的针对性和有效性，避免因指导策略的不到位，致使幼儿的学习、思维偏离教学任务而浪费时间，导致教学低效。教师应尽量减少不必要的集体行动和过渡环节，减少和消除消极等待等浪费时间的现象，提高活动效率。

5. 坚持一些必要的等待，化消极等待为积极等待

并不是所有的等待都是消极的，在集体活动中，教师的示范讲解以及个别幼儿的示范操作都是有必要的。教师可以事先针对观察的内容提出任务和问题，让幼儿比较有目的性地去观察同伴或教师的示范操作，在等待的过程中进行积极思考。比如当一位幼儿进行示范操作的时候，教师可以对其他的幼儿提出要求："请你们仔细地看，他做的方法正确吗？你有没有其他不同的方法？等一会儿请把你的意见告诉大家。"这样就可以使等待的环节变成幼儿主动探索、积极寻求解决办法的过程。

案例 20

怎样在教学活动中给幼儿留出想象的空间？
——"做木偶"教学诊断

爱因斯坦认为："想象力比知识更重要，因为知识是有限的，而想象概括着世界上的一切，推动着进步，并且是知识进化的源泉。"幼儿期是培养想象力最有效的时期。教师在教学活动中激发幼儿想象的热情、留给幼儿自由想象的空间显得尤为重要，它可以使幼儿超脱真实与现实的束缚，任意表达自己的意愿与情感。

一、现象扫描

大班音乐欣赏活动：做木偶

在一次大班的音乐欣赏活动"做木偶"中，教师播放乐曲，引导幼儿欣赏不同乐曲风格的两段旋律。

听完第一遍音乐后，教师问："你们听到音乐里有什么呀？"

乐乐举手说："我听到里面有叮叮的声音，好像是小兔。"

教师用手势让乐乐坐下，又问："你们听出音乐里讲了一个什么故事吗？"

天天说："我好像看到有许多的小羊在草地上吃草。"

洋洋说："我看到许多的小星星在天空中眨眼睛。"

"不对，我觉得音乐里有很多的小鸟在唱歌。"

幼儿七嘴八舌地说着。教师皱了皱眉头说："请你们再仔细听一遍音乐，听听音乐中到底讲了什么故事。"

　　这一次，教师边让幼儿欣赏音乐，边开始有表情地讲述："木偶师傅要做木偶啦！他锯木头、刨木头、钉钉子、刷油漆，漂亮的木偶做好了！瞧，小木偶活了，他独自跳起了欢快的舞蹈。木偶师傅可开心了！他走上去和小木偶一起跳舞！"

　　讲完后，教师提问："你听到这首音乐里木偶师傅和小木偶在干什么呀？"

　　晨晨举手了，把教师讲的故事复述了一遍，教师笑着说："对了，晨晨听得真仔细。我们一起来学一学小木偶跳舞的动作吧。"

二、学理分析

　　每一个幼儿都可以用自己独特的方式去理解音乐，想象、解释和表达自己的情感，那些生动形象、富有表情的音乐旋律与节奏，是发挥幼儿想象力的好素材。教师可以通过欣赏活动创设音乐情境，让幼儿感受音乐的特点，启发幼儿的音乐想象力和表现力。

　　由于幼儿生活经验的缺乏，以及对音乐作品理解得不够深入等原因，幼儿的想象往往会不着边际，甚至"跑题"，出现盲目的、不合理的想象。在该教学案例中，教师在幼儿第一次欣赏完音乐后直接提问："你们听到音乐里有什么呀？"该教师的提问指向性不明确，让幼儿进行漫无边际的遐想，不利于幼儿形成对音乐作品的感受和理解。

　　在幼儿第二次欣赏音乐的过程中，教师为了让幼儿加深对音乐作品的理解、了解音乐作品的内涵，加入了故事情节的讲述，但这样做反而限制了幼儿想象的空间，禁锢了幼儿的思维，使幼儿形成思维定式，回答的内容只是简单地重复教师讲述的故事，而没有充分表达出自己对音乐的感受和理解以及所想象到的情境。

三、对策与建议

1. 丰富幼儿的感性知识和生活经验,为发展想象打基础

知识和经验的积累,是幼儿想象力发展的基础。幼儿在活动中想象的内容是否新颖,想象力发展水平如何,都取决于感性知识和生活经验的积累。因此,只有丰富幼儿的感性认识和积累相关的生活经验,才能使幼儿的想象和创造有更大的发展空间。在本案例中,木偶的制作过程离幼儿的生活经验比较远,孩子们没有太多的感性经验,活动前期的经验铺垫就显得尤为重要。教师在活动前可结合音乐欣赏的内容,收集与木偶师傅制作木偶相关的视频或图片供幼儿欣赏,使幼儿了解小木偶的制作过程,积累相关的知识和经验,增加表象内容,为幼儿的想象增加素材。

2. 创设符合幼儿年龄特点的教学情境,激发幼儿想象的热情

幼儿情感的激发以及想象的热情往往容易受教学情境的影响,适宜的教学情境的创设能够对幼儿想象力的发展起到促进作用。教师只有创设适合幼儿年龄特点、贴近幼儿生活,又具有一定挑战性、留给幼儿自由想象空间的教学情境,才能更好地激发幼儿的想象力和创造力。

在活动中,教师可以通过多元想象情境的创设,让每个幼儿用自己独特的方式去想象和理解各类文学作品,宣泄情感。比如,教师在活动中可以利用木偶玩具进行操作演示,引发幼儿的兴趣:"瞧,老师这里有一个什么玩具?你们看它好玩吗?你看到的小木偶跳舞的动作和我们一样吗?它是怎样来跳舞的?我们一起来学学好吗?"教师可引导幼儿在观察、了解小木偶的动作特点的基础上学做有趣的动作,体验木偶动作的僵硬、有节奏感的特点,并启发引导幼儿在对音乐作品充分感受理解的基础上发挥想象力,大胆地创编动作。想象情境的创设,不仅有助于幼儿在感受和表现时达到审美共鸣,而且会为幼儿带来新的审美体验和审美愉悦;同时,幼儿在此情境中培养的想象能力能够在各个不同的领域中得到拓展,最终形成一种思维方式。

3. 提问指向性明确，引导幼儿进行合理想象

如何在音乐欣赏中避免盲目想象，使幼儿能恰如其分地展开联想，并创造性地运用语言、动作加以表现呢？在该案例中，教师可以在幼儿欣赏之前明确欣赏的目的："这首音乐表现的是关于木偶师傅和小木偶之间的故事，请小朋友仔细听一听。"欣赏完之后，教师可以提问："你觉得哪一段音乐是表现木偶师傅的？哪一段音乐是表现小木偶的？他们在做什么呢？"教师通过这些问题引导幼儿根据音乐旋律的特点，结合自己的生活经验，展开合理的情节想象。教师以启发提问的方式引导幼儿深入分析音乐作品的内涵，挖掘潜台词，既为幼儿指明了想象的方向，又引导幼儿不偏离有目的想象的轨道，能有效地避免想象的盲目性。

4. 提供表达和表现的机会，满足幼儿想象的需求

幼儿的兴趣、爱好、对事物的感受性各不相同，因此，教师在与幼儿交流的过程中要善于倾听幼儿、观察幼儿，多用启发性的语言对幼儿的想象进行引导，鼓励幼儿大胆表达，激励幼儿敢于想象。在活动中，教师应该改变以幼儿被动接受、学习为主的教学形式，而应注重幼儿在创作过程中的情感体验，为幼儿提供自由表现的机会，引导幼儿通过对音乐的感受和理解，创编木偶师傅以及小木偶的动作；鼓励幼儿通过各种不同的艺术形式大胆地表达自己的内心情感以及个性化的想象，让幼儿充分地体验到音乐的美妙，享受创造的喜悦，满足幼儿想象的需求，促进幼儿表演能力的发展。

5. 适当"留白"，给予幼儿想象的空间

在活动中，教师应为幼儿的想象创造更大的平台，在充分了解幼儿的能力水平以及分析教材的基础上，教师可以不将教学内容全盘托出，而是留有幼儿自由发挥和创造的空间，让幼儿在感受、理解作品后，进行顺应作品思想情感且符合逻辑的再扩展和再创造。比如在教学延伸活动中，可以让幼儿自由组合创编"小木偶的一天"，根据幼儿自己的生活经验，结合木偶的动作特点，进行动作的创编和表演。

案例 21

怎样在教学活动中支持幼儿的深入表现？
——"狐狸偷鸡"教学诊断

教师在教学活动中应充分挖掘幼儿的内心世界和独特发现，培养幼儿的想象能力、创新能力和审美能力，尽可能地把幼儿学习的内容转化为幼儿自身的兴趣和需要，充分调动每个幼儿参与活动的主动性和积极性，创设一个开放的、无拘无束的、倡导个性表现的空间，支持幼儿的深入表现。

一、现象扫描

大班语言活动：狐狸偷鸡

在一次分享阅读活动中，教师引导幼儿听了两遍故事以后，就请幼儿根据故事内容进行表演。书中描写的是一只狐狸去农场偷鸡，绕过看门的大黄狗，打开鸡笼，最后被农场主人发现，落荒而逃的故事情节。

教师说："谁想来扮演狐狸？"

俊俊很积极地举手："老师，请我！"于是教师给俊俊戴上了狐狸的头饰，接着又请了几个小朋友分别扮演大黄狗、母鸡和农场主人等角色。

表演开始，教师讲述旁白："有一天，一只狡猾的狐狸来到农场，它很想吃农场里的母鸡。"

俊俊看看老师，又看看小朋友，又拉拉头饰，有些不知所措，不知道自己应该怎么做。

教师说："你只要看着农场那里就可以了！"

然后，教师继续说旁白："这时，狐狸看到鸡笼门口有一只正在睡觉的大黄狗，于是就悄悄地绕过了大黄狗。"

演大黄狗的小朋友马上蹲下做睡觉的样子，演狐狸的俊俊笑眯眯地走过去，就和平时走路一样，走过了"大黄狗"。

教师马上对俊俊说："俊俊，你不要笑啊，你要紧张一点才对！"然后教师继续念台词。

顿时，下面的小观众都笑了起来，说："他一点也不像狐狸！"

俊俊听了，呆呆地站在那儿，表情尴尬地看看小朋友，又看看老师。

二、学理分析

故事表演是一种极富创造性的活动，它是以文学作品的内容情节为依据，以表演的形式，通过角色对话、动作、手势、表情、词语等手段，创造性地表现和再现文学作品。在活动过程中，由于教师没有引导幼儿对故事中主要角色"狐狸"的性格特点以及在特定场景中的心理、动作、表情进行分析和理解，因此，该幼儿在故事表演中只是简单地、机械地表现狐狸的角色，没有对角色进行深入的思考和理解，只是一板一眼地按照教师的提示去表现动作。他既没有自由地表达，也未能尽兴地表演；既没有对角色的思考，更没有发挥自己的想象力和创造力，表现水平只是停留在比较初浅的层面。

在幼儿进行故事表演的过程中，教师应引导幼儿在熟悉故事内容的基础上学说故事中主要角色的对话，并且帮助幼儿分析故事中角色的性格特点以及表情、语气、动作等因素，运用启发性的引导，把幼儿的原有经验以及潜力充分地挖掘出来，激发幼儿展开丰富的想象与联想，去表达、表现对作品的感受与理解。

三、对策与建议

1. 创设物质环境和材料，支持幼儿表现

幼儿是在与环境的和谐互动中发展的。材料是幼儿表现、创作活动中不

可缺少的物质基础，它能吸引幼儿，激发幼儿参与活动的意愿与兴趣，从而在活动中推动幼儿发挥主动性和创造性，使幼儿的表达、表现更加深入。在活动中，教师除了提供几个主要角色的头饰以外，还应创设农场的场景以及提供鸡笼等主要道具。丰富物质环境的创设，不仅使幼儿身临其境，多感官、多方位地感知场景，引发幼儿的自主联想和创造性表现，也为他们理解文学作品、大胆表演积累了丰富的直觉经验，使幼儿乐在其中，学有所获。教师要做幼儿的支持者，给幼儿创设宽松的心理环境和丰富的物质材料，鼓励幼儿积极探索，将幼儿的兴趣从好奇引向尝试探索，使主题向纵深发展。

2. 丰富幼儿的情感体验，为幼儿的深入表现奠定基础

幼儿的内心世界和成人是完全不同的，常常无意识地流露于他们的作品以及表演中，它们代表着幼儿的经验、情感和想象，是成人了解幼儿、走近幼儿的一种手段。在幼儿进行故事表演之前，教师应在幼儿熟悉故事情节的基础上，和幼儿共同讨论，分析故事中主要角色狐狸的性格特点，以及它在特定场景中所反映的心理、动作和表情，充分挖掘作品的情感因素，引导幼儿充分利用听觉、视觉、运动觉、感知觉等多种感官参与活动，进行多方位、多层次的感知、体验，由浅入深，由简单到复杂，去体验作品中的情感，使幼儿的情感体验在审美实践与创造中逐步发展与丰富，从而为幼儿的深入表现奠定基础。

3. 进行正面评价，激发幼儿进一步表现的热情

在幼儿表现的过程中，教师对幼儿的积极的、正面的评价，会使幼儿产生成就感，更能激发幼儿进一步创造、表现的热情。因此，教师在活动中要善于观察幼儿的表现，及时发现幼儿表演时的闪光点，给予评价和鼓励，激励幼儿发挥创造性。除了教师评价，还可以通过同伴间的互评，让其他幼儿说一说同伴表现好的地方，通过交流互相启发、互相学习，幼儿的主动性提

高了，创造性就会得到很好的发挥，使表现的主题进一步地深入。

4. 创设问题情境，引发幼儿思考，促进幼儿的表现进一步深化

教师应该关注幼儿的学习状态及活动的进展情况，根据幼儿的需要，适时地提供各种支持和帮助。比如，当扮演狐狸的幼儿笑眯眯地、和平时走路一样地走过了"大黄狗"的时候，教师可以提问："狐狸看到大黄狗心里会怎么样？为了不惊醒睡觉的大黄狗，狐狸应该怎样走过去呢？"教师可通过问题情境的创设，设计开放式的提问，鼓励幼儿积极地交流理解；通过启发式的问题，开启幼儿的心智，引发幼儿积极思考，促进幼儿表达、表现的进一步深化。教师的提问不仅能将教学活动逐步引向深入，而且有助于引发幼儿思考与学习的主动性。

5. 提供创造表现的空间，延续幼儿表现的兴趣

教师要善于把握活动的关键，尽可能地把期望幼儿学习的内容转化为幼儿自身的兴趣和需要，充分调动每个幼儿参与活动的主动性和创造性，为幼儿提供更多的直接感知和大胆表现的机会。比如，活动中要表现的是"一只狡猾的狐狸"，教师可以鼓励幼儿用一些神态、眼神以及肢体语言来表现狐狸的"狡猾"，教师在积极引导的同时要放手让幼儿自己去创造、表现，使他们的表现兴趣能够不断地延续，推进主题的深入发展。

案例 22

怎样在教学活动中创设教学情境以利于幼儿的学习？
——"来把门儿敲"教学诊断

教学情境是教师进行教学、幼儿学习知识的载体。教师根据教学内容与幼儿共创的一种能激起幼儿学习兴趣的场景，能把幼儿带入与文本内容相应的氛围中，师幼在此情此景中进行情景交融的教学活动。一个生动的情境设置，可以引起幼儿的亲切感和新鲜感，从而调动大脑皮层中的优势兴奋中心，提供想象与思维的前提，其后教师便利用幼儿感受后的兴奋状态，引导幼儿对问题做层层深入的思考，挖掘幼儿大脑的潜在能量，使他们能在一种轻松愉快的氛围中学到本领。教师在创设教学情境时，要注重遵循幼儿的认知规律和思维特点，从幼儿熟悉的生活情境和感兴趣的事物出发，充分调动幼儿已有的知识和经验，激发幼儿学习的兴趣，引发幼儿的积极思考，使幼儿在玩中学、乐中学。

一、现象扫描

小班音乐活动：来把门儿敲

在一次小班的音乐活动中，教师教小朋友们学唱歌曲《来把门儿敲》。

教师先出示了一张太阳公公的图片，说："太阳公公咪咪笑，今天天气真真好，我们一起去朋友家做客吧！请小朋友们仔细地听，老师是怎么去做客的。"于是，教师开始有表情地示范唱歌曲。

唱完后，教师根据歌曲的内容逐一提问，帮助幼儿理解歌曲。

"下面,请小朋友们跟着老师一起唱。"接着,教师引导幼儿学唱歌曲,小朋友们坐在椅子上集体跟教师唱了两遍。

教师说:"嗯,你们唱得真好听,我们再来一遍。"小朋友们很认真地跟着教师又唱了一遍。

教师转身又说:"嗯,不错,好,现在我们再用好听的声音来唱一遍吧!"

小朋友们在位置上开始扭动身体。小男孩多多说:"老师,我不想唱啦!"其他小朋友听了纷纷都叫着:"我也不想唱了。"

二、学理分析

著名儿童教育家陈鹤琴指出:"音乐可以陶冶人的性格和情感,可以鼓舞人的进取精神,应该为幼儿创设情境,培养幼儿对音乐的兴趣。"因此,在小班进行音乐活动时,首先要注重创设适合的、与音乐活动相适应的教学情境,运用各种教学方法来调动幼儿对歌唱活动的兴趣,充分调动幼儿参与歌唱活动的积极性,让幼儿自然地感受美,自然地模仿和学习。

小班幼儿年龄小,有意注意时间短,兴趣易转移,情绪不稳定,如果让幼儿坐着随教师反复学唱,势必会引起幼儿的反感,对学唱活动失去兴趣。而案例中该教师在组织音乐教学活动的过程中,忽略了对小班幼儿年龄特点的把握,只是一遍又一遍地单调地让幼儿练习歌曲,跟唱与学唱,教学的最终目的就是让幼儿学会完整、连贯地演唱歌曲。这样的教学过程既忽视了幼儿对歌曲的感受,又忽视了幼儿的创造表现,幼儿会觉得枯燥乏味,从而失去对音乐活动的兴趣。

小班幼儿的思维属于具体形象思维,一切美好、新颖的事物都能引起孩子们的好奇心。在歌唱活动中,幼儿演唱技巧的学习,不能进行枯燥的练习和讲解,教师可以根据小班幼儿的年龄特点,创设良好的音乐游戏情境。为了弥补音乐形象的不具体,教师在音乐活动中应充分运用直观教具,形象地体现歌词,反映歌曲内容,让幼儿置身于游戏情境之中来感受完整的歌曲,培养幼儿的愉悦情绪，激发幼儿学唱歌曲的兴趣。当幼儿以积极的状态进入到一定的想象情境中，就能自然而然地进行表现，而且这种表现是富有创造性的，幼儿会在教学情境中感受美、体验美、表现美，其音乐素养也会得到不断的提升。

三、对策与建议

幼儿心理学表明：幼儿的情绪具有情境性的特点，常常被外界支配，幼儿的情绪往往随着某种情境的出现而产生，又随着情境的变化而消失。教学情境创设对幼儿园教育教学活动起到了支持性效应。无论是物质环境，还是语言情境，都不是完全孤立的，应该根据教学主题、幼儿的学习规律及年龄特点灵活设计。

1. 教学情境要紧紧围绕教学活动目标

教学情境是一种教学手段和载体，是为较好地达成教学活动目标而创设的。因此，教师在创设教学情境的时候要紧紧围绕教学活动目标，要有比较明确、具体的目标定位，根据教学内容来设计教学情境。这就需要教师能够正确解读教材、解读幼儿，明确目标定位，把握教学过程中的主次关系。在创设教学情境的同时切忌"喧宾夺主"，追求过分花哨的形式，把教学情境的创设作为教学的"摆设"，导致情境创设偏离了教学活动目标，造成教学情境的价值流失。

2. 教学情境的内容应凸显生活化、游戏化

使用恰当的教学情境能唤起幼儿已有的知识经验，教师可以结合幼儿的生活经验，从生活情境中提炼问题，把情境内容与幼儿的生活实际紧密联系起来，让幼儿体验情境中的问题，增加幼儿的直接经验，有利于幼儿对活动内容的学习和理解。游戏是幼儿喜爱的活动形式，为了激发幼儿在教学活动中的学习积极性，教师应顺应幼儿心理发展的需要，在组织教学活动时，将教学情境的设计游戏化，使其具有趣味性，以更好地激发幼儿的活动兴趣，使其积极主动地投入到活动中，在教学形式上要增强教育活动的游戏性。

比如，在学唱歌曲部分，教师可以创设不同小动物的家，带着幼儿到小动物家做客，把游戏活动穿插到学歌曲中，让幼儿在游戏情境中集体练习学唱歌曲，引导幼儿大胆、愉快地和同伴一起进行情境练习，加深幼儿的情感体验，从中体验到音乐活动的乐趣。

3. 教学情境的创设形式要体现多样性

教学情境的表现形式也应该多种多样，可以是语言情境、音乐情境、图片情境、表演情境，也可以是游戏情境、操作情境和问题情境等，情境的设置要关注幼儿的审美需求：可爱的玩具、色彩鲜艳和谐的图片、有情有景的动画视频等都能给幼儿以美的享受，激发幼儿对教育活动的兴趣，引导幼儿积极、主动地学习，在玩中学，在学中玩，学得愉快，学得轻松。

比如，在活动导入部分，教师可以出示几个小动物的玩具和一幢小房子引出活动主题，吸引幼儿的注意力，激发幼儿参与活动的兴趣；在教唱歌曲部分，幼儿对歌词的记忆完全可以避免机械训练，教师可以边演示教具边唱歌曲，创设一个动态的角色表演情境，利用生动有趣的小动物角色形象的特点，刺激幼儿的多种感官，充分调动幼儿参与活动的主动性，使幼儿在愉快的情境中进一步加深对歌曲的理解和记忆，幼儿在表演角色的同时自然而然地记住歌词，既调动了活动气氛，又增强了幼儿对歌词的表现力。

4. 教学情境创设要有发展性、挑战性

教师创设的教学情境不仅要有与幼儿直接相关的、有趣、好玩、新奇的事物和环境，还应创设与幼儿的直接经验相冲突的对象和有挑战性的情境，使幼儿通过与情境的互动，产生新的情感体验，激发幼儿探索的兴趣，促进幼儿各方面的发展。

比如在该活动中，当幼儿已经掌握了歌曲中原有的敲门的节奏后，教师可以创设新的情境，利用不同小动物的家，提出各种节奏型的敲门声，要求幼儿按照新的节奏来敲门。在训练节奏时要考虑到动静结合的原则，可以让幼儿用身体动作来表现节奏，这样做既增加了活动的趣味性，又在原有的基础上提出了挑战。

案例 23

怎样在教学活动中巧妙引导幼儿的兴趣？
——"皮筋乐"教学诊断

从心理学的角度来讲，兴趣是对客观事物的对象和现象的特殊认识倾向，是构成学习动机中最现实、最活跃的成分。兴趣也是幼儿从事多种活动的重要基础，幼儿只有对活动的内容产生了兴趣，才能积极主动地进行学习探索活动。《幼儿园教育指导纲要（试行）》中也提出，教师要善于发现幼儿感兴趣的事物、游戏和偶发事件中所蕴含的教育价值，把握时机，积极引导。

一、现象扫描

大班主题活动：皮筋乐

在大班主题活动"皮筋乐"中，教师引导幼儿学唱歌曲《马兰开花二十一》，孩子们很快就完成了对歌曲节奏的把握以及跟唱歌曲。

教师说："今天，老师还带来了一样东西。"说完，老师拿出一条长长的皮筋："我们今天要唱着歌儿跳皮筋。你们会跳皮筋吗？"

幼儿开始兴奋了。"我以前在外婆家跳过的。""我也会，跳过来，跳过去！可以这样……"有的小朋友还站起来跃跃欲试。

没等教师绑好皮筋，有几个小朋友就开始上前跳起来：有的双脚跳过去，有的单脚跨过去，有的跨过去又跨回来，还有的踩在皮筋上……

教师着急了："你们先别跳，都请坐到位置上。请你们看看，我是怎么跳的！"幼儿有些不情愿地回到位置上。

教师结合儿歌，边唱边跳示范了一遍，跳完后提问："你们刚才看到老师是怎么跳的，请你们来跳一下。"

幼儿没有了先前的兴奋，几乎没有小朋友举手要来试一试。

小鱼儿说："这么难，我不会跳！"

小杰说："我也不会跳。"

教师说："我再跳一遍，请你们仔细看。老师用脚往绳子里点了几下？然后又做了什么动作？"教师比之前减慢了跳的速度……跳完后，教师请个别幼儿上前演示自己所看到的动作。

嘟嘟上前跳了两下，说"我忘了"；滔滔跳了一下，就自己胡乱在那里摆弄了一番。

二、学理分析

幼儿的好奇心是推动教学活动深化、发展的强大力量。教师在教学活动中要充分地了解幼儿，从幼儿的兴趣出发，使活动内容自然生成。

本案例中，教师教学的目的性太强，所有的策略就是冲着要让幼儿学会跳的动作，而忽视了在活动过程中关注幼儿的反应、抓住幼儿的兴趣点进行巧妙引导，因此难以激发幼儿学习的主动性。比如，当教师出示长皮筋幼儿跃跃欲试、想要自己跳的时候，就表明幼儿对跳皮筋有很大的兴趣，教师可以抓住这个机会及时地顺势引导，分组让幼儿都来尝试、体验、感受跳皮筋的乐趣，满足幼儿的需要；同时，也可以让幼儿自己去探索不同的跳法，这样更能激发幼儿学习的主动性，也能为后续的活动做好铺垫。但是该教师在活动中一直处于高控状态，忽视幼儿在活动中的兴趣点，只是要求幼儿按照教师预设的内容学跳动作，这样幼儿的学习就会显得很被动，最后因为动作难度太大，导致幼儿对活动失去兴趣。

三、对策与建议

1. 关注幼儿的行为，发现兴趣点，及时引导

教师要参与到幼儿感兴趣的活动中，站在幼儿的角度去理解幼儿的行为，并给予积极的引导和帮助。幼儿对自己感兴趣的活动会表现出异常激动和专注的神色,因此活动中教师应密切注意观察幼儿的表情和行为,倾听幼儿相互之间的对话、讨论或对某一件事情的争论、质疑,分析行为背后的动机,发现幼儿的兴趣点,从而抓住教育契机,并进行及时的引导。

在案例中,当教师出示长长的皮筋时,从幼儿兴奋的表情、积极的谈话以及跃跃欲试的行为中不难看出,幼儿对跳皮筋活动有很大的兴趣。教师应紧紧地抓住这一教育契机,让会跳皮筋的幼儿来展示一下,了解孩子们的原有经验和水平,充分调动幼儿学习跳皮筋的积极性和主动性。

2. 创设问题情境,激发幼儿的内在动机,深化幼儿的兴趣

教师在教学活动中进行有效提问,创设适宜的问题情境,更能激发幼儿对活动的探究欲望,从而深化他们对活动的兴趣。

比如在活动中,教师示范跳皮筋后,可以结合幼儿原有的跳皮筋的经验提出问题:"你们看到刚才老师跳皮筋的方法和你们平时跳的有什么不一样?"教师可向幼儿提出具有挑战性、能引发幼儿新旧经验之间冲突的任务和问题,以此引发幼儿进一步探索的兴趣,促进幼儿更有价值的主动学习和创新行为的发生。在实际操作中,还可根据幼儿的实际水平,把难度较大的问题分解成易理解的几个小问题,或者把大问题分解成一组小问题,层层深入,一环扣一环地问,逐步引导幼儿的思维向纵深发展。这样的提问,能多方位地培养幼儿的思维能力,也有利于突破活动中的重点,从而提高活动的效益。

3. 通过多种方式,延续幼儿的兴趣,使之成为持久、稳定的兴趣

幼儿的兴趣是瞬时即变的,即在一瞬间萌生,瞬间之后又会消逝。要使幼儿的好奇心和兴趣能继续维持下去,是一件非常困难的事情。教师应该适时把握住那"萌芽"的一刻,给予适当的帮助,使其兴趣"茁壮成长"。

在活动中,当幼儿觉得教师教的跳皮筋的动作有难度的时候,就会渐渐地失去学跳皮筋的兴趣。教师可以通过分段示范以及出示动作的图谱,帮助

幼儿解决学习过程中出现的难题，使幼儿体验成功的喜悦，保持对跳皮筋活动的兴趣。追踪幼儿行为的过程会有意想不到的收获，会帮助教师发现幼儿的偶然性兴趣。教师应对这种偶然性兴趣加以积极引导，使之成为稳定、持久的兴趣，成为推动幼儿学习的强大动力。稳定的兴趣会使幼儿明确自己行为的目的，从盲目的或不加思考的挣扎变成经过思考的判断，从而帮助他们在现有的活动中找到解决问题、创造意义的方法。因此，教师在教育活动中应通过多种教育手段引导幼儿参与到活动过程中。

4. 保证幼儿思维的流畅性，引导幼儿拓展兴趣，生成新的活动

教师要善于观察幼儿的举动，聆听幼儿的声音，了解幼儿的兴趣，关注幼儿的需要，抓住幼儿的兴趣点，捕捉有价值的信息并衍生出有意义的主题活动。

比如，教师可以在幼儿学会跳一些基本动作的基础上，分组让幼儿进行跳皮筋动作的创编，努力创设各种情境，引导幼儿去探索、去实践，使幼儿的积极性、主动性、创造性在轻松、愉快的氛围中得以充分发挥。

案例 24

怎样在教学活动中发现幼儿的真问题以挖掘教育的价值？
——"哪些东西会溶解于水"教学诊断

在幼儿园教学活动的实施中，教师要关注幼儿的回答，及时捕捉隐含教育契机的问题，用适当的方式对幼儿生成的问题进行引导，不断地帮助幼儿积累和扩展感性经验，激发幼儿学习的兴趣和探究意识，提高幼儿的学习能力。

一、现象扫描

中班科学活动：哪些东西会溶解于水

在一次组织中班幼儿进行科学小实验"哪些东西会溶解于水"的活动中，教师出示了很多事先准备的实验材料：盐、白糖、牛奶、巧克力、沙子、油等。

教师问小朋友们："你们觉得这些东西会溶解在水里吗？"小朋友们有的说会，有的说不会。

教师说："那我们一起来做个实验，试一试吧。"教师取出几个玻璃杯，把一样样材料分别倒进杯子里。

有个小朋友说："老师，有一次我妈妈让我把白糖放到豆浆里，后来我找不到白糖了。"

教师"哦"了一声，继续做自己的实验，她把水倒到杯子里，然后往里面加各种材料，对大家说："我们一起来看看哪些材料会溶解到水里。"

这时，另一个小朋友插话说："老师，为什么我妈妈把泡腾片放在水里，一会儿就没了,还冒气泡呢?"

教师听了,皱起了眉头:"请你认真观察,干吗总是说话?!"

于是小朋友们都不说话了,眼睛一直看着教师操作的杯子。

二、学理分析

此次科学小实验的主要目的是探索"哪些东西会溶解于水"。在教师进行实验操作的过程中,两个幼儿提出生活中的一些现象:为什么把白糖放到豆浆里,后来就找不到白糖了?为什么妈妈把泡腾片放在水里,一会儿就没了,还冒气泡呢?这正说明孩子们通过专注的观察,结合自己的生活经验对实验中的现象进行着积极的思考,这是非常可贵的科学探究精神。他们提出的问题具有非常高的教育价值。但是由于该教师缺乏对幼儿在活动中生成的问题做经验价值判断的能力,以及缺乏对幼儿学习的过程体验与经验积累的重要性的认识,她忽视了幼儿在教学过程中提出的问题,打断了幼儿的谈论和质疑,仍旧按照自己的活动设计实施教学计划,因此错过了最佳的教育契机。同时,她也错过了培养幼儿的探究意识、使幼儿的被动学习转化为主动探究的时机。活动中,该教师可以结合两名幼儿提出的问题,引导更多的幼儿进行思考和讨论,适当地调整原有的教学方案,引导幼儿通过动手操作,进一步地证明孩子们的猜想,验证实验的结果,通过探索活动,促使幼儿更有效地学习。

三、对策与建议

1. 在活动中敏锐观察,甄别问题的教育价值

教师应具有敏锐的观察力,当幼儿在活动中产生问题时,教师应依据自己对幼儿的观察和了解,敏感地捕捉其中蕴含的教育价值,抓住幼儿的兴趣点,帮助、引导幼儿发现问题、解决问题。这个前提是教师在活动前必须要充分、深入地了解幼儿,了解幼儿的原有经验水平以及他们的兴趣点、情感体验等。教师只有充分地了解幼儿的原有经验,才能甄别问题的重要性,以

判断幼儿提出的问题是否真正具有教育价值，对幼儿的问题进行筛选，最大限度地激发幼儿探索的积极性。

比如，在做实验之前，教师可以让幼儿结合自己的生活经验，大胆猜测教师提供的这些材料中哪些可以溶解于水。

2. 教学策略灵活多变，适时引导幼儿主动探究

教师在活动中对幼儿出现的生成性的内容和问题要给予及时的答复，即给予及时、适当的引导。教师的提问能引领幼儿趋向于问题的解决，激发幼儿探究的兴趣，使幼儿获得成功的体验。这对教师的要求是很高的，需要教师能够随机应变，及时地调整自己的教学方案，抓住幼儿生成的具有教育价值的问题，使教学活动的价值最大化。

幼儿对事物的认识比较有限，探索较多地停留在表面上，教师应允许幼儿按照自己的想法大胆尝试，使他们在探索的过程中获得直接的体验；教师要善于捕捉教育的最佳时机，对幼儿进行点拨、引导，把幼儿的探索活动推向更高的层次，支持幼儿按自己的想法进行操作和实验，尝试自己解决问题。对于一些焦点突出、幼儿争议比较大的问题，应重点进行引导。

比如，活动中一位幼儿提出疑问"为什么把白糖放到豆浆里，后来就找不到白糖了"，这正是一个很好的教育契机，教师可以引导幼儿对一些能溶解的材料做进一步的思考和讨论，鼓励幼儿用已有的材料进行实验，寻找问题的答案。有时幼儿提出的问题当场不能解决，如："为什么妈妈把泡腾片放在水里，一会儿就没了，还冒气泡呢？"针对这个问题，教师也可把问题抛给幼儿，引发幼儿的思考：泡腾片也可以溶解在水里，它和其他能溶解在水里的材料一样吗？为什么它在水里会冒泡？它的主要成分是什么？活动后，教师可以和幼儿共同收集相关的资料，设计相关的教育活动，展开实验，继续进行探索。师幼只有在共同参与探索、共同提出设想、共同寻找材料、共同寻求答案的互动中，才能迸发出智慧的火花。

3. 帮助幼儿归纳问题，提升幼儿的有益经验

幼儿的年龄特点决定了他们思维的片面性、从众性。在活动中，教师要

根据幼儿的问答情况进行概括、归纳，或提出问题让幼儿自己进行概括、总结，使幼儿的经验水平能够在已有经验的基础上得到提升。

例如在本案例中，教师可引导幼儿通过实验，将溶解于水的以及不溶解于水的物品做一个罗列和归纳，帮助幼儿理清思路。当然，并不是幼儿提出的所有问题都需要进行提升，教师需要针对问题进行价值判断，把握幼儿的真正需要。在活动中，教师要适时地把握契机，深入浅出地引导，巧妙有效地回应，不露痕迹地提升幼儿的经验，更好地完成教学活动目标，实现集体教学活动的教育价值。

4. 运用欣赏的态度，培养幼儿的问题意识

问题是幼儿探究学习的出发点，幼儿真正的主动探究和学习是从有问题开始的。

在本案例中，当两个幼儿针对生活中的一些溶解现象提出疑问，并产生追求答案的愿望时，他们的主动探究才真正进入了状态。因此，教师应在活动中用欣赏的眼光，客观地评价幼儿提出的问题，培养幼儿的问题意识，鼓励幼儿在活动中大胆地提出自己的想法和疑问。当教师对幼儿提出的问题和疑问表现出惊奇、感兴趣、欣赏甚至喜悦的态度时，幼儿在身心感到愉悦的同时，也有了继续发展的动力，进而提高了提问的勇气和热情，这有助于幼儿形成良好的问题意识，从而使问题真正成为幼儿进一步探究的推动器。

5. 同伴相互分享经验，推动幼儿的探究欲望

教师要及时把握幼儿在活动中的状态，善于营造一种平等交流的氛围，通过欣赏、倾听关注幼儿的问题，及时捕捉幼儿生成的有教育价值的话题，然后通过集体的交流分享，引导幼儿自然地进入到下一步的观察和探索中去。来自同伴的激励和启发往往更能激发起幼儿求知和探索的欲望，通过同伴之间的相互交流，幼儿的头脑中会不断地产生新的思想火花，将幼儿的学习兴趣推向较高的层次。

案例 25

怎样在教学活动中观察幼儿？
——"自制月历表"教学诊断

教学活动中的观察能够为教师提供关于幼儿的理解、兴趣和需要的相关信息，也能够提供有助于理解个别幼儿的需要的线索，有助于教师帮助幼儿进行问题的解决。同时，观察也能够帮助教师决定是否以及如何与幼儿进行互动，以促进活动的发展。

一、现象扫描

大班教学活动：自制月历表

在一次"自制月历表"教学活动中，教师以麦当劳叔叔要送生日礼物为由引出自制一份生日月历表的任务。

教师出示一份月历表，引导幼儿观察："月历上有些什么？我们怎么画月历呢？"

幼儿回答："月历上有表格"，"每个格子里都有数字"，"有的数字是红色的，表示节假日，有的数字是黑色的。"（前期已经观察过挂历，幼儿有相关的经验）

教师说："麦当劳叔叔说要送生日礼物给小朋友们，请两个小朋友一起合作，制作一份生日月历表。"

于是，幼儿开始动手操作：有的幼儿拿到白纸就"唰唰唰"地画上了密密的小格子；有的幼儿横向随意画了几格，数字也顺着写过去，于是纵向就少了；有的横向格子少了、纵向格子多了……

教师在一旁看了，很着急，她让幼儿停止操作："看你们画的！月历上一排只能画几个格子啊？竖着的有几个格子？要先数清楚了才能画，不是你想怎么画就怎么画的！一横排就是一个星期，一个星期就是七天！看看你们都画了几个格子……"

于是，教师又重新发给每个幼儿一张白纸，让幼儿重新画。但除了小部分相对能干的幼儿外，大部分幼儿还是没有掌握正确画表格的方法。

最后，教师只好又重新发给幼儿制作好的表格纸，让幼儿直接在表格中填上相应的数字。

二、学理分析

在本次活动中，制作月历的表格是一个难点，即横向与纵向的排列问题。教师试图让幼儿在发现月历的表格规律的基础上尝试制作月历表。但教师对幼儿在活动中的观察存在几个问题：

第一，教师对幼儿整体的观察不到位。在活动的初期，教师没有发现幼儿关注的只是表格里的内容，而没有掌握制作表格的规律。教师在提取制作表格的信息时，应立即有所察觉并加以引导，比如可顺应幼儿的观察点数表格横向的格子数与纵向的格子数，强化对表格规律性的认识，以解决难点。

第二，教师对个别幼儿的观察、指导不够仔细。当幼儿在具体操作中出现问题时，教师可以有针对性地引导个别幼儿再次观察，而不应该简单地进行质问或批评。

第三，教师没有看到表面现象背后的本质问题。幼儿制作失败的原因并非幼儿不能完成，而是幼儿缺乏相关的经验，不了解月历表制作中月份与星期及星期与日的关系，即前期经验不足。教师在幼儿活动中的观察是为了了解幼儿的经验水平、思维程度和学习方式，只有了解了幼儿现有的发展状况、经验水平，只有细心观察幼儿的行为并做出推断，才能真实地认识幼儿，真正起到引领幼儿发展的作用。

三、对策与建议

1. 建立观察意识，明确观察目的

有些教师的观察意识比较薄弱，观察的目的不明确，将看管幼儿与观察幼儿等同起来，视安全为观察的主要目的；或者习惯了在教学活动中扮演指导者的角色，一旦看到幼儿在操作活动中发生问题，不会仔细地观察并理性地分析产生问题的原因，而是采取直接询问、指导和评价的方式对待幼儿，在活动中出现教师干预多、观察少的现象。

比如在活动中，教师在发现大部分幼儿还是没有掌握正确画表格的方法后，并没有仔细地分析问题背后的原因并加以引导，而只是简单地调换幼儿操作用的纸，让幼儿重新制作。

因此，教师观察意识的建立显得尤为重要，只有明确了观察的目的，教师对活动的观察才会有整体的把握，并有针对性地对幼儿的活动进行指导。

2. 重视对幼儿活动过程的细致观察

对幼儿的活动过程进行细致的观察，可以使教师把握住幼儿在学习活动中遇到的某一特定的挑战或学习的焦点，并且在适宜的时间向幼儿提出问题，促使幼儿开展进一步的探究活动。

比如，在幼儿第一次制作表格的过程中，出现了不是格子画得太多就是格子画得不够的现象，这说明幼儿没有真正掌握月历表格的基本规律，不明白横格和竖格分别代表的意义。针对幼儿在制作表格中出现的问题，教师可以提供更多一些的月历表，引导幼儿探究了解月历表的秘密：让幼儿数一数横格以及竖格的数量，发现基本规律，了解它们分别代表的意义，进而理解

月与星期、日之间的关系。

在观察幼儿的活动时，很多教师常常重结果、轻过程，只注意了操作结果，忽略了幼儿在活动过程中是否有兴趣、如何摆弄材料等细节，而这些信息往往更能使教师受到启发，并促使教师进一步采取有针对性的措施来促进该幼儿在现有水平上的发展。因此，教师应重视对幼儿操作活动过程的细致观察。

3. 学会通过观察到的表面现象看本质

教师应该通过观察到的表面现象，分析了解幼儿的学习行为和思维方式，以此来检验自己所做的哪些是有价值的，并将其作为进一步指导的依据，也可以从中检查自己提供的活动是否促进了幼儿的发展，并以此来调整教育目标和学习目标。例如，在活动中幼儿制作表格失败的现象说明了一个问题，就是幼儿比较多地关注到了表格中细节的东西，如数字以及颜色，而忽略了对表格整体的把握，这就需要教师引导幼儿发现月历表格中的普遍规律。

同时，教师应在活动中通过观察了解，关注每个幼儿的个体差异以及学习特点，并能够根据这些具体情况，为不同发展水平的幼儿提供相应的材料，使每一个幼儿都能在活动中有所收获并获得成功感。例如，教师可以针对幼儿的能力水平，提供不同的操作材料。对能力强的幼儿，可以引导他们自己制作表格；对能力弱的幼儿，教师可以提供制作好的表格，而不是搞"一刀切"。教师应该通过仔细的观察，分析幼儿的能力水平，提供支持性的帮助。

案例 26

幼儿园的集体教学活动必须有时间限定吗？
——"给鸡蛋宝宝一个家"教学诊断

教学活动的时间，应依据幼儿的兴趣及活动的需要而定，教师应根据幼儿的年龄特点及教学内容，灵活地把握幼儿的学习时间、活动时间。

一、现象扫描

大班主题活动：给鸡蛋宝宝一个家

在主题活动"给鸡蛋宝宝一个家"的教学过程中，小朋友们和教师共同探讨可以用哪些材料做鸡蛋宝宝的家，并用收集的材料为鸡蛋宝宝做一个家。

首先，教师出示了一只鸡蛋和收集的很多操作材料，一下子引起了幼儿的兴趣。

教师说："今天，我们要给鸡蛋宝宝做一个安全的家，我收集了很多材料，这些材料你们认识吗？哪些材料适合给鸡蛋宝宝做家呢？"

小朋友们争先恐后地举手回答："棉花！""布料！""面巾纸！"

也有小朋友说"盒子"、"一次性杯子"。

教师根据幼儿的回答一一展示这些材料，然后和孩子们讨论这些材料的特性和作用，接着让幼儿分组，先讨论选择什么材料来制作，再画出设计图，设计好的组派代表到教师这儿领取操作的材料，为鸡蛋宝宝做一个家。

教室里呈现出一片热闹的景象，孩子们有的去拿鸡蛋，有的扯布料，有的拿棉花，有的拉纸盒……

"啪"地一声响，有个小朋友的鸡蛋没放好，不小心滚到地上摔破了，弄得椅子上、地上都是鸡蛋液，教室里看起来乱糟糟的。

"老师，我们的材料不够了。""老师，我不小心把鸡蛋弄碎了。"

教师忙得团团转，这时候体育老师进来了，教师抬头看看钟表，活动时间已经过了 30 分钟了，她连忙对幼儿拍着手说："好了，小朋友们，时间到了，请做好的把鸡蛋宝宝的家放到桌子上，没做好的把鸡蛋宝宝送回到盒子里，材料也放回来，下次有空我们再做。"

小朋友们一阵"哎哟"声，谁都不愿意把材料送到教师的盒子里。几个男孩抱怨道："哎呀，我还没做好呢！"

"时间到了，我们下次还可以再做呢，等一会儿要进行体育活动了。"教师安慰道。

二、学理分析

我们首先要考虑的是该教师设计的活动容量是否合理。这个教学活动一共分为三大环节：环节一是了解哪些材料可以做鸡蛋宝宝的家，师生共同针对这些材料进行特性和作用的分析；环节二是设计鸡蛋宝宝的家，分小组共同商量并画好设计图；环节三是利用收集的各种材料动手制作鸡蛋宝宝的家。在有限的时间内，要针对这三大环节进行充分的讨论和操作，显然时间是不够的，活动容量太大。

首先，教师要对教材进行分析和解读，确定适宜的教学活动目标，科学合理地设计活动内容，理清教学思路。

其次，教师对幼儿在活动中出现的一些问题要有预见性，在指导幼儿操作时应抓住重点、难点，进行有启发性、导向性的指导，帮助幼儿解决问题；对于教学活动中发生的突发情况要能够随机应变，及时地调整教学策略。

最后，在该活动中，幼儿个人活动、小组活动和集体活动的时间分配不是很合理，由于前面有关材料的讨论花去了很长时间，所以就无法为幼儿后面的动手操作和探究活动提供充足的时间。

三、对策与建议

教师要准确分析造成教学活动时间不够的原因，在活动实施过程中对时间进行合理与充分的利用。

1. 围绕教学的重点展开教学活动，合理安排活动容量

科学地设计活动层次不仅要考虑活动安排的各个环节，以及教学环节的时间分配和衔接是否恰当，有没有"前松后紧"或"前紧后松"的现象，指导与练习时间搭配是否合理等，也要考虑活动安排的容量。即使活动环节得到了合理安排，但如果教师不能合理安排活动的容量，容量过多导致活动时间过长，同样也是不符合幼儿的年龄特点以及学习特点的。教师在设计活动时要充分考虑幼儿的个体差异和不同的学习需求，按照幼儿的学习规律设计教学活动，做到活动的容量以及难度适中，使教学活动能够真正促进不同能力水平的幼儿的发展。

笔者建议将案例中的教学活动分成两个活动：前一个活动是对制作材料的分析、讨论以及收集材料，而不是由教师直接提供操作材料，幼儿在收集材料的过程中可以主动探究材料的特性是否符合安全性的要求；后一个活动是让幼儿通过小组合作，共同设计并制作鸡蛋宝宝的家，确保幼儿能够充分地进行探究活动。

2. 根据幼儿的兴趣及内容需要，延长或缩短时间

教师设计的教学活动时间可以根据幼儿在活动中的兴趣以及投入程度来做出适当的调整，可延长或缩短时间。当大部分幼儿都对某一个教学活动特别感兴趣，并保持很高的学习、探究热情时，教师可以适当延长活动时间，给予幼儿充分探究、操作的时间和空间，不为赶进度而随意打断幼儿的兴趣。同样地，当教师在活动中观察到幼儿对活动不感兴趣，或处于敷衍、被动的状态时，就应及时调整活动内容，缩短活动时间。

3. 养成良好的学习常规，提高活动效率

教师如果花大量的时间在维持秩序上，那么有效的教学活动时间必然减

少。教师应把对幼儿行为的消极抑制变为对幼儿积极活动的促进与引导，帮助幼儿建立良好的常规，减少不必要的管理行为，逐步培养幼儿的自律意识，从而提高教学活动的效率。

在案例中，由于教师对材料准备的估计不足以及幼儿在活动中没有建立良好的领取操作材料的常规，教室里出现一片"繁忙"的景象，幼儿在操作过程中出现很多的意外状况，教师忙于处理这些突发的事件，没有更多的时间去观察、指导幼儿的操作活动，影响了活动的进度，也直接影响了教学活动的效果。

4. 培养幼儿的时间观念，引导他们珍惜时间

培养幼儿珍惜时间的意识很有必要，也很重要。教师在操作活动前要把对时间的要求交代清楚，让幼儿明确自己所做事情的目的和时限；在活动过程中可适当提醒个别幼儿要抓紧时间，特别是督促一些做事拖拉、不认真的幼儿加快速度。当然，教师设定的操作时间不可过长，也不可过短，要给幼儿预留出充分的探究时间，要恰到好处。

5. 通过各种竞赛方式，激励幼儿加快速度

对某些练习性或操作性的教学活动，教师也可采用竞赛的方式激发幼儿的兴趣，提高速度，比如采取"比一比谁先完成，谁第一"、"看看哪一组完成得又快又好"等形式，用口头表扬或适当的奖励来激励幼儿快速完成任务，提高做事效率。

6. 提高幼儿的动手能力，有效控制时间

针对教学活动中个别动手能力较弱的幼儿，教师应加强对他们的动作、小肌肉的练习，帮助他们提高效率，达到有效控制教学活动时间的目的。对一些能力特别弱的幼儿，教师可在课后的空余时间对其进行个别指导。

案例 27

怎样在教学活动中发挥教师的教学机智？
——"身边的数字朋友"教学诊断

教学活动是一个充满变化的复杂过程，随时会发生一些意想不到的事情。幼儿年龄小，经验缺乏，师幼双方对信息的理解和传递经常会出现不对称，给有效互动带来较大的障碍，这对教师的随机决策能力提出了极大的挑战。俄国教育家乌申斯基说："不论教育者怎样地研究了教育理论，如果他没有教育机智，他就不可能成为一个优秀的教育实践者。"可见，积极而有效地应对活动中突发性事件的挑战是教师通向成功之路的必修课。

一、现象扫描

大班教学活动：身边的数字朋友

在一次大班数学活动"身边的数字朋友"中，教师以谈话引出生活中的数字："小朋友们今年几岁了？我们是几班的小朋友……"

接着，教师小结引申："生活中的数字可多了，你们瞧！马路上的汽车上也有数字。"这时大屏幕上呈现两块上下排列的车牌，车牌上的每个数字都被教师巧妙地遮盖了一部分。

"这儿有两块车牌，车牌号码中藏着0—9共十个不同的数字，接下来我们边看边猜，把车牌号码破译出来。告诉大家你看到数字几了！"

"我找到1了。"有一个幼儿说。

"哦，1最容易发现了，它在哪里？"教师兴奋地回应，与此同时孩子们很快找到了"1"所在的位置。

接着教师又说:"再找找,你还找到了数字几?它在什么位置?"

第二个幼儿站起来肯定地说:"我知道最后那个全部被蒙起来的数字就是5。"(实际答案不是5而是6)

教师略作迟疑说:"哦,是吗?那你先把'5'记在心里,一会儿看看猜得对不对。"

教师稍稍面向全班幼儿说:"这个全被蒙起来的数字什么也看不出,我们先把露出了一部分的数字猜出来。"

另一个幼儿站起来指着其他的数字:"我猜到了那下半部有弧线的是3。"(实际答案不是3而是5)

教师没有直接揭示答案,而是指着另一个部分被遮住的数字反问:"那这个数字又是几呢?"

有的幼儿赶紧说:"我知道,这个是3。"

"呦,原来3在这儿呢!"教师脸朝刚才猜错的幼儿暗示他,一会儿又转过脸面向猜对的幼儿给予表扬:"又猜中了一个,谁能一口气猜两个呢?要根据字形来猜哦。"

教师鼓励孩子们猜出其他的数字,等全部猜完后问:"最后一格里的(全被蒙起来的)数字究竟是几?5已经在了,还会是它吗?"

孩子们再次通过分析获得了正确的结果。

二、学理分析

教学机智是指教师成功、巧妙地处理教学中偶发事件的能力。一般而言,根据教学的需要,偶发事件可以分为与教学要素无关的偶发事件和与教学要素有关的偶发事件两类。面对随机出现的事件,教师首先要判断该偶发事件是否与教学要素有关。如何判断?教师可以从教学活动目标、内容、信息、能力、心理等角度权衡,根据偶发事件与幼儿发展之间的价值亲疏来确定是否将偶发事件纳入本次活动中巧妙地利用起来。

本案例中,当教师组织幼儿"破译"车牌号码的时候,孩子们积极举手参与发言,但期间也不乏一些信口开河的幼儿。当教师引导幼儿猜出"1"

后,原以为孩子们会先把部分被遮盖的车牌数字猜出来,最后猜全部被蒙起来的数字,但幼儿出乎意料的几句话向教师的教学机智提出了挑战,原本按部就班的教学流程被打乱了,当然,这也为教师成熟的教学智慧提供了展示的机会。例如,"我知道最后那个全部被蒙起来的数字就是5"(实际答案不是5而是6),"我猜到了那下半部有弧线的是3"(实际答案不是3而是5),面对这些极其细微的偶发事件,教师并没有简单直接地揭晓答案,而是用巧妙的语言避免了幼儿的盲目猜测,为幼儿创设更加宽广的思维空间。正是因为教师有着"发展幼儿思维的过程"的价值追求,才会有舍弃、悬置和因势利导等一系列策略措施。而这些判断和选择无疑扎根于教师深厚的教学功底。教师的这种教学智慧,构筑了课堂中高质量的师幼、幼幼、幼儿与情境的互动。

三、对策与建议

1. 合理舍弃,鼓励幼儿寻求新的需求

本案例中,根据幼儿的年龄水平判断,幼儿要在短时间内从许多部分被遮盖的字形中凭直觉判断完全被遮盖的数字是比较困难的。因此,对于幼儿草率的回答,教师没有顺势直接出示答案以宣告幼儿的回答无效,而是放弃与幼儿的正面互动,引导幼儿"先把'5'(答案)记在心里,一会儿看看猜得对不对"。这一方面保护了幼儿急于了解答案的好奇心和期望正确的自信心,另一方面在幼儿的内心适宜地倾注新的需求和期待,引导幼儿将学习的关注点转向另一新的情感、新的内容和目标,鼓励幼儿获得新的理解。教师的可贵之处在于放弃了幼儿草率的答案,但并没有放弃保护幼儿的自信,而是运用"退而求进"的艺术,积极创造条件继续锻炼幼儿的分析判断能力,在"期待正确"的心理需求下点燃其求知的欲望。

2. 暂时悬置,引导幼儿体验思维的过程

教学机智的发挥具体落实和体现在师幼互动中,因此,当互动中引发的问题本身与活动的要素关系相悖离或者问题比较难回答时,教师则常常采取暂时悬置的方法,引导幼儿向有价值的目标靠近。

在案例中,当幼儿猜测全部被蒙起来的数字时,教师没有直接揭晓答案,

而是指向另一些部分被遮住的数字。这种对互动问题的暂时悬置，避免了幼儿盲目的猜测，将无效的学习过程诱变为积极有效的思维体验的过程，否则不仅幼儿感受不到猜测分析带来的悬念和趣味，弱化了幼儿作为活动主体的心理体验的满足，而且剥夺了幼儿观察、分析、综合、归纳等思维的具体操练过程。如此，孩子们就无法通过师幼之间、幼幼之间、幼儿与内容材料之间的互动带来经验的分享，课堂文化会受到冲击，活动的有效性受到影响，课堂品位也会因此而逊色。

3. 因势利导，颠覆幼儿经验的定式

《幼儿园教育指导纲要（试行）》强调，要"关注幼儿在活动中的表现和反应，敏感地察觉他们的需要，及时以适当的方式应答"，要"善于发现幼儿感兴趣的事物、游戏和偶发事件中所隐含的教育价值、把握时机，积极引导"。在师幼互动中，教师要因势利导，注意发现和挖掘事件本身所包含的积极意义，化消极因素为积极因素，顺势进行教育。当然，这样的教育离不开教师对教学价值、变化发展趋向的把握。

本案例中，教师一开始与孩子们聊的有关数字的话题是幼儿熟悉的。当幼儿说，"我猜到了那下半部有弧线的是3"（实际答案不是3而是5），教师因势利导，指着另一个部分被遮住的数字（答案就是3）反问："那这个数字又是几呢？"当幼儿接连猜中了好几个时，教师鼓励幼儿："谁能一口气猜两个呢？"当先前有幼儿猜测最后一个数字是5后，教师仍机智地反问："最后一格里的（全被蒙起来的）数字究竟是几？5已经在了，还会是它吗？"这些与幼儿原有的经验、表象、猜测相关联的话语顺势推开了儿童的思维之门，为幼儿获得正确的认知结果再次提供了辨认与综合分析的机会。

可见，教学要着重于利用一切手段和智慧去开掘儿童生命主体的通道，以儿童生命主体的唤醒和发展作为教学的起点和归宿，引导儿童用自己的眼睛去观察，用自己的耳朵去倾听，用自己的嘴巴去表达，用自己的身体去触摸，在不断开掘儿童身上这些感知世界的通道的同时完善其心智，直到培养其成为一个积极的社会人。

案例 28

怎样在教学活动中关注细节、从细节做起？
——"气球小车动起来"教学诊断

在设计教学活动时，我们一般会从教学活动目标、教学具准备、教学活动环节、教学策略、提问等方面考虑，而往往会忽略细节问题。但事实上，细节问题会从不同程度影响教学活动的效果。教学中的细节问题包括教学具的摆放、幼儿座位的摆放方式、教师示范的位置、教师的穿着打扮，甚至活动中教师所走过的路线等，因而才有"细节决定成败"的说法。

一、现象扫描

大班科学活动：气球小车动起来

科学活动"气球小车动起来"是让幼儿操作充气的气球让玩具汽车动起来，并且探索比较气球的大小与汽车运动距离的关系。在开展过程中，教师发现了这样几个因为细节没处理好而引发的小问题。

【片段1】师："小朋友们，你们能用一个鼓鼓的气球让小汽车动起来吗？我给你们准备了气球皮、打气筒，请两个人一组去试试。"随着林老师一声令下，孩子们兴致勃勃地开始了尝试。这边瑞瑞和子豪早就给气球充好了气，还试验了好几次，而那边小小和辛哲宇却还没找到正确的充气方法，气球依旧瘪瘪的。伙伴们纷纷实验成功，欢呼雀跃，他们却直愣愣地看着同伴，沮丧得很。

【分析】如果将能力不同的幼儿进行适当的组合，就能让更多的幼儿体验到实验成功所带来的乐趣，充分满足每位幼儿的需求。

【片段2】孩子们介绍完自己的"让小汽车动起来"的方法后，轮到林老师介绍了。她的方法是将气球用双面胶固定在车背上，然后利用气球泄气对空气产生的反冲力推动汽车前进。林老师顺手从篮子里拿起一辆汽车："呀，怎么已经贴好双面胶了呀（其实是在下个环节演示用的）？"事实上林老师是想示范如何贴双面胶以及贴的位置，因为不同的贴法也会影响实验结果。但现在林老师只好省略示范贴的环节。孩子们在操作时，不停地叫着，"老师，该怎么贴呀"，"是这样贴吗"……场面顿时一片混乱。

【分析】孩子们的注意力和探索欲望被"双面胶"吹得烟消云散了。一个细节的忽视，导致了探索活动不能顺利开展。如果教师能考虑到细节，将演示的教具按一定的顺序摆放，恐怕就不会带来这样的喧嚣和混乱。

【片段3】孩子们要进行最后一次操作了，用一大一小的两个气球比较谁让小汽车跑得更远。大家兴致高昂地回到了操作区域，这时叫嚷声又此起彼伏。"老师，我们的小汽车怎么没有了？""喂，我们的篮子里有两辆车呢，给你一辆吧！""我们的打气筒怎么不见了呀？""我这里有，给你一个吧！"孩子们跑来跑去，正在为自己的实验工具犯愁呢。这实验还怎么做呀，光是找工具就花费了大半的时间啦。

【分析】孩子们在活动室里挤来挤去，互相叫嚷着，完全把实验的目的丢在脑后了。如果教师能考虑到细节，稍微提醒一下幼儿要把操作的工具放回自己的篮子里，就能避免这么多不必要的麻烦。

【片段4】气球一泄气居然能让汽车往前开那么远，真是太不可思议了！孩子们沉浸在实验成功的兴奋和激动中。在这个兴奋点上，林老师指着地上最远的那条黄线，极富挑战意味地问幼儿："如果林老师想让小汽车跑到更远的那条黄线，你觉得有可能吗？""能！""肯定能，把气球充得大点儿就行了。""充得很大，比刚才这个大肯定能行。""好，那我们来试试看。"林老师取出一个气球皮使劲地充气，不料气球爆破了，她只好又取一个，20多个幼儿就这样干巴巴地等着气球出炉。等气球充好气后，孩子们刚才的那股兴奋劲儿早已荡然无存。活动似乎在他们的等待中提前进入了尾声。

【分析】如果教师能考虑到细节，在孩子们兴奋到来的那一刻，随手拿出一个已经充好的大大的气球，那将会是多么地鼓舞人心呀！活动也会开展得更加顺利。

二、学理分析

本案例中的几个片段反映了忽视细节问题对活动产生的影响。每当活动开展后，教师才发现存在这样那样的细节问题。老子曾说："天下难事，必做于易；天下大事，必做于细。"教学中的细节无处不在，却经常被我们忽视。

教师对细节问题不够重视是案例的关键所在，对教具的摆放没经过设想，对幼儿的不同合作对象带来的合作效果没经过预想，对教学具的准备和运用没经过考虑，都对原本有效的科学探索活动造成了影响。

1. 教师对活动中的细节问题缺乏考虑

我们在设计一个教学活动时，有清晰的框架，有详细的提问，有追求的目标，都以书面形式加以呈现，而对细节的考虑却微乎其微，更不会形成文本。若教师在备课时也能详细罗列出细节问题，或在活动前能预先在脑海里对细节进行演示，那么本案例的几个片段中的细节问题，都是能够避免或是迎刃而解的。

2. 教师对能力不同的幼儿的搭配模式带来的学习效应缺乏了解

在两两合作上，能力较强的幼儿可以进一步获得提升，也能很快体验到成功的快乐；而能力较弱的幼儿，可能连体验的机会都没有。案例中的小小和辛哲宇连如何给气球充气都不会，更别谈做科学实验了。对他们而言，活动是无效的。如果任其发展，久而久之，幼儿之间的差距会越来越大。若能细致地考虑到幼儿之间的强弱搭配，就能让每个幼儿都感受到科学探索活动的基本过程所带来的乐趣，不至于影响个别幼儿的情绪。

3. 对细节的忽视造成了活动秩序难以把握

本来孩子们可以顺理成章地完成操作任务，但由于一些细节问题，他们不得不分散一部分注意力，去找回自己实验需要的工具，去解决突发的矛盾冲突，幼儿的探索因此受到了影响，势必会影响教学活动的开展和目标的达成。尤其在科学活动的现场，原本处于探索状态的幼儿就容易分散注意力，不能完全领会教师提出的实验要求。

4. 对细节的忽视导致活动环节不连贯

幼儿在兴趣完全被激发、要让自己的小汽车突破黄线、接受更富挑战性的任务时，是兴致高昂的，却又因为教师没准备好充足气的气球这个细节问题，情绪受到了影响，因而兴致全无。若经常在这样断断续续的模式中开展活动，将给幼儿的思维发展带来不利影响。

三、对策与建议

如何能让细节的处理为我们的教学活动增光添彩，使活动更有效并能促进幼儿的发展呢？

1. 关注细节，促进幼幼的有效互动

幼儿之间的合作能力会直接影响教学效果。能力相对较弱的幼儿之间进行合作，可能连最基本的任务都难以完成，令教学活动失去意义。幼儿的合作对象虽建立在自主选择基础上，但为了整个教学活动目标的达成，教师仍可以在细节上把关，在合作对象上进行适当调整。

例如，教师若能在活动开始时提示，"谁不会给气球充气，就找一个会充气的小朋友合作"，或是在活动中能充分观察到幼儿合作的细节，及时调换合作对象，就能确保探索活动的顺利开展。从这样的细节着手，就可以有效发挥同伴的带动作用，让孩子们在同伴群体中能够互相观察、模仿、讨论、协商、合作，让能力较强的幼儿去带动能力较弱的幼儿，让能力较弱的幼儿也能有成功的体验，不断激发他们的自信心，最终达到共同发展，同时这也有助于培养幼儿的团结互助精神。

2. 做好细节，实现演示的步步到位

在日常教学活动中，教师在操作教具时经常会出现缺少教具或是摆放顺序、操作手法不当等问题。这样的细节引发的状况在一些公开课场合也时有发生。教师不正确或不够恰当的演示会大大影响演示的效果，甚至会起到适得其反的作用。

例如，若教师没能认真准备和检查演示的小汽车，把原本需要现场贴双面胶的汽车提前弄好了，就会缺失一次示范的机会。教师在准备教具时，应

提前进行一次演示,对教具摆放的位置、演示的顺序、辅助材料的准备等要了如指掌。只有做好了这些不可忽视的细节,才能实现现场演示的步步到位。

3. 把握细节,减少幼儿的消极等待

教师在细节上的考虑不周会直接延长幼儿的等待时间,造成时间上的隐性浪费。《幼儿园教育指导纲要(试行)》第三部分"组织与实施"中提出,"教师直接指导的集体活动要能保证幼儿的积极参与,避免时间的隐形浪费。"

例如,在活动中,由于一个气球的爆破,让全体幼儿眼巴巴地等候着,造成了时间上的浪费。充一个气球需要较长时间,气球使用频率又较高,教师可以提前根据需要充好多个气球以备用。活动前我们用足够的时间去设想、去预设活动中会出现的细节问题,是为了在活动中能把足够的时间还给幼儿,让孩子们成为活动的主体,成为时间的主宰,尽量减少消极等待现象,这也是环节得以流畅、活动得以顺利开展的基石。

4. 深耕细节,培养幼儿的良好操作习惯

动手操作是幼儿的智慧来源,也是幼儿时期最有效的学习方式。操作几乎在每个活动中都时刻存在,科学活动更离不开幼儿的动手操作和探索。良好的操作习惯培养要从细节入手。

例如,活动中出现的打气筒、小汽车等操作工具乱摆一地,没能及时整理,会影响下一次操作活动的开展,久而久之,不利于幼儿良好操作习惯的养成。教师要考虑得周到些,在幼儿对操作物品的取放、运用、整理等方面,要时刻加以提醒,使幼儿养成相应的习惯。幼儿有了良好的操作习惯后,科学活动的开展会显得更加有序。

注重细节的教学,必定是成功的教学。教师要随时去捕捉活动中的每一个细节,让细节的处理成为活动的亮点。《细节决定成败》一书指出,细节真的不是细枝末节,而是用心,是一种认真的态度和科学的精神。对于教师而言,关注教学活动的细节,认真地从细节做起,就能看到细节背后所隐含的事物间的内在联系,就能通过细节把握整体,从而更好地实现教学效果。

案例 29

怎样在教学活动中有效地利用教具？
——"宝宝睡了"等教学诊断

幼儿的思维是具体形象的，对事物的认识是直观的。从幼儿的这个心理特征出发，幼儿园教师在准备教学活动时，通常都要根据活动的内容准备相应的学具、教具以辅助幼儿学习。《现代汉语词典》中对"教具"是这样界定的："教学时用来讲解说明某事某物的模型、实物、图表和幻灯等的总称。"随着教育改革的不断深化，教具的定义也越来越清晰：凡是能在教和学的过程中使用的器具，凡是能够为教学活动服务，对教学起辅助作用的工具和实物，皆可称为教具。从字面上来看，教具就是辅助教师教学，帮助幼儿学习、理解、记忆的工具。教具虽极为简单，但要使用好并不是一件容易的事情。教师如果能善用巧思、灵活运用，则可发挥其最大的功效，提升活动效率，为教学"省时"；反之，既浪费了准备的教具，又降低了活动成效，造成教学"损失"。

一、现象扫描

例1 中班音乐活动：宝宝睡了

活动前，执教的教师为孩子们准备了 15 个花篮和 15 个非常漂亮的洋娃娃。

活动时，教师出示花篮当摇篮，给幼儿提供哄宝宝睡觉的亲身体验。但在整个活动中，幼儿一直抱着娃娃不离手，部分幼儿甚至将注意的重心放在哄娃娃睡觉上，不能很好地分配注意力与教师一起唱歌。

活动结束后，幼儿似乎还在讨论：美丽的洋娃娃去哪里了？还会回来吗？

例2 大班数学活动：学习6的加法[①]

为了让幼儿理解、掌握6的加法运算，教师制作了大量色彩鲜艳、形象逼真的教具。

教学时，教师像变魔术似的，时而出示鸡的教具，时而出示羊的教具，幼儿被搞得眼花缭乱。

接着，配班教师又提供了一大堆操作材料，幼儿拿拿这个，看看那个，手忙脚乱，根本没注意教师在说些什么，也没心思去思考问题。

二、学理分析

在例1中，从表面上看，整个活动精致而且气氛温馨，教师也为这个活动花了不少经费。但是，从目标解读中可以看出，整个活动偏离了最初制订的学唱歌曲目标，经费消耗更是当前的教学理念不提倡的。再者，将过多或过于精美的教具统统搬进活动中，其结果只会转移幼儿的注意力，使教具的辅助作用没有得到发挥，反而喧宾夺主，影响了教学活动目标的达成。教师在教学中常常不管活动教学是否需要，只把教具当作活动中装点门面的饰品，为了使用而使用，严重的会剥夺幼儿观察的时机。

在例2中，幼儿思维的具体形象性决定了大班幼儿的数学学习离不开操作，离不开与材料的互动。教师活动前准备教具无疑是明智的。但操作中教具太多、太杂，反而分散了幼儿对教师言语的注意力，更影响了他们的思考和专注力。由此可见，教具的选择要为教学目标服务，不应该盲目使用。在教学活动中，怎样设计、运用教具是一门艺术。教具太多、太精美有时不但发挥不了其价值，还会严重干扰幼儿的有效学习。其实，教具并不在多，关

[①] 胡丽丽. 形式与实效的思考 [J]. 幼儿教育：教师版，2007 (6)：34-35.

键是要把教育目标物化其中，重在引导幼儿观察和思考。有效地使用教具、开发出适合自己课堂教学的教辅材料，已成为教学准备的重要环节。

三、对策与建议

不论是传统教学还是当代教学，教具一直以其直观形象、使用灵活等优点，发挥着不可替代的作用。在教学中提供直观、形象、生动的教具是集中幼儿的注意力、激发幼儿的学习兴趣的重要手段，那么在活动中该如何有效地利用教具呢？

1. 适量：注重使用数量

使用教具，应注意教具的种类、数量。教具的使用也并非多多益善，更不是华丽的表演，使用不当或过于花哨将会冲淡幼儿对教学内容的理解和掌握，影响教学任务的完成。所以，针对幼儿的年龄特点，针对不同的教学内容和教学任务，要慎重地选择适量的教具，否则就会出现如下的消极影响。

例3　小班音乐活动：摇篮曲[①]

教师在引导幼儿欣赏、学唱歌曲后，拿出几十个洋娃娃，让每个幼儿抱着一个洋娃娃边唱边表演。这些洋娃娃形象逼真，功能齐全，有的一按开关就会走路，有的一按就会眨眼睛，有的轻轻一拍就会叫"爸爸妈妈"，有的甚至会说话。因此幼儿一心想玩洋娃娃，哪还有心思学唱歌曲呢！

可见，教具如果过多，过于逼真、花哨，就有可能喧宾夺主，使幼儿的注意力集中于教具本身而非学习本身，从而妨碍教学活动目标的实现。同时，教具最好是开放式的，允许多种玩法和多个结果，尽量给幼儿以想象、创造和表达自己的空间。

2. 适时：注重使用时机

俗话说："好钢用在刀刃上。"就一个教学活动来说，教具的恰时使用能

[①] 胡丽丽. 形式与实效的思考［J］. 幼儿教育：教师版，2007（6）：34-35.

激发幼儿的学习兴趣，调动其学习积极性，突破重点和难点之处。学前期的幼儿还以具体形象思维为主，有意注意差，以无意注意为主。幼儿有限的注意力通常会先放在新颖、亮丽并且与自己过去的生活经验有关的目标上，放在能够使他们产生疑问与好奇的事物上，或是放在能让自己操作的玩教具上，所以教具使用的时机和使用时间的长短要恰当，起到适当穿插、刺激幼儿接受信息和促进思考的作用。再者，教具应该能"抓住"幼儿的眼与心，不能仅仅是展品，只起到静态和平面的视觉效果，还应尽可能地具备动态和立体的效果，具有运用简便、灵活、新颖的特点，既便于幼儿触摸，又便于教师操作，如例4中的教具就使用得比较恰当。

例4 中班教学活动：看谁数得对[①]

该活动旨在让幼儿大胆尝试、学习运用各种经验对封闭排列的物体数数，正确判断10以内的数量。教师提供了以下材料：

一是图案呈封闭状排列的泡沫板，这些图案均为数量10以内的数，比如由10个圆形排列成的正方形，在这10个圆形中有1个大的、9个小的——体现出大小的层次性；由8朵花排成的椭圆形，其中1个为红色，其余为蓝色——体现出颜色的层次性；由1个圆形和8个三角形排列成的封闭状的正方形——体现出形状的层次性；由清一色的没有颜色、形状和大小区别的图案排成的封闭状的三角形——没有任何区分标记。

二是用星星、花朵等图案装饰成环状的塑料桶、脸盆等立体物体。

三是用大型积木垒成的、同样用图案装饰（高于幼儿的身高）的柱子，由图案装饰成封闭状的慢慢转动的雨伞。

教师在提供教具的时候，充分考虑到了教具的层次性和多元性：从凭借大小，到凭借颜色，再到凭借形状来确定数数的起始点，最后到没有任何凭

---

① 李志英. 提供适宜的操作材料，让幼儿学有意义的数学 [J]. 学前课程研究，2008 (1): 36.

借物，幼儿必须依靠自己的智慧探索确定数数起点，从平面到立体、从静态到动态等多种层次，由易到难，提高了幼儿数的发展水平。

3. 按序：注重使用顺序

教具使用前，教师要明确该教学活动所需要的教具，事先操作一遍，了解每种教具的使用方式及顺序，避免活动时因慌忙失误或顺序错误而失去了本应有的趣味性和教学效果。使用教具时，教师要发挥主导作用，启发幼儿去观察，注意利用教具开发他们的思路。使用教具后，可放置在区域，提高幼儿的自由表达、动手操作等能力。

4. 恰当地使用多媒体教具

教育现代化的进程改变了当今教师使用教具的范畴，多媒体设备的广泛运用也拉近了幼儿与学习内容之间的距离。但多媒体教具不能广用，甚至滥用，要发挥其独特的作用，必须注意以下几个方面：

（1）宜用于时空变迁较大，难以在当前展示的活动。如：大班科学活动"人的生长及种类"中，教师运用多媒体将人一生中不同时期的形态和动作特征编制成课件，幼儿通过多媒体形象地了解到人的一生的生长，并通过观察不同肤色、不同性别的人，了解到男女及中国人和外国人的不同。真实可感的形象也容易激发幼儿的学习兴趣。

（2）可代替具有危害性的操作。如：在"安全用火"中可用火灾的影片、幻灯展示着火的情境。

（3）可用于具有微小变化特征而无法看见的或难以在现实中展示的事物。比如在大班活动"细菌"等活动中，教师可以通过多媒体教具将幼儿获得的零星经验归纳提升，使幼儿获得具体、形象而且完整的概念。

在开展以上三类活动时，如果能运用多媒体教学手段，则可能有效地优化教学过程与效果，使教学内容变得可视、可听、易感知、易体会，并能扩大教学的信息量，拓宽幼儿的知识面，有利于幼儿感知、理解新知识，在探索中了解事物发展的规律和变化。当然，多媒体使用不恰当或者滥用，反而会产生负面效应。

案例 30

怎样处理好教学活动中快乐与发展的关系问题？
——"动一动"教学诊断

"快乐"和"发展"是幼儿教育追求的两个核心价值。这里的"快乐"有两层含义：一方面是指幼儿在园时身心愉悦，另一方面是指幼儿在获得成功时发自内心的胜任感和自信。这两个层面的快乐相辅相成，构成幼儿快乐的童年生活。但是仅仅快乐不是幼儿教育的全部意义，我们应让幼儿在感到快乐的同时各方面都获得充分的、最佳的发展。如果用可持续发展理论来指导，那就是既使幼儿在当前获得充分的发展，又要有利于幼儿入学以后，甚至终身的发展。但是，目前很多幼儿园的教学活动牺牲了幼儿的快乐，获得了发展，或者仅仅为了快乐而失去了教学活动发展的功能。

一、现象扫描

例1 小班健康活动：动一动

在小班健康活动"动一动"的教学活动中，全体幼儿盘腿围坐成一个半圆形，教师引出问题："孩子们，今天老师要请你们动一动自己身体的各个部位，你们高兴吗？"

孩子们异口同声："高兴。"

"那你们告诉老师'头'可以怎么动啊？"幼儿开始用动作回答：有的点头，有的摇头，有的晃头……幼儿每做一个动作，教师就夸张地表演起来。看着教师绘声绘色的表演，孩子们坐在座位上开心得不得了，有的干脆不动脑筋看着教师表演。

用同样的提问和表现手法，教师依次表演了头、肩和手的动作。孩子们原地不动，有的扭头开心地哈哈大笑；有的按捺不住表演的激情，模仿着教师的动作边笑边动；还有的看着同伴笑，自己也跟着笑。

等到表演腰部动作时，孩子们坐不住了，开始交头接耳。这时，教师让孩子们全体站起来表演。由于冬天幼儿穿得比较多，腰部动起来的时候个个活像"小旱獭"，果果小朋友再也忍不住，大笑了起来，他的笑声引起了在场所有幼儿的共鸣，一个跟着一个起哄了，他们开始乱扭、哄笑。

看到这样的情形，教师加快了活动节奏，问孩子们："膝盖可以怎样动啊？"孩子们开心地颤着膝盖。教师追问："那小脚可以怎么动呢？"孩子们开始乐开了怀，一会儿"狂跳"，跳得地板发出了"咚咚"声；一会儿"互踢"，踢得同伴们四散乱跑……

二、学理分析

本次活动从开始到结束，教师一直用同样的方式引导幼儿学习，幼儿机械地模仿教师的动作，刚开始幼儿或许由于教师的夸张表演而开心得合不拢嘴，可接连表演了好几个部位后，新鲜感就开始减退了，注意力也慢慢分散了。直到最后，孩子们实在坐不住时，教师才意识到要让幼儿参与到表演之中。可这时教师却忽视了表演的重要部位——腰。小班幼儿由于年龄特点，大多数幼儿的腰部特征不太明显，更何况是冬天，幼儿个个穿得像球一样，腰部的表演实在难以分辨。这时，幼儿开始将注意力放在了腰部扭动的可爱憨态上，全体幼儿笑得前俯后仰，根本没有在意教师要求的腰部表演。直到最后，孩子们干脆将这种"开心"越演越烈，全体幼儿四散跑了起来。

其实，活动开始前，教师完全可以让孩子们自己想出可以"动一动"的部位，由幼儿自由创编，自己表演，相互模仿。比如，在动作最丰富的手部动作表演时，就可以让幼儿站立，配上音乐，变换动作。可教师为了把握活动纪律，一直让幼儿坐在座位上看自己表演，试图通过渲染让孩子们进入状态，可最终还是出现了事与愿违的窘境。幼儿变成旁观者，从头到尾跟着教师走，冲淡了幼儿对"动一动"这个简单的创编活动的体验，幼儿在被热闹氛围吸引时表现出的快乐，仅仅是表面的、肤浅的，根本没有发展可言。本次活动幼儿是真开心，还是跟着起哄？幼儿为什么而快乐？在快乐中是否有所发展？这些都是值得我们去思考分析的问题。

三、对策与建议

1. 观察幼儿为什么而快乐

《幼儿园教育指导纲要（试行）》指出："教师应成为幼儿学习活动的支持者、合作者和引导者。"教师要善于引导幼儿自主学习，积极探索，不断激发幼儿的学习欲望。教师不能在幼儿的学习活动中一味地灌输，不能命令幼儿做事情。本次活动中，幼儿在教师的表演中被动地进入教学活动，高兴地看教师表演，在教师的示范表演中快乐地模仿着各个部位的动态。孩子们确实高兴，但这种高兴是由于热闹场面的吸引，是由于教师夸张表演的吸引，是一种表面的开心，仅此而已。

2. 判断幼儿的快乐是否发自内心

教师有责任也应该有能力来承担幼儿生活中这一个"局外人"的角色，一个能够在恰当的和关键的时候，为陷入各种各样困境中的幼儿打开思路的角色。教师要为他们在各种困境中找到解决问题的办法，积累经验，让幼儿在幼儿园期间学会大胆尝试、快乐学习。本次活动中，孩子们看着教师夸张的表演，他们开心了；看着同伴们扭动着滚圆的身体，他们开心了；听着地板的咚咚声、踢到同伴的尖叫声，他们开心了。但这些开心仅仅是跟着同伴起哄的开心，根本不是幼儿发自内心的自我价值实现后的那种有意义的"开心"。

3. 分析幼儿是否在快乐中发展了

每当教师进行一个教学活动时，都应该仔细分析教学内容，明白活动的主次是什么，幼儿应该获得的是什么。当快乐过后，教师是否深入地思考过，我们这些快乐的背后是否还存在着什么问题？教师需要做的是——以幼儿为学习的主体，引导幼儿自己动脑，善于思索，让幼儿在快乐中发展。活动中孩子们的开心仅仅是起哄后的开心，根本谈不上在活动中学习创编身体各个部位的动作，也谈不上锻炼了身体各个部位的柔韧性，更谈不上幼儿在活动中体验了创造的乐趣。那么，怎样的活动才能让幼儿既快乐又有发展呢？请看例2。

例2 中班语言活动：捉迷藏[①]

有一次，教师组织中班的语言活动——欣赏散文诗《捉迷藏》。而对于中班的幼儿来说，散文诗中的"黑夜用长长的手帕把太阳公公的眼睛蒙住，趁它还在数1、2、3、4的时候，颜色们赶紧找个自己喜欢的地方，静悄悄地躲起来"是难以理解的，如果活动一开始便欣赏散文诗，孩子们很容易因为不理解而失去兴趣。

于是教师用玩捉迷藏的游戏导入。第一遍游戏，教师用一条长长的手帕把一个幼儿的眼睛蒙住，趁他数1、2、3、4时，其他小朋友赶紧找个地方，静悄悄地躲起来……

玩第二遍游戏时，教师要求小朋友们用语言描述游戏的过程，没想到幼儿竟能用散文诗中的句子了。

玩第三遍游戏时，教师用神秘的口吻对孩子们说："捉迷藏的游戏这么好玩，太阳也想和它的伙伴们玩。你们猜，太阳的伙伴们是谁呢？""月亮，星星，小鸟……"孩子们充分发挥着想象力。"今天，来的是黑夜、颜色们和各种颜色的花朵。"接着，教师让孩子们回答："谁来做蒙手帕的人？谁来躲？躲到哪里？为什么？"在教师的引导下，幼儿很快就理解了诗歌的内容。接下来的创编也很顺畅……

可见，教师只有真正支持幼儿的自主发展，在反思、探讨、观察的基础上，关注幼儿的兴趣点，及时捕捉良好的教育契机，调整教育策略，力求活动内容更贴近幼儿的自主探索，幼儿才能用自己喜欢的方式学习，教育者才能真正最大程度地发挥教育的功效。当幼儿能在快乐中得到发展，我们的教育就是成功的。

---

① 曹霞."共享快乐"[J]. 幼儿教育，2007（1）：45.

案例 31

怎样在教学活动中进行语言指导？
——"秋天的颜色"教学诊断

教学活动是一种语言性的沟通交流活动，教师与幼儿之间的言语媒介往往决定着教学活动的氛围，决定着幼儿的情绪程度，决定着幼儿的兴趣。在幼儿园五大领域的教学活动中，语言教学活动中教师的语言指导又显得尤为重要：教师能否营造一个让幼儿想说、敢说、喜欢说的语言环境，教师的提问能否既适合幼儿的现有水平，又有一定的提升，教师的回应能否尊重幼儿的个体差异，使他们得到肯定，教师能否鼓励幼儿大胆、清楚地表达自己的想法和感受等，都是需要通过语言指导来完成的。《幼儿园教育指导纲要（试行）》中提出，教师要"耐心倾听，努力理解幼儿的想法和感受，支持、鼓励他们大胆探索与表达"。只有充分尊重幼儿，因材施教，做出不同的肯定、不同的鼓励、不同的回应，幼儿才会给我们一个"语"众不同而又相当丰富的活动场景。下面以语言教学活动"秋天的颜色"为例来说明教师的语言指导。

一、现象扫描

中班语言活动：秋天的颜色

【片段1】这是幼儿初次完整地欣赏散文诗，对内容有了初浅印象后教师的第一个提问及语言回应。

教师提问：你们从散文诗里听到了什么？请举手告诉大家。

幼1：我听到了小草。（由于这个幼儿发音不准，教师请他再说一遍）

教师：请你再说一次！

幼2：我听到枫叶说，秋天是红色的！

教师：你听得真仔细，才听一遍就听出来了！谢谢你！

幼3：我听到了白菊，白菊是什么意思呢？

教师：哦，你能就不清楚的事情随时向我发问！鼓掌！白菊是菊花的一种。

幼4：我听到了松树。（该幼儿站起来的时候声音很小，愣了一下，半天才挤出一句话）

教师：我刚才看到辉辉一边说一边仔细地想，说明他听得很仔细，要想一想再说！

【片段2】这是教师朗诵最后一句诗歌"我问大地，大地骄傲地告诉我，秋天是绚丽多彩的"之后的提问和回应。

教师提问：你们觉得秋天是什么颜色的？

幼5：秋天是红色的，有红色的苹果。

教师：想法和别人不一样，给你个大拇指。

幼6：我觉得是橙色的，我看到了橙色的橘子。

教师：你觉得是橙色，嗯，秋天确实是丰收的季节。

幼7：秋天是五颜六色的，很多水果都丰收了。

教师：五颜六色，这种说法真有趣啊！

教师提问：那什么是五颜六色、绚丽多彩？

幼8：就是很多很多颜色。多彩就是很多种颜色！

教师：有很多的颜色在一起，非常非常的漂亮。

教师：那为什么说秋天是绚丽多彩的？

幼9：因为在秋天大家都说自己的颜色是不一样的，所以说秋天是绚丽多彩的呀！

教师：因为我们看到在秋天的大自然中也有很多美丽的颜色，所以秋天是绚丽多彩的。

二、学理分析

语言活动中，教师的语言指导成为幼儿深入挖掘文学作品的内涵和情感的前提，是发展幼儿对问题的思考能力以及个性化学习的关键。

首先，片段中的提问都是教师发起的，但答案并不是唯一的，因此教师对幼儿的语言指导也都是不一样的，几乎没有雷同。在与幼儿一来一回的抛接球中，教师关注着幼儿的个性化表达。

其次，教师创设了一个让幼儿有机会说并能得到积极应答的语言指导环境。案例中，不管幼儿的回答正确与否、完整与否，教师都给予积极的应答，这一适时的语言指导使幼儿受到鼓励，于是出现每个人都敢说、都喜欢说、没有心理负担、不担心说错的局面。

最后，对于开放式的问题，教师又通过自己的语言指导进行提炼、追问，使幼儿的回答得到有效提升。比如一幼儿回答说"秋天是橙色的"，教师在小结幼儿的回答时说"秋天确实是丰收的季节"，把幼儿的回答进行提炼，给接下来要回答的小朋友做好思维的铺垫，继而下面的小朋友马上就说出秋天是"五颜六色"的，因为有很多的水果都丰收了。教师在语言指导中把秋天的又一特征总结给幼儿，真正做到了"基于文本而又高于文本"。

三、对策与建议

在实际开展语言教学活动时，教师要如何对幼儿进行语言指导呢？

1. 语言指导中要时刻突出"欣赏鼓励"，增强幼儿的自信心

语言是幼儿园各项教学活动中最常运用的主要的指导形式。细化到一个个平日的教学活动中，我们需要用语言来引发孩子们的思考，更需要用语言来对幼儿的回答给予反馈。该教师执教的活动中，孩子们的回答都得到教师的肯定和鼓励。这正如《幼儿园教育指导纲要（试行）》中所倡导的"教师要耐心倾听，努力理解幼儿的想法和感受，支持、鼓励他们大胆的探索与表

达"。在对每一位发言幼儿的回应中，教师都给予鼓励，如"真棒"、"谢谢"、"听得真仔细"、"鼓掌"、"确实"……这些欣赏肯定的词语增强了幼儿的自信，相信在这样的语言指导下，他们会乐意去表达、去交流自己的想法。

2. 语言指导中要时刻体现"因人而异"，关注幼儿的个性化

在案例中，我们丝毫察觉不到教师语言指导的重复性。教师有效避免了诸如"喔"、"好的"、"很棒"之类的反应。从她的语言指导中，充分体现出她对幼儿肯定的是什么，接下来需要思考的又是什么。教师非常真诚地与幼儿进行互动交流。案例中幼1发音不准，教师请他重新说一次，并给予了赞扬；幼4声音很小，发言时愣了一下，教师点出他是一边说一边仔细地想，给幼儿一个很舒缓的回应；幼2回答很出彩，教师便肯定地说"你听得真仔细，才听一遍就听出来了"；幼3遇到不懂的就发问，教师的语言指导也给予他肯定，将其树为榜样。可见，教师充分考虑到了幼儿的个体差异性，因此语言指导也是因人而异的。

3. 语言指导中要把握"启发开放"，注重幼儿学习经验的提升

案例中，教师在引导幼儿学习诗歌内容时，提问基本是以开放式的问题出现的，如"你们从散文诗里听到了什么"、"你们觉得秋天是什么颜色的"、"什么是绚丽多彩"，等等。每一个问题的设置都能让幼儿有话说，从而创设了一个轻松、想说、愿说、会说的交流环境。通过师幼及幼幼之间的互动，每个幼儿都表达了对诗歌的理解，也在教师的语言引导下获得了对诗歌的进一步认识。

4. 语言指导中要注意的问题

在任何一个活动中，教师都要借助语言通过谈话、讨论、提问等方式与幼儿互动。教师的指导语用得好、用得巧，将为幼儿的学习活动指引方向，从而有效地激发幼儿的学习兴趣，使幼儿更好地在活动中发挥自主性和创造性，并最终促进幼儿的发展。

（1）想幼儿之所想，充分准备。教师在预设教学活动时应该充分考虑到幼儿的反馈，针对幼儿的行为、幼儿的语言做出相应的语言指导，甚至要具体到每一个环节、教师的每一个提问。要从幼儿的角度出发，预想一些幼儿可能会出现的行为和问题，也可预先猜测幼儿的回答，分别进行罗列归类，并考虑充分应对的策略。比如，教师设计提问"你们觉得秋天是什么颜色的"这样相对开放的问题，完全可以事先把幼儿可能回答的颜色和接下来的追问设计好，有所准备将使活动中生成的一部分问题预先做到"迎刃而解"。案例中教师把幼儿引到"秋天是丰收的季节"，进而使幼儿想到"五颜六色"，也为"绚丽多彩"的理解做好了铺垫。

（2）引幼儿之所说，充分拓展。教师的语言指导对活动的继续开展也起着引导的作用。教师可以引用幼儿自己的说法，在他的基础上，经过语言指导，重新给幼儿拓展出一个新的问题，从而继续引发幼儿的思考。换言之，在教师语言的指导下，如果后续环节是建立在幼儿的问题之上的，是他们所需要的，那么经验的连续性就更强。案例中幼7回答说"秋天是五颜六色的"，教师马上接问"绚丽多彩"的含义，幼儿自然就把"五颜六色"和"绚丽多彩"联系在一起，建构起它们的关系。因此，教师在语言指导中要能接过幼儿抛过来的球，就必须认真倾听幼儿的回答，用心去领会他们所看到的问题，从幼儿的视角去感受问题的实质和内涵，就会有不一样的发现。

（3）取幼儿之所言，充分肯定。幼儿的回答千变万化，对教师的语言指导相对要求比较高。我们必须做的是肯定幼儿的回答。但是，在对幼儿的回答进行语言指导时，又必须赋予其内涵。幼儿的回答有可能是对的，也有可能是错的，不能因为要"尊重幼儿"而不给予纠正。教师要做的就是接着幼儿的话题做进一步的引导和启示。案例中在说明为什么秋天是绚丽多彩的时，幼9回答："因为在秋天大家都说自己的颜色是不一样的，所以说秋天是绚丽多彩的呀！"于是教师把幼儿的回答做了提炼并进行小结，这样语言指导过渡就很自然，因为答案是从幼儿的回答中提取并加工的。

教师的语言指导对活动的顺利开展起着举足轻重的作用，如何用最少的语言，发挥出最大的指导作用，是一个值得我们继续深思的问题。

案例 32

怎样根据教学活动目标选择适宜的教学策略？
——"小乌龟看爷爷"教学诊断

教学活动目标是活动实施所要达成的预期结果，它是教师开展、实施活动的指南针。适宜的教学策略是根据教学活动目标确定的，它体现在教师有针对性地选择相关教学内容，组织教学活动形式，采取教学方法与技术。如何根据教学活动目标选择适宜的教学策略是教师面临的新问题。

一、现象扫描

中班语言活动：小乌龟看爷爷

故事内容是"小乌龟想爷爷了"。小乌龟说："我要去看爷爷，顺便给他送一棵苹果树去。"小乌龟把苹果树绑在背上，出发了。走啊，走啊，苹果树开花了。蜜蜂来了，蝴蝶也来了。走啊，走啊，苹果树结出小苹果了。小鸟来了，大鸟也来了。走啊，走啊，苹果成熟了。爷爷的家也到啦！小乌龟和爷爷真开心。故事表达的是小乌龟背着苹果树，从苹果树开花到结果到成熟，历经千辛万苦，终于给爷爷送去了苹果的情节，体现了小乌龟和爷爷之间的亲情。

教师给活动制订的目标如下：

1. 理解故事内容，体验小乌龟关爱爷爷的情感，激发幼儿关爱爷爷的行为。

2. 观察图片，用比较完整的语句讲述苹果树的变化过程。

活动中，教师在黑板上挂了4个没有任何数序标示的图片。挂图上方写着故事题目"小乌龟看爷爷"一行字。

教师首先引导幼儿观察图片,认识小乌龟,开始和幼儿讨论小乌龟是如何走路的,请多个幼儿学习小乌龟走路的样子并示范走路的动作,以期达到重难点问题的解决。

然后,教师无序地指着图片,与幼儿讨论得出结论——小乌龟看爷爷送的是一棵树,再通过提问引导幼儿说出画面中有蜜蜂和蝴蝶,有大鸟和小鸟。当教师问及为什么这些小动物会飞过来的时候,幼儿不知如何回答。于是教师回到第一个画面重复提问"小乌龟是怎么走路的",为的是强调时间过得慢。

当问到为什么这棵树会长出果实时,很多幼儿回答说"因为有种子"。于是教师小结道:"每颗种子都会发芽。"

最后,教师指认黑板上的一行字"小乌龟看爷爷",给故事起了名字。孩子们在跟念故事、复述故事的茫然中结束了整个活动。

二、学理分析

此目标由两部分组成。一是认知目标:观察图片,理解故事并会讲述。二是情感体验目标:激发关爱爷爷的情感。围绕此目标开展活动时,教师没有将教具作为一个首要考虑的准备,图片里无序的标示是准备策略缺失的体现,造成幼儿不能按故事情节的开展进行有序合理的讲述,使幼儿在观察图片时不能一目了然并进行完整的讲述。在接下来的活动环节中,教师也没有给幼儿自己给故事起名的机会。接着,教师花了5分钟时间去强调小乌龟走路的样子,目的是让幼儿理解小乌龟走得慢,时间也过得慢。但对于中班幼儿来说,他们对小乌龟的认识已有一定的生活经验,这说明教师对活动中重点与难点的确定不到位,致使教师忽略了利用图片及时向幼儿渗透科学知识,即突出苹果树从开花、结果到成熟的四季交替特征。虽然它不是教学活动的直接目的,但它是达成教学活动目标的前提和基础,即通过理解四季交替特征懂得小乌龟历经艰辛,终于给爷爷送去了苹果的情感。

另外,教师在前期的活动开展时,没有为后续活动做出呼应,比如教师仅仅指出是一棵树,具体是什么树却没有做出说明,那么最后小乌龟的爷爷吃到的苹果是从哪儿来的,就会让人不解,"观察图片,用比较完整的语句讲述苹果树的变化过程"这个目标在活动中就会夭折。

作为活动的关键,"提问"是至关重要的策略,教师并没有依据活动目标来预设有效的提问,也没有及时小结刚才自己抛出去的问题,或是做出科学合理的小结。一见孩子们都回答不了,教师就急于填鸭式地告知孩子们结果。这也透露出教师欠缺对材料内容的把握与分析理解。整个活动提问的设计没有环环相连,加之给幼儿回答问题的机会太少,幼儿达不到较好理解故事的目标。教师提问无效率,如重复提问,缺少合理的追问和有效的引导与回应,那么又如何达成"帮助孩子们理解故事内容和理解故事情感"的目标呢?

学习者的认知与情感目标的达成情况也不好。孩子们只是被教师牵着鼻子走,不断地走过场、走环节。教师表面上不断赞美幼儿,实质上是没有通过合理适宜的评价手段激励幼儿理解故事,比如教师可以通过与幼儿讨论"为什么小乌龟看爷爷"、"如果你是小乌龟你会怎么做"等这样一些延伸环节来加深幼儿对故事的理解,从而很好地解决情感目标的达成问题。

三、对策与建议

幼儿园教学活动的主体是一群充满灵性与活力的、有充分发展潜能的幼儿。教学活动不是灌输,而是通过互动进行激发和引导,因此教师在教学活动中的策略尤为重要。那么,该如何根据教学目标选择适宜的教学策略?

1. 教学准备策略

教学准备策略包括教学活动目标的确定和书写、教学材料的准备、主要教学行为的选择、教学组织形式的确立以及教学方案的形成。这里特别要求教师要有解读教育对象的能力,对于幼儿的年龄及身心特点都要心中有数,这需要教师具备一定的时间和经验积累。教学准备策略要细、要慎，但如果教师不能在活动中随机应变，过于详尽的准备策略就有可能起副作用，毕竟准备策略是带有主观性的"设计蓝图"，实施时的灵活性非常重要，这也是新教师与专家教师的差别。

如在本案例中，教师除了挂图和多媒体材料的物质准备外，还要把握好教师自身的心理准备，比如教师可以在活动前模拟实施活动过程，以减少正式活动时带来的一些紧张和麻烦，可以事先做一些演练，如道具的使用、位置摆放，也可邀请同行模拟幼儿做一些回应，预设幼儿的一些反应及准备一些辅助提问，以让教师对活动的开展更有信心。

2. 提问策略

教学活动目标中提及"观察图片，用比较完整的语句讲述苹果树的变化过程"，如"小乌龟怎么走路"这样的提问就可以明确直接，不需要重复提问多次，只要引导幼儿通过观察画面的细节知道小乌龟走得慢即可，重点是要帮助幼儿理解四个画面背景中一年四季各异的景色变化，从而体验到小乌龟的辛苦。在提问时抓住关键问题即可，如对第一个画面提问：它是谁？它走路怎么样？现在是什么季节？你是怎么知道的？小乌龟离开家人心里怎么想？礼物会是什么？为什么送礼物给爷爷？教师再小结：冬天小乌龟在壳上绑着一棵苹果树离开爸爸妈妈去看爷爷，他爱爷爷，要给爷爷带礼物。这样既达到了情感目标的要求，又通过教师的不断追问和幼儿观察后的回答练习了完整讲述故事。由于幼儿的语言能力、认知能力是整合一体发展的，教师既要避免问题提得太多，也要注意给幼儿创设多提问的机会，比如问问孩子们"你们还有什么不明白的吗"，减少每图每问都一样的枯燥现象，同时也要注意问题的开放性与选择性。

3. 环节设计策略

教学各环节要层次清晰、环环相扣。每个环节的设计要有明确的目的，如这个环节想让幼儿做什么，达到怎样的效果。每个环节的结束要有小结，如这个环节给幼儿的知识经验或能力带来了哪些提炼与提升。环节与环节之间要有呼应与衔接。

例如,提问"小乌龟刚才怎么了,接着它又怎么了"之后,教师应该立即做出梳理。再如,目标中要求幼儿比较完整地讲述苹果树的变化,那么教师就要在每个画面讨论时给予幼儿充分的表达机会,从而落实目标。同时,环节设计要注意前后呼应。比如,第一个环节开门见山引出主题,第二个环节理解故事,第三个环节提供操作机会,如肢体动作、说说、做做,去感受小乌龟的艰苦旅程,最后可尝试讨论向爷爷表达爱的方式,比如可以通过手工制作,或是学说祝福,引导幼儿向自己身边的老人表达关爱。

4. 重难点设置策略

教师要根据教学活动目标及幼儿的思维水平、经验水平来确立教学中的重难点。

如"小乌龟看爷爷"的目标设置直接反映出的重点是目标1,即"理解故事内容,体验小乌龟关爱爷爷的情感,激发幼儿关爱爷爷的行为";难点是目标2,即"观察图片,用比较完整的语句讲述苹果树的变化过程"。然而这个故事里融合了四季变化的科学知识,即四季有序的变化现象。虽然它不是直接目标,但是教师如果在活动中能让幼儿充分地表达和讨论,对照图片描述有关发现,让幼儿能在感知事物和现象的基础上,用完整、连贯、通顺、丰富的词汇和语句进行表达,也就向目标2靠近了。总之,重难点设置要从幼儿的已有经验出发,紧扣认知与行为发展的目标,注重幼儿的思维特点,从而使整个活动重心突出、难点凸显。

5. 支架策略

"支架"一词形象地喻示着教师与幼儿之间在最近发展区内有效教学的互动。幼儿的"学"好像一个不断建构着的建筑,而教师的"教"则像一个必要的"脚手架",支持幼儿不断建构自己的认知世界。在教学活动中,教师需要及时提出具有挑战性的任务或提供必要的支持,帮助幼儿从借助支架进入到更高的学习水平,从而摆脱支架,完成任务。

在本案例中,当教师发现中班的幼儿无法很好地理解小乌龟历经千辛万苦把苹果树送给爷爷的情感时,可以提出具有挑战性的问题,如:为什么说小乌龟很爱爷爷?为什么小乌龟出发时背的是一棵苹果树,可最后送给爷爷的是苹果?教师通过提出这些问题来搭建幼儿认知理解的支架,引导幼儿感受小乌龟的艰辛,了解植物四季的变化——因为小乌龟走得慢,走了四个季节,经历了冬、春、夏、秋,苹果树开花了,结果了,苹果成熟了,所以最后送给爷爷的是苹果,以此帮助幼儿体会小乌龟对爷爷的情感和热爱。

6. 延伸策略

教学活动结束了,但活动并没有停止。教师还可以通过延伸策略延续幼儿后续的学习,可以通过区域自主活动或者家园共育活动来进行拓展,如在图书角投放相关的故事图片,在科学角设置苹果树及其他植物四季变化的资料,在表演区投放相关的材料和道具,激发幼儿后续的表演等,都可以起到引导幼儿进一步理解和深化学习的作用。

教学中没有最好的教学策略,只有最适合的教学策略,只要教师能运用一切有效的教学策略,最终就能达成预期的教学活动目标。

案例 33

怎样在教学活动中对幼儿进行示范引导？
——"快乐的绽放"教学诊断

在日常的教学活动中，教师经常会碰到"动作示范"、"示范引导"等问题。不同的教师持有不同的意见：有的认为教师应更多地关注幼儿的自由创编、幼儿的自主生成，示范引领只是机械化的学习而已，限制了幼儿想象力、创造力的发展；有的认为幼儿创编的动作再完美，也需要教师的引导、提炼、规范。其实，只有当教师所选的内容、活动组织形式、指导方法与幼儿处于和谐的相互作用状态时，幼儿才能充分地感受到创编的乐趣、表现完美的动作、享受活动的喜悦。

一、现象扫描

大班音乐活动：快乐的绽放

在教学过程中，教师提问："孩子们！你们知道花朵是怎样开放的吗？"幼儿回答："从一粒小种子，慢慢长大，然后开花……"

"谁能用身体动作表现花朵开放的样子呢？"教师引导幼儿创编花朵开放动作，并在幼儿表演的过程中不断规范幼儿的动作，引导幼儿独立表演，鼓励幼儿相互学习，接着引导幼儿创编花朵吸收水分、随风摇摆等动作。

在中间部分，教师引导幼儿合作表演一朵花，提出问题："孩子们，这么漂亮的花如果能用动作表现一定更美，可是这么多花瓣，一个人表现不了，怎么办呢？"幼儿分组合作表演，教师巡回指导："外层的花瓣低一点，我们的脚可以怎么样？（双脚跪）里层的花瓣高一点，可以怎么表演？（站着）花瓣摊开时可以怎么表演？（后弯腰）中间的花蕊又怎么表现呢？（直直地站立）花朵怎样快乐地绽放呢？（双手大幅度摊开）"

最后，全体幼儿表演一朵大大的牡丹花。教师用了这样的指导语："孩子们，你们知道中国的国花是什么吗？让我们把一朵最大的牡丹花表现出来吧。外层的花瓣如何来表演？里层的花瓣如何来表演？中间的花蕊如何来表演？这么大的牡丹花在喝水、施肥、长大、随风摇摆的过程中该如何表现呢？"

二、学理分析

活动中，教师充分尊重幼儿的学习规律，让幼儿在体验、创编、交流中"快乐参与、开心学习"。教师打破了传统的教学模式，创造了平等、开放、自主、争鸣的活动氛围，给幼儿更多的空间来表现花朵绽放的样子，幼儿的积极性不断得到激发，他们始终以高度的热情参与到活动当中，成为活动的主人，从而获得知识和经验。过程设计层层深入，逐层分析，在幼儿单个表现花朵—同伴合作创编花朵开放—师幼合作表演牡丹花的过程中，始终用恰当的语言引导幼儿创编动作，在幼儿创编的基础上规范幼儿的动作，分化小问题，利用幼儿的动作示范引导幼儿，帮助幼儿慢慢消化，让幼儿在自主、探究中不断深化学习，逐渐获得提升。

三、对策与建议

1. 通过言语引导，激发幼儿创想

在活动中，教师要创设一定的情境，让幼儿联系生活实际、借助生活经验来理解和学习新的经验。这就需要教师适时通过言语唤醒幼儿已有的生活经验，引导幼儿结合活动表现生活的点点滴滴，把生活中美好的事物带到活动中，这样幼儿才会有感而发，有动作可创，有情感共鸣。就如案例中的孩子们，因为有了教师的言语引导，所以才会更有创编的基础，更有表现的欲望，才会用视觉形象语言表达对艺术的理解，大胆想象，自由表现。

当幼儿探索的问题比较零碎，或探索停留在事物的表面时，教师可采用互动、参与的方式，以同伴的身份与幼儿一起提问、讨论，介入探索活动，利用教师或幼儿的评价来帮助幼儿创编动作、完善动作。例如，在中间部分教师引导幼儿合作表演一朵花，教师用语言提出了一系列引导问题："外层的

花瓣低一点,我们的脚可以怎么样?(双脚跪)里层的花瓣高一点,可以怎么表演?(站着)花瓣摊开时可以怎么表演?(后弯腰)中间的花蕊又怎么表现呢?(直直地站立)花朵怎样快乐地绽放呢?(双手大幅度摊开)"教师在来回观望的过程中,自然而然地用语言引导幼儿创编动作,并在一次次欣赏的过程中规范幼儿的动作,最后通过小组间的相互欣赏,让幼儿相互示范动作。

2. 凸显幼儿特长,减少教师示范

教师在什么时候应该主导、什么时候应该退后,是整个活动的关键所在。传统的教学活动中,动作示范往往都是以教师为中心,教师主宰活动的一切,幼儿被动地接受,这样会使幼儿的思维受到局限。长此以往,幼儿便养成了依赖教师的习惯,其自主性、创造性得不到发挥。假如教师在适当的时候退出,让幼儿成为活动的主体,就可以充分调动幼儿学习的积极性、能动性和创造性。案例中的引题部分,单个幼儿表演花朵时,幼儿想出很多杂七杂八的动作,教师不可能将所有的动作都采纳,要适当取舍,对照幼儿创编的动作一一加以说明,抓准契机,利用个别贴近的动作进行深入的规范,再利用幼儿的动作进行示范、引导。再如,中间分组合作表演时,教师利用小组间的相互交流,让各组幼儿展示本组的动作,小组之间示范引导,取长补短。这样,活动中教师独霸、唱主角的局面逐渐减少,幼儿就可以成为示范引导的主角。

3. 适时规范动作,力求合理得当

教师在进行示范引导时,要先退到旁边观察幼儿、引导幼儿。因为幼儿做出的动作一般缺乏美感,而且局限在某个小动作上,所以教师需要提醒幼儿用整个身体、内在气息、真情实感去表现,这样,既有丰富的素材,又有可供活动的内容。当然,基本动作的适时加入也非常重要,如舞蹈造型和队形、音乐节奏、基本动作、简易步法等。在活动的第二部分,分组合作表演时,教师引导幼儿表演里层花瓣用双脚站立、双手摊开的姿势,外层花瓣用双脚跪的姿势,中间花蕊用直直地站立的姿势等,对每个动作做详细的分析,让幼儿借助教师的点拨,去身临其境。最后,全体师生表演牡丹花时,教师亲自介入。可以看出,教师在规范幼儿动作的基础之上,将幼儿的动作"为我所用",用来指导全体幼儿,以培养幼儿的表演能力和合作能力,提升幼儿的舞蹈素养。

案例 34

怎样在教学活动中设计有效的提问？
——"会动的身体"教学诊断

教学活动是教师和幼儿的对话互动过程。对话互动的效果取决于教师提问的技术和技巧。提问是教学活动中最直接、最常用的一种互动方式。教师是否设计了有效的提问，直接影响着教学活动的效果。那么，什么是有效提问？有效提问的技巧有哪些呢？

一、现象扫描

中班健康活动：会动的身体

我们以中班"会动的身体"这一教学活动的内容为例，进行前后对比。

教学活动目标：通过活动了解自己身体能活动的一些部位，感受它们为我们的生活带来的方便。

第一次教研——教师提问情况实录表

实　录	分　析
一、游戏"木头人" **预设问题**：如果让你一直不动你感觉怎么样？ 师：人不动是很难受的，因为我们是有生命的。	经验性提问 在游戏中提问，让幼儿切身体会后抓住了幼儿的即时感受。
二、跟着音乐动一动 **预设问题**：现在你感觉怎么样？	经验性问题 在欢快的音乐气氛中提问，幼儿自由议论并能积极地表达。

续表

实　录	分　析
三、在说说、做做中感受身体能活动的一些部位 **预设问题**：你身体的什么地方会动？它什么时候动的？ **追问**：方昱喆说他的肚子会动，到底动了没有。 **预设问题**：他的肚子是怎么动的呀？ **追问**：你们的肚子怎么会一会儿缩进去、一会儿凸出来呢？ **追问**：身体里的气在干吗呀？ **师**：哦，我们吸气吐气时肚子也会动。	90%的幼儿立刻做出反应。以一问一答抛接的形式，调动全体幼儿互动。
预设问题：请小朋友们想一想，肚子里面的什么东西会动？你是怎么知道它会动的？ **追问**：我们叫它什么？ **预设问题**：☆心脏是怎么动的？ **追问**：你怎么知道你的心脏在一跳一跳的？ **追问**：心脏在什么地方？你能摸到吗？ **追问**：☆除了摸，我们还可以怎样知道我们的心脏在跳？ **预设问题**：☆刚才你们说肚子里面的心脏会动，还有什么会动？ **追问**：再想想看，肚子里面还有什么在动？ **追问**：屁股会动的，想想看还有什么在动？ **师**：吃下去的东西会动，那吃下去的东西到哪里去了？ **预设问题**：☆胃是怎么动的？ **追问**：☆想想看，我们现在吃一口饭下去，然后会怎么样？ **追问**：到胃里面以后，会怎么样呢？ **追问**：胃一动一动是在干什么？	20%的幼儿先后有反应。幼儿回答问题的面一下子降低了很多，而且对带☆问题的提问毫无反应，活动气氛沉闷，因为中班幼儿对这两个问题涉及的内容知之甚少。

实　录	分　析
预设问题：原来肚子里面有的东西在动是帮助我们长大，消化东西。比如说胃宝宝，它动是在帮助我们消化食物。刚才我们说到的心脏，它一跳一跳的是起什么作用呀？ **重复追问**：心脏一跳一跳说明我们活着。刚才我们说到的心脏，它一跳一跳的是起什么作用呀？	教师重复了一次问题，但是只有1个幼儿对提问有反应。
四、讨论身体各个部位可能发生的疾病 **预设问题**：刚才你们说到身体里面心脏会动、胃宝宝会动，还有什么会动？ **追问**：还有呢？ **预设问题**：想想，如果它不动会怎么样？ **追问**：什么东西不动了人会死掉？ **追问**：心脏，还有呢？	20%的幼儿先后有反应。 "如果它不动会怎么样？"这个提问的时机不恰当。 "什么东西不动了人会死掉！"是不必要的追问。
预设问题：身体有的地方不能动了会生什么病？ **追问**：你在医院里看见过有的人什么地方不能动？ **追问**：他的脚为什么不能动？ **追问**：还有吗？ **追问**：嗯，好的，还有吗？ **追问**：哑巴的嘴巴能动吗？ **追问**：想想看，手什么时候不能动？	

二、学理分析

　　该案例共进行了23分钟，教师共问了34个问题，平均每分钟1.4个问题，其中预设了12个问题，动态生成了22个追问。而在这么多的问题中，有效提问的比例只占了30%，反应较差的占60%，10%的提问是毫反应答的，这说明该教师所提的问题超出了幼儿的经验，例如："肚子里面的什么东西会动？你是怎么知道它会动的?""刚才我们说到的心脏,它一跳一跳的是起什么作用呀?"而且教师随机地追问也显得随意,偏离了原本的教学活动目标,例如:"什么东西不动了人会死掉?"这主要和教师的现场调控能力有关。某些问题的提问时机也不恰当。其实在活动的前三个环节中幼儿的积极性很高,基本上每个问题都能获得90%的幼儿的积极回应,而越往后,幼儿的兴趣反而越弱,并且注意力开始涣散,以上结果的形成和部分教师存在的提问误区有着直接的关系。近几年,在部分教师之间存在着如下一些关于提问的误区。

误区一:教师认为,提问多,和幼儿之间的互动就多,教学从"满场灌"演变成"满场问"的局面,只求数量而没有顾及提问的质量。

误区二:有些提问只专注于教师自身在活动前的预设,没有根据幼儿的实际情况设定,导致活动中的冷场或者应答者寥寥无几。

误区三:教师认为优质的提问只要有幼儿能进行一抛一答的回应就可以了,局限于片面性,没有注重提问的全面性。本案例中的"第一次教研——教师提问情况实录表"就直观地体现了以上几个误区,导致了教学活动的低效。

那么怎样的提问才是有效的提问呢?顾名思义,有效提问就是教师根据教学活动目标,通过有计划的、有启发性的针对性提问,引发幼儿思考,促进幼儿对活动目标的理解和感知。一个有效的提问,具有以下几个明显的特征。

特征一:思考性——留给幼儿思维与创造的空间较大,由易到难,逐层递进。

特征二:可及性——问题的设计要符合幼儿的认知水平及知识经验等。

特征三:挑战性——能引起幼儿的认知冲突,能激发兴趣,使幼儿积极迎接问题的挑战。

特征四:体验性——能给幼儿提供深刻体验,思有所得。

特征五:外显性——主要有封闭性问题和开放性问题两种形式。

三、对策与建议

经过对第一次教研的深入分析,教师在第二次教研中进行了以下改动:

第二次教研——教师提问情况实录表

实 录	本次分析	对比分析
一、游戏 1. "木头人" 2. 跟着音乐动一动 二、在说说、做做中感受身体能活动的一些部位 **预设问题**：你的身体有什么地方会动？ **追问**：对呀，身体是会动的。可身体的什么地方会动呀？ **追问**：什么地方在动呀？ **追问**：对呀，那做其他事情时，什么地方也会动？ ……（全体幼儿说说、动动） **预设问题**：身体的各个地方都会动，动了可以做很多事情。那如果不能动，会怎么样？ **追问**：手不能动就不能拿东西了吗？我们来试试看。怎么样？行不行？ **追问**：你奶奶的脚怎么会摔断呢？ **追问**：你奶奶一定很疼吧。奶奶的脚摔断了，你帮她做了什么？ **追问**：为什么要提醒她以后走路慢点？ **预设问题**：这样看来走路太快可真会有危险，以后我们也要注意啊。那谁还有过这样的经历？	90%的幼儿立刻做出反应。当个别幼儿的回答不明确、无法针对教师的提问做出相应的回答时，教师的追问就带有一定的指向性。 "那做其他事情时，什么地方也会动？"教师的提问拓展了幼儿的思路。 "那如果不能动，会怎么样？"教师提出了这个假设性的提问，促使幼儿展开经验的搜索，进行逆向思维。 "我们来试试看。怎么样？行不行？"这是个假设性问题。 教师在追问中注意了幼儿的情感体验，并自然地将活动引发到保护身体这一环节。	1. 教师的问题更有启发性，去掉了第一次教研的无效提问。 2. 提问更加有层次性，更具体，更细致，更有针对性，观察由浅入深，顺序感更强烈，更符合幼儿的认知特点。 3. 教师能适时地追问，锦上添花，更利于培养幼儿的理解和想象、创造能力。

续表

实　录	本次分析	对比分析
追问：这好像是前不久才发生的事，大家还记得吗？ 预设问题：那你们知道她的脚是怎么夹到钢丝里去的吗？ 追问：那该怎么办呀？ 预设问题：李如雪，你们后来是怎么办的呢？ 师：哦，有的事情虽然是发生在别人身上，不过我们也要小心，可以先采取一些办法来保护自己。 ……	教师注意通过提问引发所有幼儿对同伴以往经历的回忆，引起幼儿之间的互动。这几个问题属于回忆性问题。	

在第二轮提问设计中，教师预设的提问有5个，教师当场追问有9个；反应较好的有14个，占87%，均是一些经验性提问、创造性提问、回忆性提问等开放式问题；反应相对较差的有2个，占13%。在调整后的活动中，大部分幼儿始终积极、愉快地参与活动。对教师的大部分提问都能很快地回应。

由此可以看出，有效提问的着眼点应该放在教学内容的关键处、矛盾处，教师应抓住疑难点、兴趣点、模糊点进行提问。

1. 设置难度适中的问题

根据维果茨基的"最近发展区"理论，教师提的问题要让幼儿有一种"跳一跳摘到苹果"的感觉，问题既不要过于简单，又要能使幼儿尝到成功的喜悦，从而唤起幼儿学习的兴趣。例如，有些教师会对中班幼儿提问"现在是几月"、"今天是星期几"，但这几个问题是大班上学期的幼儿才能掌握的，中班幼儿怎么能回答出来呢？于是，会产生两种结局：结局1——幼儿答不上来，出现冷场；结局2——幼儿把1到12的月份全说一遍，甚至还扯上别的，直到有一个幸运的小朋友猜对了为止。无论是哪种结果，都会使教学变得一片混乱，达不到目的。所以，教师要积极寻找幼儿"已有经验"与

"最近发展区"的结合点,促使幼儿不断将"最近发展区"转换为"已有经验",这样才能更好地提出问题。

2. 设置开放性的问题

这里所指的开放性包含双重意思:

第一,问题的开放性——"变教为诱,以诱达思"。这主要指答案蕴含多种可能,要求回答者自行推断。因此在教学中,教师可以设计一些多思维指向、多思维途径、多思维结果的开放性问题,逐步培养幼儿善于探索、敢于创新的精神。

第二,对象的开放性——"面向全体,尊重个性"。教师要坚决避免让少数优秀的、表现欲旺盛的幼儿独占活动中答复问题的时间。否则,其他幼儿就是在消极等候,甚至成为局外人。教师在设计问题时,应当考虑提问的梯度和层次,让不同发展程度的幼儿都能有所思考,更应该根据幼儿的反应情况动态地来选择回答者。

3. 设置指向明确的问题

提问的目的是激发幼儿的学习兴趣,引导幼儿加深对内容的理解,因此,教师要根据教学活动的需要,设计指向明确的提问。在设计提问之前,教师不仅要考虑提什么问题,还要考虑为什么这样问、提问的目的是什么,比如,是否围绕知识的关键点提问,提问的层次是否循序渐进、步步深入,用语是否准确和符合幼儿的认识水平,等等。

4. 设置时机恰当的问题

教学活动的情境性和不确定性决定了教学活动的生成性。教学活动生成的问题往往是预设所无法穷尽的,教学活动的精彩更多地在于有效的生成。很多时候,教师要想引导幼儿获得正确或全面的答案,往往要追加好几个问题。教师可以在出现以下四种时机时,动态地生成问题:

A. 幼儿的回答偏离主题时;

B. 幼儿回答错误时;

C. 帮助幼儿理解重点和难点时;

D. 幼儿的回答参差不齐，有认知冲突时。

5. 设置轻松有趣的问题

俄国教育家乌申斯基说："没有兴趣的强制性学习将会扼杀幼儿探求真理的欲望。"教师应把握契机，运用幽默诙谐的问题调节活动气氛，调动幼儿学习的兴趣，使幼儿自由、主动地进行表达。有趣味性的问题能引发幼儿更富有趣味性的回答，最终促进幼儿思维的发展。

6. 设置"留白"的问题

长期以来，教学活动中存在的一个普遍问题就是，教师在提出问题后马上就开始点名回答。幼儿由于各方面的原因，常常无法回答或者因仓促回答而导致错误。其实，教师应该给幼儿设定"留白问题"，顾名思义，就是教师适时调控提问的等候时间，把空白时间留给幼儿，以使幼儿有足够的思考时间。从提问到指定回答，至少应该等待3~5秒钟。如果教师所提的问题是开放性的，那么留白时间应该更长，不能急于重复问题或催促幼儿回答。这样虽然教学上减速了，但幼儿的思考"加速"了。

教学提问的有效性就像"一石激起千层浪"，层层浪花中"荡"出幼儿的思维与创造、激情与成长。归结起来是三句话：以最主要的问题拉动最丰富的学习信息，以最轻松的方式让幼儿获得最有分量的收获，以最接近幼儿的起点带领他们走向最远的终点。

案例 35

怎样在教学活动中选择适宜的教学活动组织形式？
——"鳄鱼拔牙"教学诊断

教学组织形式是指为完成特定的教学任务，教师和儿童按一定要求组合起来进行活动的结构。常见的教学组织形式有个别教学、集体教学、分组教学等。日常的活动中，教学组织形式不是固定不变的，需根据教学活动的任务灵活选择，因而呈现出多样化的姿态。在多元化的学习方式下，哪一种活动组织形式能够更有效地达成目标，这是需要教师思考和慎重选择的。

一、现象扫描

中班教学活动：鳄鱼拔牙

"鳄鱼拔牙"是一个以学习"6 的组成"为主要内容的中班数学活动。教师把整个活动分为三个环节展开。

第一个环节——"就诊"：情境导入，教师引导幼儿集体学习材料的使用。在这个环节中，随着教具的出示及辅助提问"鳄鱼宝宝共有几颗牙齿？其中有几颗蛀牙？还剩几颗是完好的？"，教师让幼儿很快明白自己的角色及行动的方向——"我要做什么"。在幼儿集体学习如何操作材料的过程中，教师注意到个别幼儿注意力分散和理解有偏差，所以选择个别幼儿进行示范操作，在帮助个别幼儿理解方法的同时，巩固其余幼儿对该环节的把握。

第二个环节——"会诊"：情境展开，幼儿进行材料的个别化操作。个别化"会诊"情境中，幼儿扮演医生，人手一份操作材料，在圈涂蛀牙虫的过程中，初步感知6的组成中的多种数的组合关系。

第三个环节——"确诊"：情境中梳理，内化对操作材料的理解。在集体性"确诊"情境中，孩子们将各自完成的作业单汇总至展示台，教师以"找找哪只鳄鱼的蛀牙虫最少"的方式，集体梳理6的多种组合方式。在这一环节中，教师能很快地搜寻、检验幼儿作业单的正确率，并从"纠错"入手，以"拔牙"的游戏方式，在集体中关注个体，促进个别幼儿对知识体系的掌握。这样的学习形式，也有助于群体性幼儿在过程中验证自己的发现，推进自主学习在原有水平上的发展、完善。

二、学理分析

数学活动在一定程度上需要幼儿掌握数学知识，如数、形知识，时间、方位知识等。在数学的学习中，操作、检验和梳理是必不可少的。"鳄鱼拔牙"教学活动很好地体现了如何灵活地运用组织形式来实现教师、幼儿对以上三个环节的把握。

在这个活动中，教师结合幼儿"拔牙"的生活经验，情境化地通过"就诊"、"会诊"、"确诊"三个环节开展活动。活动中教师通过集体教学、个别示范、单独操作，使幼儿对学得的知识加以理解和巩固。活动中，教师在"就诊"情境下导入，并通过集体教学使幼儿明确学习材料的使用方法。幼儿也在该环节积极调动、分享已有经验，集体教学的有效性得到了充分发挥。在此基础上，幼儿通过"会诊"——幼儿个别化的操作——来对"6的组成"进行初步的探索。在充分自主的状态下，幼儿通过给鳄鱼"拔牙"，会发现至少一种"6的组成形式"，每个幼儿根据自己的已有经验，对于"6的组成"都会形成一个初步的、片段式的经验。最后，教师和幼儿在"确诊"的情境下纠正个别"医生"的错误，集体梳理探索结果，帮助幼儿构建起关于"6的组成"的完整知识结构。

通过本案例，我们可以充分体会到，教学不是简单的知识传递，而是在对知识进行有效的处理和转换的基础上，通过不同的组织形式，提供给幼儿自主探索学习的机会，从而引导幼儿建构起完整知识结构的过程。

三、对策与建议

1. 根据教学内容，灵活选择适宜的组织形式

关于教学活动的组织，有两个维度的理解：一方面，就不同的教学活动而言，教师会根据教学内容和幼儿的学习特点选择适合本次活动的组织形式和教学方法；另一方面，就一个教学活动而言，根据幼儿的学习特点和教学活动目标，教师需要选择不同的组织形式开展活动。当然，在不同的教学组织形式下，幼儿的学习和教师的指导也会相应地呈现出不同的状态。如何选择既适合特定教学内容、符合幼儿学习特点，又能促进教学活动目标实现的教学活动组织形式，是教师需要精心把握的。

当然，在日常的各项教学活动中，组织形式往往不是单一的。在本次中班数学活动"鳄鱼拔牙"中，教师在对内容进行解读和分析的基础上，确定组织形式是以集体教学与个别操作相结合，在不断的学习、操作过程中巩固幼儿对"6的组成"的认知。这样的组织形式不仅符合教学内容的需求，也为幼儿创设了自主探索的空间，有利于幼儿的学习和发展。

2. 在教学活动组织中，关注幼儿经验的自主建构

学龄前儿童的学习特点具有很大的共性，例如，学习基于兴趣、注重体验、对环境的依赖、语言指导下的直观形象等。正是由于有这些共性，幼儿在活动的过程中能够充分享受集体学习的乐趣。我们看到，案例中幼儿对于"拔牙"的经验，以及对于"操作材料"的学习，都可以采用集体教学的形式开展。幼儿在互相交流和学习中激活思维、分享经验。

当然，相同年龄的幼儿由于所积累的经验的差别也会呈现不同的学习特点和学习方式，这就是我们常常说的"个体差异"。所以，为了满足幼儿的个体差异，在活动中也需要适当采用个别化的、分组式的教学，让每个幼儿按照自己的发展速度、自己的认知风格去探索周围的世界，并且在合作学习、相互带动、共同建构中学会理解，学会交往，学会遵守共同的"游戏规则"，

在一系列个性化的操作过程中建构起属于自己的经验、知识体系。

在"会诊"环节中，教师借助人手一份的操作材料，让幼儿在圈涂蛀牙虫的过程中，初步感知6的组成中的多种数的组合关系。过程中教师允许幼儿出现错误，并且巧妙地运用隐性的分组帮助幼儿互相纠错，让幼儿在自主探索的过程中建构起自己的经验，充分尊重了幼儿在自主探索、知识建构中的"能力"。

3. 在教学活动组织中，进行弹性化指导

依据教学活动的组织形式和幼儿的学习特点，在活动开展的过程中，教师需要采取不同的指导策略，来实现教学活动开展的有效性。

活动的"就诊"和"确诊"环节属于集体教学环节。在这个部分教师的指导相对较多。这个环节也是幼儿分享经验、共同探讨的环节。幼儿在分享和讨论中发现问题，并尝试依据已有经验初步解决问题。在这两个环节，教师需要帮助幼儿筛选经验，规整知识内容与逻辑。案例中，幼儿对于"看牙医"、"操作材料的使用"有初步的、零散的经验。教师则帮助幼儿把零散的经验整合起来，通过指导性的语言，帮助幼儿明确操作要求。而在"确诊"环节，教师和幼儿共同检验，帮助幼儿梳理完整的知识经验。这就是集体教学中教师的有效指导。

在"会诊"环节，幼儿进行个别化的操作，这时教师的指导要适当减弱，给幼儿充分的自主探索空间。当然，这种弱化的指导并不是"去指导"，而是将要求前置，让幼儿明确探索的内容和方法，在这个基础上给予幼儿充分的条件进行自主的探索和知识建构，让幼儿在感知—操作—检验的过程中建构起自己的经验体系。案例中，教师在"会诊"环节安排了幼儿自主操作的部分。在这个环节中，教师几乎没有对操作内容进行过多的指导，只是对个别幼儿进行操作方法上的指导。显然，在这个部分，教师选择了"弱化"指导，给幼儿充分的探索空间。

总之，教师应根据教学内容，灵活地选择适宜的教学活动组织形式，并在此基础上，充分尊重幼儿的学习特点，进一步把握指导策略，将集体教学、分组教学、个别学习有机结合，这样才能实现学习活动中各项环节的顺利开展，同时促进各个环节教学活动目标的有效实现。

案例 36

怎样看待幼儿在教学活动中的合作与假合作？
——"电珠亮了"教学诊断

幼儿的合作学习是指两个以上的幼儿围绕一个共同目标，通过分工协作的形式，在克服一定困难、齐心协力完成任务或解决问题的过程中所发生的学习。这是幼儿联合建构新知识的过程，在此过程中幼儿实现认知、情感以及社会性等方面的发展。[①] 教育家陈鹤琴先生也曾说：孩子需要良好的伙伴来做他的伴侣，与他们交流相处获得友谊，消除孤独，活泼身心，这是成人所代替不了的。这说明合作学习是适应幼儿发展需要的，它能促进幼儿的身心和谐发展。教师应给幼儿尽可能多地创设合作的条件，让幼儿有机会和同伴共同探究，共同学习，共同操作，使幼儿享受到与同伴共同活动的乐趣，促进幼儿积极情感的建立和社会性的发展。

一、现象扫描

大班科学活动：电珠亮了

教师出示一节电池、一根电线、一颗电珠："你们想不想动动脑筋，动动手，让电珠亮起来呢？"

明明马上站起来说："老师，我有办法让电珠亮起来。"

教师没有作答，继续说："要让电珠亮起来，一个人做很困难，我们要两

---

① 王小英，王永杰，孙贺群. 幼儿合作学习的理论基础与指导策略 [J]. 东北师大学报：哲学社会科学版，2010（6）：225.

个小朋友一起玩，这样就能很方便地让电珠亮起来。"

明明着急了："老师，我一个人就能让电珠亮起来，我在家里玩过了。"

旁边的丁丁也站了起来："老师，我一个人也能让电珠亮起来，我也在家里玩过了。"

教师没有作答，继续自己的教学："今天，我们就是要两个人一起玩，看哪两个小朋友能友好合作，让电珠亮起来。一个人玩不算有本事，两个人合作让电珠亮起来才算有本事，我们来看看哪组小朋友合作得好。"

明明听了，小声嘀咕着："我一个人就能玩的，一个人就能让电珠亮起来。"

幼儿开始操作，很多小组都是一个幼儿在玩，一个在旁观，互相轮流，很有秩序。

教师提醒道："小朋友们，刚才我们说过了，一定要两个人让电珠亮起来才算有本事哦！有的小朋友不会合作，喏，可以像我们这样（教师和一位幼儿示范），一个人拿着电池，一个人拿着电珠和电线，绕起来，这样就能两个人合作让电珠亮起来。"

于是，幼儿都纷纷效仿，开始了合作操作。

二、学理分析

在"电珠亮了"这一科学活动中，教师希望培养幼儿的合作探究能力，但是案例中的明明和丁丁说自己一个人就能让电珠亮起来，在操作中，事实也证明，幼儿独自一人操作就能让电珠亮起来，但教师说"两个人合作让电珠亮起来才算有本事"。为了让孩子们"学会合作"，教师教幼儿："可以像我们这样（教师和一位幼儿示范），一个人拿着电池，一个人拿着电珠和电线，绕起来，这样就能两个人合作让电珠亮起来。"这样设计，看似为幼儿创造了与同伴共同探究的机会，但实质上是一种假合作，是为了合作而故意设定的一个指令，绑架了幼儿的思维。案例中，两位幼儿之间不需要克服困难，不需要讨论，不需要思考，不需要分工，一切都在教师预定的安排中顺理成章地完成。事实上，合作学习和探究学习经常是紧密相连的，合作的过程也就是组员在一起共同探究的过程，合作的意义不仅在于问题的解决，更在于组员之间共同讨论、挖掘问题的内涵，促进更深层次的思考，所以小组合作讨论的问题应该具有探索性，问题要有一定的深度，能够激发幼儿探究的欲望，让组员在相互帮助、共同实践中锻炼探究意识和思维能力。

三、对策与建议

既然合作学习对幼儿的发展具有如此重要之意义，那么，如何给幼儿创设真正的合作学习条件，促进幼儿的发展呢？

1. 正确理解合作内涵，给幼儿创设合作的条件

真正的合作，是幼儿齐心协力达成预定目标的过程，是幼儿与同伴共同思考、共同思辨的过程，是解决问题、提升智慧的过程，也是幼儿主动建构知识、发展能力的过程。而假合作，看似有同伴的互助，却缺失了自主分工；看似有交流沟通，却缺失了思辨和对话；看似有目标，却是在成人的设计安排下按规定操作。于幼儿而言，假合作戴着一顶合作的帽子，在很多教师的课堂中堂而皇之地存在，对幼儿的成长却起不到促进作用。因此，幼儿教师要加深对合作的正确理解，在设计活动的过程中，从目标、分工、协作、讨论、思辨、解决问题等几个方面来考察合作的真假，经常问自己几个问题：孩子们的活动有共同目标吗？他们经历了自主分工吗？活动过程中是否有足够的讨论、思辨、探究的时间？活动解决了一个什么问题，抑或发现了一个什么现象？只有这样，教师才能给幼儿以真正合作的机会和条件，让幼儿在此过程中获得真正的发展。

案例中，如果真要给幼儿创造合作的条件，教师可以再提供1~2节电池，让幼儿在获得用一节电池让"电珠亮了"的经验基础上，继续探究用两节电池、三节电池怎样让电珠亮起来。实践证明，增加电池节数，让电珠亮起来，幼儿独自完成有一定的困难，这样，幼儿真正的合作才能产生。

2. 设计问题矛盾的焦点，引发幼儿的合作动机

幼儿的合作意识并不是天生就有的。当今的独生子女，以自我为中心是通病。孩子们懂得独享，却不知道分享，懂得霸占，却不知道合作。因此，

唯有设计问题矛盾的焦点，让幼儿在活动过程中不得不依靠同伴间的协作才能完成任务，这样才能引发幼儿的合作动机，使他们体验到合作的快乐。

正如本案例中，如果要求幼儿必须使用两节、三节电池让电珠亮起来，必然会引发幼儿对同伴的求助，合作自然产生。

又如，在建构游戏中，幼儿搭建"我们的幼儿园"。老师问："幼儿园里有房子，有绿化，有路灯……要建造好需要很长的时间，怎么办？"于是幼儿在矛盾中共同商量，确定谁负责"建造房子"，谁负责"种植花草树木"，谁负责设计路灯、制作"路灯"，怎样让房子、花草树木、路灯组合在一起，成为"我们的幼儿园"。这样，经由幼儿商量讨论后的工作就变得人人有责，人人都要为建造"幼儿园"这个目标而努力做好自己的分内之事，合作的动机就自然产生了。当然，当幼儿的合作行为产生后，教师要对幼儿经由合作完成的作品予以展示，并尽量多赞扬"合作"的魅力，让孩子们体会到合作成功的喜悦，进而产生进一步合作的动机。

3. 引导幼儿合理质疑，帮助幼儿建构经验

在合作学习活动过程中，幼儿始终拥有高度的自主性，能够对学习过程进行自我设计、自我控制，而教师对活动过程的干预和控制降低到最低限度，仅仅在必要时给予幼儿适时的支持。孩子们在合作、动手、相互表达与倾听的过程中，思路就会越来越明晰，越来越开阔。

在利用2~3节电池让"电珠亮了"的探究活动中，当幼儿屡次不成功时，教师可以设置几个关键性的问题引发幼儿思考：两节电池怎么连接才能让电珠亮起来？两个小朋友怎样分工才能固定电池？为什么电线都连接了电池的两头，有的电珠能亮，有的不能亮？问题出在哪里？幼儿在问题的激发下，就会投入到共同思考、共同探究、相互表达的氛围中，这必然促进幼儿合作意识的形成和合作能力的提高。与此同时，幼儿在学习倾听同伴的想法、分享别人的方法的基础上，可以更深入地了解他人对一个问题的不同理解，这有利于幼儿摆脱自我中心的思维倾向，让幼儿觉得大家一起想出来的方法有可能是最好的。

案例 37

怎样在艺术活动中处理创造力培养与艺术技能学习的关系?
——"做早操的小朋友"教学诊断

《幼儿园教育指导纲要（试行）》指出："幼儿艺术活动的能力是在大胆表现的过程中逐渐发展起来的，教师的作用应主要在于激发幼儿感受美、表现美的情趣，丰富他们的审美经验，使之体验自由表达和创造的快乐，在此基础上，根据幼儿的发展状况和需要，对表现方式和技能技巧给予适时、适当的指导"；"在活动中要面向全体幼儿，要针对他们不同的特点和需要，让每个幼儿都得到美的熏陶和培养，对于有艺术天赋的幼儿，要注意发展他们的艺术潜能"；"在支持、鼓励幼儿积极参加各种艺术活动并大胆表现的同时，帮助他们提高表现的技能和能力"。可见，《幼儿园教育指导纲要（试行）》不仅没有否定艺术活动中对幼儿创造性的培养，也没有否定艺术教育中对技能技巧和艺术能力的培养。那么，在幼儿园艺术教育中，我们到底该怎样处理艺术创造力培养和艺术技能学习的关系呢？

一、现象扫描

大班艺术活动：做早操的小朋友

教师组织幼儿绘画活动"做早操的小朋友"，准备了相当充足的范画请幼儿欣赏："这些小朋友在干什么呀？"

幼儿有的说在锻炼身体，有的说在做早操。

教师问："这些小朋友都在做早操，我们来看看，这个小朋友的手做了什么动作？他的脚是怎样的？你能不能像他一样做这个动作？"

幼儿做出动作后，教师竖起大拇指予以表扬。活动气氛活跃，幼儿兴致很高。

当教师讲解完一切，要让幼儿独自创作时，为了激发幼儿的创造性，教师说："现在，请小朋友们自己画做早操的人，要和老师画得不一样，老师的画就不给你们看了。"说完教师就将范画翻转。

孩子们兴致勃勃地要开始作画了，可是一拿起笔，这个抓耳挠腮，那个东看西望，就是不敢落笔。博弈小朋友最先求助："老师，怎么画呀？我不会画。"

"刚才老师不是让大家看了很多画了吗？想一想头在哪里，身体是怎样的，手的动作是怎样的。"

教师的话一说完，杨航小朋友也举起了手："老师，我也不会画，请帮我画一下。"

顷刻间，教室里幼儿的声音此起彼伏："我也不会画，我也不会画。"更有幼儿趁机和其他小朋友开始在画纸上乱涂乱画，你吵我闹。教师为了平息气氛，开始整顿纪律。

二、学理分析

在注重幼儿创造力发展的今天，幼儿园艺术活动中应该有的模仿学习也逐渐被"你想怎么画就怎么画"、"你想怎么唱就怎么唱"的所谓要"充分发挥幼儿的想象力和创造力"的做法取而代之，由此，我们看到了在创造力的旗帜下幼儿园艺术活动的"新成果"。不难看出，在案例中，正是幼儿的作画技能影响了教师正常的课堂教学，孩子们本该在安静的活动室内大胆驰骋自己的想象，但正是由于"技能"的问题，孩子们不仅未能静下心来安静地思考，还使教学活动难以进行下去，更别说在美术活动中大胆地放飞想象了。因此，正确处理艺术活动中技能培养和创造性培养的协调问题，是提高艺术活动有效性的关键。

三、对策与建议

1. 在模仿学习中提升幼儿的艺术技能

模仿是观察学习的一种形式,也是幼儿重要的学习方式。根据艾曼尔提出的创造力理论,创造力的组成部分包括:与领域有关的技能、与创造有关的技能和任务动机。① 领域知识是与领域有关的技能的重要组成部分,是创造力的基础。因此,模仿习得的知识对幼儿将来创造力的发展和运用是有促进作用的。因此,在艺术活动中,还是需要必要的模仿学习的。通过模仿,幼儿可以学会最基础的技能,包括绘画技能、唱歌技能、跳基本舞步的技能、粘贴技能等。只有掌握了这些"基础技能",孩子们才具有了"创造"的条件,才能进行大胆创造、大胆想象。

在本案例中,教师可引导幼儿观察人物的基本绘画方法,然后将人物画的步骤分解图张贴在活动区的墙壁上,让幼儿在潜移默化中了解画人物的最基本方法,同时给幼儿提供关节可活动的人物卡片,引导幼儿观察关节的活动会导致动作有怎样的变化,并引导幼儿发现一个变化,就按照基本作画步骤将人物画下来,这样既解决了一个技能上的问题,又能让幼儿在摆弄卡片的活动中感受关节对于人体的重要性,享受关节活动后动作变化带来的快乐,激发幼儿探究人体奥秘的兴趣。

2. 在自我表达中提升幼儿的艺术技能

《幼儿园教育指导纲要(试行)》指出,要使幼儿"大胆地表现自己的情感和体验","使之体验自由表达和创造的快乐"。因此,教师应该创造条件,让幼儿大胆地讲述自己对艺术的理解并用自己喜爱的方式进行表达。

案例中,当教师让幼儿欣赏各种做早操的人物时,应鼓励幼儿从人物的表情、动作、场景等方面去表达自己的认识;同时,要鼓励幼儿动起来,用自己的动作来表现范画中人物的动态;教师还应该及时将幼儿的自由表达

---

① 魏峰. 怎样处理模仿与创造的关系?——刍议幼儿的模仿与创新 [J]. 早期教育:教师版,2006 (11):14.

"定格"下来，通过绘画的方式将动作呈现出来。这样做，一方面能激发幼儿自由表达的积极性；另一方面，可帮助幼儿习得绘画人物的基本方法，解决绘画过程中的技能问题。

3. 依据教学内容特点，合理把握模仿与创造的度

艺术活动中的技能学习和创造性培养并不是矛盾的，它们统一于一个完整的活动中，都是为幼儿的发展服务的。如何把握幼儿技能学习和创造性培养的度，取决于教师对每一个艺术教育内容的重点的把握和目标清晰程度，因为不同的艺术教育内容，其核心目标是不同的，教学的侧重点也是不同的。

第一，在艺术活动中，必要的规则和操作的方法是需要幼儿模仿的，也就是说，教师要直接让幼儿知道，不需要做无谓的"探索"。比如，在"创意花瓶"艺术创造活动中，教师必须明确告诉幼儿"花瓶的外形是用笔画在纸板上的，要尽量大，形状可以自己设计，然后用各种彩色的卡纸、玻璃纸等对花瓶进行装饰，也可以用其他的材料，但必须要保证装饰的东西会很牢固地粘在花瓶上，同时，装饰的花瓶最好能看出有什么图案，需要大家动脑筋"。在这样的艺术活动中，如果教师只说一句"你想怎么装饰就怎么装饰"的话，结果可想而知，一是没有了操作的规则，教室里可能会乱作一团；二是幼儿会不知所措，无从下手，即使动手了，也可能是随意地粘贴，幼儿的作品还会千篇一律，毫无创意可言。因此，在这样的活动中，教师应该把相应的技能通过适当的方法教给幼儿，让幼儿在这个基础上进行创造。

第二，不同的艺术活动，要根据其核心价值的不同，来确定技能学习和创造的比例。比如，在幼儿集体舞的教学中，其核心价值在于与同伴的合作，因此，对动作的统一性要求就高，教师应该让幼儿通过模仿先将基本动作学会，然后教给幼儿与同伴合作舞蹈的方法，实现集体舞蹈的和谐之美。又如，在创造性韵律活动中，其核心价值是幼儿在倾听音乐的过程中感悟音乐、理解音乐，并创编合理的动作表现对音乐的理解。在这样的活动中，教师就应该注意引导幼儿仔细聆听音乐，感知乐句的变化、旋律的变化，然后尽可能地让幼儿通过肢体动作或合作进行表现，给幼儿提供更多的创造性参与机会。

案例 38

怎样通过适宜的操作材料来促进幼儿的有意义学习？
——"沉浮"教学诊断

儿童的智慧源于动手操作。幼儿是在对材料的操作、摆弄过程中建构自己的认知结构的。《幼儿园教育指导纲要（试行）》指出，教师要"提供丰富的可操作的材料，为每个幼儿都能运用感官、采用多种方式进行探索提供活动的条件"。随着对《幼儿园教育指导纲要（试行）》的深入理解，操作学习已日益成为幼教工作者常用的教学方法之一，这也顺应了幼儿"玩中学"、"做中学"的心理发展特点。但是，操作材料的提供有哪些原则？是不是操作材料越多越好？实践证明，适宜的操作材料才能为每一个幼儿提供活动的条件和表现自我的机会，促进幼儿有意义地学习；它直接影响幼儿的兴趣，并使幼儿在玩耍中提高各种能力。

一、现象扫描

大班科学活动：沉浮

大班科学探究活动"沉浮"的教学活动目标是：让幼儿在操作过程中探究各种物体的沉浮现象，并尝试使浮起来的东西沉下去、沉下去的东西浮起来。

活动中，教师投放的能浮起来的东西有泡沫、塑料片、饮料瓶、纸片、木块、塑料吸管等10多种，能沉下去的东西有铁片、弹珠、回形针、钉子、调羹、橡皮泥、搪瓷盆、牙膏皮等，也有10多种。

幼儿对活动的兴趣非常浓厚，当教师说"桌子上有很多东西，请你们放到水里去玩一玩、比一比，看看哪些东西是浮起来的，哪些东西是沉下去的，并把发现记录下来"时，幼儿已经迫不及待了。

但在操作过程中，我们也不难发现，幼儿反复将物体放到水里，频繁更换材料，甚至两种材料重叠放进去，却没有认真记录观察到的现象。由于幼儿乐此不疲，第二环节的操作——怎样使沉下去的东西浮起来、浮起来的东西沉下去，以及延伸活动"悬浮现象"就没有办法再开展。可见，幼儿的兴趣点不是在探究沉浮现象，而是对丰富的材料感兴趣，热衷于玩活动中的操作材料。

二、学理分析

从活动中，我们可以看到教师认识到了操作材料的重要性，提供了非常丰富的操作材料。同时，我们也能感受到幼儿的兴趣点都放在了材料上，他们在不断地探索。可见，幼儿的主动性与积极性得到了充分的发挥。但是，从一个真正的科学探究活动的角度来考察，我们观察到幼儿的兴趣点不是在探究物体的沉浮现象，而是对丰富的材料感兴趣，热衷于玩活动中的操作材料，使得他们的操作无目的，活动无效或者低效，失去意义。究其原因，我们认为：教师投放材料的目标不够集中，有的物体在放入水中时技巧不同，操作结果也会不同，这使得幼儿对现象难以归纳，无法比较；材料过多，让幼儿无法沉静地观察并记录。上述两方面的原因，导致了整个教学活动中幼儿始终停留在操作层面，活动不能深入，目标无法达成。

三、对策与建议

1. 材料提供要指向目标

从案例中可以看出，我们不仅要为幼儿提供丰富的材料，还要为幼儿选择适宜达到教学活动目标的材料，材料并不是多多益善。每一个教学活动内容都有一个核心概念，也就是当前的教学活动要达成的教学目标，教师在提供给幼儿操作材料的时候，就要围绕核心概念来做准备。

本案例中，第一环节的操作，指向目标是在探索中区分沉和浮的物体，并学会记录。一般来说，对于大班幼儿而言，记录的数量以不超过5种为宜，超过此数量，就会带来操作的紊乱，并偏离目标。本案例中提供的材料远远超过5种，幼儿沉浸在更换材料中而不记录操作结果也就在情理之中了。

2. 材料提供要适宜

一方面，材料的适宜性表现在材料的数量要适宜。本案例中，教师若提供数量适宜的材料，不干扰幼儿的操作记录，就能有效地推动探究行为的深入。另一方面，材料的适宜性还表现为科学活动中提供的材料要能支持幼儿的探究行为，使幼儿通过操作、探索这些"适宜"的材料获得成功的体验。

比如，在科学活动"平衡小人"中，教师提供的橡皮泥本来是非常不错的材料，可惜，"铅笔小人"两边的铁丝"手"使那些执着于要将大块橡皮泥悬挂在铁丝上的幼儿"屡战屡败"——重量和缺少韧性使得橡皮泥怎么也无法固定在铁丝上，所以，橡皮泥经常往下掉，无法呈现结果，幼儿就无法交流探索过程。因此，适宜的材料是让幼儿获得成功体验的基础。

3. 材料要具有层次性

幼儿的学习是一种个体性的学习，由于遗传、环境等因素的影响，幼儿之间存在着个体差异，而且差异表现在方方面面，包括能力、思维、动作、观察等方面。美国心理学家耶克斯和多得森认为，中等程度的动机激起水平最有利于学习效果的提高，如果提供的材料难度过大，幼儿容易放弃或做别的事情；太简单了，幼儿又容易失去兴趣，因此提供给幼儿的材料应该适合幼儿的年龄特征及其发展水平，以最大限度地激发他们探索的积极性。

比如，在小班科学活动"鸡蛋宝宝站起来"中，教师提供的材料有布、米、积木、盒盖等幼儿日常熟悉的材料，在这些材料中，有的只要将鸡蛋放上去鸡蛋就能站起来，有的需要综合使用几种材料才能让鸡蛋站起来，有的需要改变材料的造型让鸡蛋站起来。这样的材料适合不同层次幼儿的需要，能让每个幼儿都获得成功的体验。

4. 材料要具有探索性

投放的材料本身需蕴含一定的探究空间，使幼儿能在这个空间尝试不同的操作，而缺乏探索性的材料将使幼儿失去探索的动力，使得幼儿的探索活动变成简单的机械操作。

比如，在大班的"消灭怪兽"的活动中，教师提供的碘酒、米汤、石灰水等材料，让幼儿在自主操作的过程中感知淀粉与碘酒、淀粉和碘酒混合物与石灰水发生变化的现象，从而开展"寻找怪兽"、"消灭怪兽"的科学探究活动。这里看似不多的操作材料，却隐藏着两种化学反应：米汤中的淀粉与碘酒碰到一起时，米汤就会变成蓝色；石灰水与淀粉和碘酒混合物碰到一起就变成原来的颜色（米汤）。这些材料本身具有很强的探索性，它们的投放使幼儿的发现欲望得到满足、探究兴趣增强，使幼儿更能体验到科学活动的乐趣。

案例 39

怎样通过有效策略使教学活动层层推进？
——"有趣的纸"教学诊断

教学活动是教师依据幼儿的经验水平与学习特点而设计的，目的在于提升幼儿的经验，促进幼儿的发展。那么，教学活动的环节及策略如何基于幼儿的经验层层推进幼儿的学习呢？

一、现象扫描

中班科学活动：有趣的纸

以下是具体活动过程：

1. 感知3种纸的不同。

（1）教师出示3种纸，并问幼儿："这是什么纸？"（了解名称）

（2）教师提出问题："每人都有3种纸，大家看一看、摸一摸、揉一揉、听一听，它们有什么不同？"

（3）幼儿自己取3种纸进行感知比较，发现纸的软硬、厚薄、颜色、光滑度等的不同。

（4）鼓励幼儿相互交流，用语言表达自己的发现和感受。

（5）在幼儿表达的基础上，利用表格形成集体记录。

2. 制作有趣的印染画。

（1）引入染纸画，出示染纸样品。

（2）幼儿取纸，教师介绍染纸的基本方法。

（3）幼儿操作。

（4）相互交流。

教师提问："你们看一看这3种纸染出来的画，你们发现了什么？哪种纸做染纸最漂亮？为什么？"

小结：宣纸做染纸最漂亮，它吸水多。（把这一结果记录在集体记录表中）利用记录表梳理3种纸的不同。

3. 提出问题，引出新活动。

教师提问："今天是用这3种纸来做染纸画，如果用这3种纸折成船，放在水里会怎样？"

二、学理分析

在本案例中，教师根据幼儿的已有发展水平和经验，牢牢把握了知识链接的关键环节。教师主要使用了四个关键问题，正是这四个问题引发和引导幼儿深入探究，使整个教学进程层层推进。

关键提问1：这是什么纸？这个问题的主要作用在于引发幼儿回忆、确认已经熟悉的纸，同时为了交流的方便，对纸的名称达成基本的共识。

关键问题2：看一看、摸一摸、揉一揉、听一听，它们有什么不同？这个问题的主要作用在于提示幼儿运用多种感官、采用多种方式进行探究；同时这个问题也在提示幼儿关注自己的探究结果——发现纸的不同，让幼儿明确探究的任务。在这个问题的引导下，孩子们会关注到纸的很多外在特性，如颜色、薄厚、结实程度、光滑程度等。

关键问题3：看一看这3种纸染出来的画，你们发现了什么？这个问题主要是为了引导幼儿关注3种不同的纸的吸水性。虽然这是一个具有一定方向性的问题，但也是一个比较宽泛的问题。孩子们的发现可能会很多。

关键问题4：哪种纸做染纸最漂亮？为什么？这个问题比上一个问题具体，它能引导幼儿发现宣纸做出的染纸最漂亮，通过思考原因，孩子们会关注到纸的吸水性，并对纸的吸水性发生兴趣。探究纸的吸水性可以成为孩子们继这个活动之后的更进一步的探究活动，因为纸的吸水性已经超越了纸作为单一物质的物理特性，涉及纸与水两种物质的相互作用所发生的变化。这样，教师可以在美工区投放颜料和各种各样的纸，鼓励和支持幼儿继续进行染纸活动；还可以提供毛笔、毛刷、棉签和海绵棒等工具材料，鼓励幼儿自由选择各种质地的纸作画，他们会发现不同纸的吸水性和用不同的纸作画所产生的奇妙效果。当然，在这种似游戏、似探究、似美术的区域活动中，孩子们会体验到游戏的快乐、探究的兴奋、艺术的魅力。

三、对策与建议

1. 分析幼儿已有的经验水平，提供支架式关键问题

每一个幼儿都是带着已有的经验进入教学活动的。因此，在开展教学活动之前，教师首先要分析幼儿的已有水平，从幼儿的已有经验、认知发展水平出发，突出知识链接的关键点，并围绕知识链接的关键点提供支架式问题，展开教学指导，这样就可以使环节步步深入。

如"有趣的纸"教学活动中，教师发现中班幼儿在日常生活中对纸的基本特性已经有所了解，但是他们对不同纸的吸水性的差异在经验上是模糊的。于是，教师以染纸活动为载体开展活动，以让幼儿感知比较宣纸、画画纸、牛皮纸不同的吸水性。在活动中，教师通过4个关键性问题的支架，一方面引导幼儿的探究活动逐步走向深入；另一方面，在活动的每个环节，在探究告一段落时又有共同的讨论和回顾，引导幼儿根据自己的发现和记录的事实信息，概括、总结和提升已经获得的经验，帮助幼儿从中获得适宜的发展。

活动进程中，教师作为幼儿活动的引导者，提供了切合幼儿"最近发展区"的种种"支架"，从而推动活动环节层层相扣、步步推进。

2. 设计有梯度的目标要求

教师除了在教学活动中要起引导作用、把握关键性问题外，在活动设计上也要注重梯度的目标要求。也就是说，教师要深入了解幼儿能力发展的坡度，并在逐步递进的前提下提出目标要求，层层深入，促使幼儿快速、准确、

有序地活动。

比如，教师发现小班幼儿的剪纸能力差异非常明显，便根据幼儿的年龄特征和发展水平精心设计了有梯度的目标：随意剪纸—朝一个方向剪直线—剪简单转折线—剪复杂转折线—剪弧线—剪不同形状的弧线。幼儿在教师不断深化的目标引领下进行剪纸活动，既不会感到机械乏味，又不会感到操作困难。又如，中班体育活动"小青蛙跳荷叶"的目标是：能在直径 30~40 厘米的圆圈中双脚连续跳。为了完成目标，教师在了解幼儿动作水平的基础上分解动作要领，提出了不同的、递进的目标要求：双脚并拢跳—自然摆臂且落地轻—动作正确连续跳—加快速度连续跳。幼儿根据教师不断提高的要求，有目的地进行练习，流畅地完成了预定目标。

3. 提供有递进的材料

材料是幼儿与外界互动的媒介，它直接影响幼儿参与活动的积极性和活动质量。教师应根据幼儿的能力差异有意识地设计材料的类型、投放量与使用方式，使其有不同的难度，以体现材料投放的层次性，保证每个幼儿都能根据自己的实际水平选择合适的活动。

如，在设计大班体育活动"挑战飞人"时，教师考虑到活动重点是让幼儿掌握助跑跨跳的动作，便以模仿奥运冠军刘翔吸引幼儿投入活动，引领幼儿尝试练习跨栏动作。教师在材料的投放数量及运用上体现了层次性，照顾到不同体能状况的幼儿。比如，教师将跨栏高度从低到高分为三种，分别标上五角星的标志："★"为第一层次（低），"★★"为第二层次（稍高），"★★★"为第三层次（高）。幼儿可根据自己的跨跳能力选择合适的跨栏自由练习，也可以挑战自我。同时，教师在跨栏数量的安排上也采取了递增的方式，从第一次练习时的一道跨栏，到第二次练习时的两道跨栏，再到第三次练习时的三道跨栏，使幼儿不断地接受新的挑战，体验克服困难、战胜自我的快乐，避免因重复练习而感到枯燥乏味。

案例 40

怎样在教学活动中进行有效的师幼互动？
——"大问号"等教学诊断

《幼儿园教育指导纲要（试行）》明确指出，教师要"关注幼儿在活动中的表现和反应，敏感地观察他们的需要，及时以适当的方式应答，形成合作探究式的师幼互动"。教学活动是教师与幼儿双主体间的对话交流活动，没有双方的互动，一切活动都将难以促进幼儿的发展。

一、现象扫描

例1 "大问号"教学活动片段

师：我们先来念一遍儿歌。

（师生一起念儿歌《大问号》）

大 问 号

弯弯月，挂树梢，

好像一个大问号。

螃蟹为什么会吐泡？

孔雀为什么会开屏？

青蛙为什么要冬眠？

蚂蚁为什么要搬家？

长颈鹿的脖子为什么特别长？

……

一个一个大问号，

让我们一起来，

去发现去探索。

师：好，现在我们来看一下这些问题哪些能解决、哪些不能解决。

幼1：我知道长颈鹿的脖子为什么这么长，因为它要吃树叶！

师：那大熊猫要吃竹子，为什么脖子不长？你的这个回答不太准确。

幼1：它不用吃上面的叶子。

师：书上是这样说的——恐龙灭绝时代，树叶都枯了，长颈鹿的生命力很顽强，为了够到更高的树叶，于是脖子越来越长了。

幼1：那长颈鹿的脖子原先是很短的？

师（有点不耐烦）：到底原先是长的还是短的，我也不清楚，你们回去查一下书。

幼1：我妈妈说长颈鹿一生下来脖子就是很长的，后来越来越长了。

师（把书合上，表示不愿意再谈长颈鹿的问题）：你去查一下资料，万一错了怎么办？好，我们来讲下一个问题。还有哪位小朋友能解决问号中的问题？

例2 关于兰花的对话片段[①]

师：兰花有几个花瓣？

幼：三个大花瓣，三个小花瓣。

师：它有什么作用？

幼：止血镇痛。

师：玫瑰有什么作用？

幼：可以做香水。

师：还可以净化空气。

---

① 黄进. 游戏精神与幼儿教育［M］. 南京：江苏教育出版社，2006：103.

师：仙人球有什么作用？

幼：美容。

幼：治病。

幼：解渴。

幼：做燃料。

师：作用大不大？

幼（集体）：大——

师：你们喜欢不喜欢？

幼（集体）：喜欢——

……

二、学理分析

例1中，教师明显是在用自己的社会地位权威压制孩子，使互动无法进行，戛然而止。而例2中，教师则是用自己所具有的知识权威压制幼儿，对话中看似幼儿都在积极地与教师交流互动，其实其回答内容都是教师所教知识的再现，幼儿没有对话的主体地位，仅仅是知识的传话筒、教师的应声虫。"在这种情况下，教师把学生看作知识的接受者，而学生把教师看作知识的传授者；教师控制和操纵学生的学习活动，而学生无非是利用教师获得知识，虽然其中存在着一定的人际交往，但作为精神整体的人的自觉的理解和沟通不存在。"① 其实，幼儿的潜力是无限的，我们培养的是主动、积极、有无限能力的儿童，而不是盛装知识的容器。

教师的确在社会地位方面优于幼儿，但这并不意味着教师在对话互动中可以压制幼儿。对话互动中最核心的是平等性，对话双方不存在控制与被控制的关系，双方皆为具有独立人格的主体。教师与幼儿双方各有自己的优势，教师

---

① 金生鈜. 理解与教育 [M]. 北京：教育科学出版社，1999：126.

在知识经验、社会常规方面优于幼儿，而幼儿在直觉、想象方面优于成人。双方的互动应是经验的交流与激发，双方的互动应是教师与幼儿精神相遇的过程，通过双方不断地激发，不断地相互交流、相互作用，幼儿将得到长足的发展。

三、对策与建议

1. 互动中教师要放下权威，与幼儿平等交流

互动的有效开展需要教师与幼儿之间建立真正的对话关系，需要双方建立平等双向的主体间性关系。然而在实践中，教学活动从表面上看有问有答，似乎是平等交流，但教师在对话互动中的权威压制是表面繁荣下的事实。巴西著名教育家、被喻为"拉丁美洲的杜威"的保罗·弗莱雷（Paulo Freire）在《被压迫者教育学》中曾充分阐述了对话式教学所需要的条件之一，即对话互动必须在平等的基础上进行。"这种对话不能被简化为一个人向另一个人'灌输'思想的行为，也不能变成由待对话者'消费'的简单的思想交流……对话不能出现一些人代表另一些人命名世界的情况。"[1]对话不应成为一个人控制另一个人的手段。对话不是强制的，不是被人操纵的，而是双方的一种合作交流。所以，在教学活动中，教师要敢于放下自己的社会地位权威与知识权威，以"平等者中的首席"角色与幼儿进行对话交流，形成我与你之间的和谐关系，真正起到激发促进作用。

2. 教师要学会排除互动中无关问题的干扰

在教学活动的互动中，教师要有理智清晰的驾驭能力，要适时观察、满足幼儿的兴趣与需要点，但又不能被幼儿牵着鼻子走，这需要很强的判断力。教师要对幼儿抛来的球做出分析，不能一味死板、机械地去接球，因为幼儿抛来的球有些需要马上接，有些需要在稍后的其他时间接，还有些需要回避不接，只有灵活处理，教学互动的有效性才能不被损害。

---

[1] 弗莱雷. 被压迫者教育学 [M]. 顾建新，等，译. 上海：华东师范大学出版社，2001：38.

例3　大班数学活动：小蜻蜓捉害虫

这是大班关于"学习6的组成分解"的一个教学活动。教师戴着大蜻蜓头饰、孩子们戴着小蜻蜓头饰来到活动室。在一张贴有很多六节青虫的图片前，教师与幼儿一起谈论小蜻蜓捉虫子的事情。有的幼儿提出了这样的问题："捉到害虫后，我们准备怎么吃这些美味呢？"有的幼儿回答说要冷冻，有的说要红烧，还有的说要烧烤、水煮……吃法多种多样。这样的回答也使教师不知所措，不知该怎么接球，于是教师说："这么多吃法把我都搞晕了……"

这样的互动对话，浪费了很多时间，费了很多口舌，对幼儿"学习6的组成分解"一点作用也没有，反而带来了不好的影响，原因就在于教师过多地纠缠与活动本身没有太多关系的问题，对教学活动的把握能力较弱。

3. 互动中教师要给幼儿提供理解的支点

幼儿的思维具有具体形象性的特点，他们对学习内容的理解需要借助一定的思维支撑物，如实物、模型、图片或形象的语言。在互动中，教师应了解幼儿在某一方面的发展水平，了解幼儿相关的经验储备，根据教学活动的需要为幼儿搭建感悟与理解的支架，使幼儿不断地建构新的认识。如果互动缺乏这方面的支点，仅凭教师自己的意愿，幼儿是很难真正理解与建构新知识、新认识的。

例4　大班诗歌欣赏：《雨点》[①]

雨　点

雨点落在池塘里，在池塘里睡觉；

落进小溪里，在小溪里散步；

落进江河里，在江河里奔跑；

落进海洋里，在海洋里跳跃。

---

① 参阅：沈国香. 为幼儿搭建感悟的支点 [J]. 学前教育，2004 (12)：22.

在组织大班幼儿开展理解欣赏活动时，师幼间有下面这样一组互动对话：

师：诗歌写的是谁？

幼（集体）：小雨点。

师：小雨点在干什么呢？

幼1：在睡觉。

幼2：在散步。

幼3：在奔跑。

幼4：在跳跃。

……

师：谁能说说小雨点为什么会在池塘里睡觉、在小溪里散步、在江河里奔跑、在海洋里跳跃呢？

幼：因为小雨点累了。

幼：因为它跳得高。

幼：因为它想回家了。

……

教师满脸疑惑：幼儿为什么会启而不发呢？

教师的一个"为什么"把幼儿的思考引向了更加直观的认识，幼儿做出的反应自然是由小雨点累了联想到睡觉，由小雨点跳得高联想到在海洋里跳跃。因此，教师能否提出激发幼儿思维、为其学习提供支架的问题，成为这次对话互动和幼儿理解诗歌内容的关键。

幼儿的思维总是与其日常积累的生活经验有直接的关系。由于他们的思维活动具有单向、线性的特征，所以原有的经验水平往往会直接影响其新的认知。教师要为幼儿新的认知理解提供支架，提供着陆点，使幼儿在原有生活经验的基础上形成新的认知经验，在这个过程中，教师支架的支撑、问题的引导就显得尤为重要。维果茨基在谈到儿童的知识建构时，非常重视儿童的原有经验与新知识之间的相互作用。他把儿童的日常经验称为"自下而上的知识",而把他们在学校里学习的知识称为"自上而下的知识",自下而上的知识只有与自上而下的知识相联系,才能成为自觉的、系统的知识,而自上而下的知识只有与自下而上的知识相联系,才能获得成长的基础。①

例4中,教师可以这样引导:"池塘与海洋有什么不一样?小溪有什么特点?江河又有怎样的特征?"对这样的问题,幼儿是有经验基础的,他们就可以由池塘的宁静、小溪的潺潺、江河的宽广、海洋的汹涌联想到小雨点的一系列动作。有了理解的支点,幼儿就可以把自下而上的知识,即已有的经验与新的知识相互联系,他们就能依靠这些原有的经验不断地感悟、想象与思考,通过新、旧知识经验之间的反复的、双向的相互作用,来形成和调整自己的经验结构,从而为新知识的学习打下基础。

---

① 余震球,选译. 维果茨基教育论著选 [M]. 北京:人民教育出版社,1994:189-304.

案例 41

怎样在主题活动中处理好主题预设与生成的关系？
——"认识车"等教学诊断

　　主题预设是指在主题活动开展之前，教师要根据教育目标、幼儿的兴趣和已有经验进行计划，做出方案，以使教育目标得以落实。而主题生成则是在主题活动实施中，教师追随幼儿的兴趣及幼儿的内在需求，生成新的教育活动。主题预设是必需的，因为教育是有目的、有计划的。但预设最大的问题是活动设计与幼儿的需要可能会不吻合，因此需要及时生成。然而，生成对教师的挑战比较大，需要教师有敏锐的观察力、判断力。

一、现象扫描

例1 中班主题活动：认识车

　　在中班的"认识车"活动中，教师让孩子们各自介绍自己带来的玩具车，认识车的不同类型和特征。

　　轮到聪聪介绍时，他拿着车说："我的车开起来可快啦，看！"话音未落，他的车"嗖"地一下窜到教室的另一端。顿时，教室里像炸开了锅一样，孩子们纷纷拿着自己的车与同伴比车速，再也没有人愿意来介绍了。看到孩子们如此兴奋，教师意识到中班幼儿喜欢用行动代替言语，喜欢在玩中交流，于是就默许了孩子们的行为。

　　这时传来几个幼儿的争论声。"我家地面是大理石的，车开得可快了！""我家是很滑的木地板，开得比你更快呢！""老师，我的车在塑胶地上怎开得不快啊?!"

听到孩子们的争论和提问,教师立刻意识到这是一个幼儿感兴趣而且富有探索意义的话题,于是马上提出一个对中班幼儿来说具有挑战性的问题:"你们知道车在什么地方开得最快,在什么地方开得最慢吗?"

孩子们立刻涌向教室的各个角落,开始探究车在地板、毛巾、水泥地、毯子等不同材料上滑行的不同车速。一次更有意义、更富有情趣的探索活动开始了。同时,教师还在区角投放了玩具汽车及各种材料,供幼儿随时入区进行观察和自主操作探究。

二、学理分析

例1中,教师对本次主题探究活动做了充分的预设,然而在实际开展活动时却节外生枝,出现了由介绍车的类型而引发的"汽车在什么地方开得快"的问题。面对幼儿此时抛出的"球",教师在判断价值后,觉得两个活动对幼儿的学习和发展的价值来说,本质上并无二致,无论是预设的"介绍车"的活动,还是生成的"比车速"探究活动,其目标都是让幼儿了解汽车的功能用途。而生成的"汽车在什么地方开得快"活动更符合幼儿的需求,更能满足幼儿的兴趣,幼儿在玩中主动交流、研究和探讨,充分体现了"玩中学"的理念,也很好地完成了活动目标并拓展了经验。因此,教师不惜放弃原有的预设方案,及时提供材料,满足幼儿的探索兴趣,而后把玩具汽车展示在区角里,让部分对汽车还感兴趣的幼儿在区角继续进行观察和探究。正是教师这种灵活的处理,使得本次活动既满足了幼儿的即时兴趣,又达到了原有的教育目标,取得了积极的效果。

三、对策与建议

1. 精心预设,为主题导航

了解幼儿原有的学习经验,是开展教学活动的关键。也就是说,教师在预设教学内容时，必须关注幼儿原有的基本经验，同时关注幼儿即时生成的问题，以幼儿的兴趣、需要为"起点"，展开预设，这样才能使预设的教学活动焕发其应有的生命力。

例2 大班主题活动：牙齿

一天，吃点心的时候，豪豪小朋友突然掉了一颗牙齿。这引起了许多小朋友的共鸣。"老师，我的牙也掉了，不好咬东西。""老师，为什么会掉牙齿？""看，我这颗牙开始摇了。""那有什么稀奇，我已经长出两颗新门牙了。"

孩子们对"牙齿"的话题非常感兴趣，围在一起谈论开了……教师意识到孩子们对"牙齿"产生了好奇与兴趣，随即问："你们知道人什么时候换牙吗？牙齿从小到大有什么变化？人的一生要换几次牙？人为什么要换牙？"

孩子们你一言我一语地讨论开了，于是教师发动全班幼儿去查找有关牙齿的资料和图片，带来牙齿的模型，并把这些材料投放在科学区，鼓励孩子们去探究。

在随后的一周，教师开展了主题活动"牙齿"，其中既包括教师的预设活动，如"认识牙齿"、"老虎拔牙"等，又有生成性的探究活动，如"采访牙医"、"动物的牙齿"等。整个主题活动始终以"牙齿"贯穿始终，在一个个有趣的探究活动中，孩子们乐此不疲，每个人都认真参与，积极地思考、交流、动手实践，他们情绪高涨，亲历着发现过程，体验着科学真谛……

"长牙"是每个孩子成长中必然会经历的一个过程，而6—7岁的幼儿正处于换牙时期，有必要让幼儿了解保护牙齿的知识及换牙的注意事项。于是，当教师发现孩子们对"牙齿"感兴趣时，教师迅速判断这一兴趣点所隐含的教育价值，并及时回应。"人什么时候换牙"、"牙齿从小到大有什么变化"、"人的一生要换几次牙"、"人为什么要换牙"等一系列问题，引起了幼儿极大的好奇心，而教师巧妙地采用延缓转化兴趣的策略，有意识地发动全班孩子搜集各种资料。在搜集、查找资料的过程中，孩子们不仅丰富了有关"牙齿"的基本学习经验，而且激起了更大的探究热情。而此时，个别幼儿对"牙齿"的兴趣，已经拓展为集体的兴趣与需要。顺应着这一兴趣点，以基本经验为基点，教师预设了主题教学活动，孩子们的学习经验在主题活动中得到了梳理与提炼。所以，在主题活动中，教师应多关注自己的预设活动能否激活幼儿的思维，能否引发幼儿继续探索的兴趣，能否在"最近发展区"中给幼儿提供新的发展台阶。只有找到了幼儿的基本经验、兴趣需要和教育目标之间的最佳结合点，预设的主题活动才会精彩。但同时，教师也要关注幼儿在主题活动中出现的新的兴趣点，依据兴趣点进行价值判断，生成新的教育活动。

2. 弹性预设，给"生成"留足空间

"凡事预则立，不预则废"，教学是有目标、有计划的活动，预设是集体教学活动的基本要求。但"预设"要适度，要留有空间。过度的"预设"必然导致教师对教学的控制，导致教师对幼儿活动和发展的包办、强制和干预。因此，教师在"预设"时应设计弹性方案，从而使整个"预设"具有更大的包容度和自由度，给"生成"留足空间，为幼儿创设一个"海阔凭鱼跃，天高任鸟飞"的广阔发展空间。

例3 大班主题活动：报纸

【主题活动目标】

1. 了解报纸的制作、特性、用途和可回收性，激发幼儿对报纸的兴趣。

2. 大家共同收集废旧报纸，尝试利用废旧报纸开展各种活动，培养幼儿的科学探索精神和环保意识。

预设活动	生成活动
1. 搜集各种报纸	1. 采访编辑叔叔
2. 头脑风暴：探讨关于报纸的疑问，形成初步探究网络图	2. 实验：什么样的报纸放到水里不会化掉？
3. 科学活动"报纸从哪里来"	3. 旧报纸游戏：乘风破浪
4. 谈话活动"报纸的作用"	4. 自己设计报纸
5. 社会活动"参观报摊"	5. 在区角设置"报摊"，开展买卖游戏
6. 综合活动"好玩的报纸"	

此方案的预设活动找准幼儿学习的热点、兴趣点，从幼儿学习的需要出发，把静态的教学设计与动态的教学过程相链接，弹性、灵活的设计为幼儿的参与、为课程的发展、为那些不期而至的教育契机留下了足够的空间。

教师充分了解幼儿对报纸及相关内容已有的认识状况，并以幼儿已有的知识经验为基础，提供充分的空间和时间，通过各种方式激活幼儿与报纸有关的经验，激发幼儿对报纸的兴趣。在活动中，教师的预设犹如一个"指南针"，在看似无意中巧妙地引导幼儿自主地开展探究，促使幼儿不断提出疑问，生成许多来自幼儿自身需求的活动，如关于报纸的科学小实验、自制报纸、采访编辑叔叔、报纸游戏等。整个主题活动在预设和生成的巧妙结合下丰富而多变，复杂而生动，个别幼儿的疑问在集体和小组的合作中得到解决，全班幼儿的经验在不断的思考探究中得到提升。

3. 调整预设，捕捉精彩"生成"

正所谓"计划赶不上变化"，在实际教学过程中，幼儿的学习常常会打破原先的教学设计，使教师遭遇一连串的"意外"。比如，我们常常看到这样的现象：在教学中，如果幼儿的回答与教师预定的答案一致，教师就会对幼儿大加赞扬并毫不犹豫地进入下一环节，教师很少真正有时间和耐心去倾听幼儿的真实想法；一旦节外生枝，教师要么生拉硬扯地把孩子们拉回到既定的轨道，要么束手无策。之所以会出现这些现象，正是因为教师忽视了教学活动应该是动态的复杂的过程，具有很强的现场性。面对有价值的"生成"资源，教师不能死守"预设"的方案，而应将这些信息和资源进行即时捕捉，并理智地将其纳入活动的临时设计之中，将原有的方案进行即时的调整，从而有效地达成教学活动的既定目标。

　　由此可以看出，"预设"和"生成"都处于一个动态的变化过程中。不管教师在设计与活动前对幼儿的兴趣和经验有多了解、预设有多全面，都不可能完全适应幼儿的动态发展，因为学习的主体——幼儿——是活的，他们带着"三分之二的不确定性"参加主题活动，诸如偶发事件、幼儿兴趣的转移等都会影响教学，因此课程存在着很大的"变数"。这就要求教师要学会判断该"变数"是否体现了幼儿的兴趣点，是个别兴趣还是共同兴趣，是否既符合幼儿的现有水平又有助于其发展。教师应依据分析结果即时做出反应，使教师的预设和幼儿的生成在动态中不断地调整，在"最近发展区"中给幼儿提供新的发展台阶。

案例 42

怎样把握主题活动的进程和结束时间？
——"蚯蚓为什么会在这里"教学诊断

当一个主题活动开展了一段时间后，幼儿由于受年龄特点、经验、能力和自然、人文环境以及资料、信息的限制，在该主题的活动过程中，其学习能力、经验积累及情感发展会达到一个相对饱和的状态。这时，绝大多数的幼儿会对该主题活动失去兴趣，从而使继续进行该主题的探索面临难以逾越的障碍。这种状态的出现意味着这个主题到了该结束的时候。

一、现象扫描

大班主题活动：蚯蚓为什么会在这里

"蚯蚓为什么会在这里"是一个由幼儿的兴趣点生成的主题活动。幼儿发现地上爬着的蚯蚓引发了一系列讨论和探究，如蚯蚓为什么会爬到操场的地面上来，什么时候会爬出来，蚯蚓长什么样子、生活在什么地方，做实验（猜测蚯蚓喜欢吃的食物，并引蚯蚓出来进行验证），收集相关资料认识蚯蚓（生活习性、用途等）等。

这一天，小朋友们又围着蚯蚓，用食物去触碰它。教师眼睛一亮，说："我们一起来饲养蚯蚓好吗？"

"太好了！"小朋友们都大声欢呼。

在接下来的三天里，小朋友们一起收集瓶瓶罐罐来放蚯蚓，一起商量摆放的位置，一起选择用什么样的泥土等，继续进行尝试、比较、观察。

一次盥洗活动后，教师端出了饲养蚯蚓的小瓶子，豆豆从盥洗室里出来看见了,说:"啊,又看蚯蚓啊,每天都差不多,难道它还能变成大蚯蚓?"说完,豆豆转身走开了。凡凡从后面跟出来,在旁边瞄了一眼,走开了。亮亮也从盥洗室里跑出来说:"啊!真的还是蚯蚓啊,真没意思!还是把它们放回泥土里比较好!"

二、学理分析

案例中,教师跟随幼儿的兴趣点生成了以蚯蚓为中心的主题活动,主要是通过观察、实验、饲养,探究蚯蚓的外形特征以及生活习性等相关的内容。主题活动前期进行得比较顺利,幼儿保持了浓厚的探究兴趣。随着主题的不断深入,幼儿对蚯蚓已经积累了相关的知识和经验,研究的情绪并不像开始时那么高涨,特别是在饲养蚯蚓的过程中,由于没有明显的变化和差异,我们可以明显地感觉到幼儿对蚯蚓的兴趣已逐渐消失,甚至表现出对蚯蚓的些许反感。反复的观察和实验只会消磨幼儿的兴趣,而吸引幼儿的兴趣需要有新的发现、新的可观察操作的内容,饲养中的观察原本就是个很长的过程。因此,当主题活动进行到此时,教师可考虑结束主题活动,把饲养活动安排在日常活动中。这样做一是不放弃对这个主题活动的继续探索,换个形式让幼儿在日常生活中继续关注、随机发现新问题,使部分感兴趣的幼儿能够继续探究蚯蚓的生活习性;二是每个主题活动并不一定要做足、做彻底,留有一定的余地才能让幼儿有继续探究的欲望。

三、对策与建议

1. 根据幼儿兴趣的持续时间,决定主题活动何时收尾

当主题活动持续了很长一段时间后,不少幼儿的兴趣开始下降了,虽然有一部分幼儿仍参与活动,但当大多数幼儿兴味索然,或者他们在经验积累、思考发现等方面较长时间地"原地踏步"时,可以考虑结束该主题活动。当教师发现幼儿在已开展一段时期的主题活动中,不再有问题,或缺少探究行为而只有反复操作行为时,应自然结束该主题活动,开始新的主题活动。

2. 将主题活动作为辅线，延伸到日常活动中

幼儿在进行每个主题活动时总是投入了很多的情感，如果教师结束主题活动的方法突兀、生硬，可能会伤害和影响幼儿的探究热情。在结束某个主题活动时，教师应该采用一种使幼儿感到自然和容易接受的方式。如案例中教师可以在自然角进行蚯蚓的饲养，使部分对蚯蚓感兴趣的幼儿能够在日常生活中进行观察和发现。一个主题活动看似结束了，但它往往会在幼儿的其他活动中得到延续，可以将该主题活动作为辅线，延伸到日常活动或区域活动中，使感兴趣的幼儿可以继续进行探究。

3. 把握幼儿新的兴趣点，生成新的主题活动

在开展主题活动的过程中，教师应尊重幼儿的意愿，激发幼儿强烈的探索欲望，挖掘幼儿的创造潜能，把握幼儿新的兴趣点，使幼儿多方面、多渠道地获取生成活动的相关内容，积极专注地投入到生成活动的探索之中。教师的观察和引导是非常重要的，幼儿毕竟不可能认识到什么是适合他们发展的有价值的东西，一味地等待幼儿兴趣的产生和消失是被动的。尽管主题活动非常强调关注幼儿的兴趣和需要，但它绝不只是"追随幼儿"的无目的的、随意的、完全自发的活动。它是在师幼互动过程中，通过教育者对幼儿的需要和感兴趣的事物的价值判断，不断调整活动，以促进幼儿更加有效学习的发展过程。因此，教师在主题活动的指导过程中，不仅要激活幼儿原有的兴趣，还要不断地培养他们新的兴趣，有目的、有计划地引导、促进幼儿的兴趣发展，生成新的主题活动，而原来的主题活动就自然而然地结束了。

4. 允许多个主题活动同时并存，实现新旧主题活动的有效结合

新的主题活动开始时，往往会有一部分幼儿仍流连于旧主题活动，而一些新主题活动是原有主题活动的延伸和发展，两个主题活动之间有着必然的联系。教师应从本园、本班的课程实际出发，对新旧主题活动做适宜性分析，不能因主题活动设计而限定幼儿，应在尊重幼儿主体性的基础上，允许两个或多个主题活动在班级中并存，在交互主体的互动中，根据实际情况考虑灵活而有弹性的教学计划，不断调整主题活动的内容，引导幼儿进行经验的积累和迁移，将两者有机地结合起来。

案例 43

怎样将主题活动与幼儿的一日生活有机结合？
——"朋友见面真开心"教学诊断

主题活动作为幼儿园课程实施的主要形式，在幼儿的一日生活中占据着重要地位。在主题活动进行过程中，如果能将主题与幼儿的一日生活有机结合，不仅能使主题开展更加顺利和有效，而且能使幼儿的一日生活更加充实。

一、现象扫描

中班主题活动：朋友见面真开心

阅阅是班里比较特殊的孩子，这个"特殊"源于她的坏脾气——交朋友时的坏脾气。她不能接受别人拒绝她伸出的"友谊之手"，一旦遭到拒绝，就会情绪失控、大发脾气……

又到了午餐后安静的活动时间，小朋友们都在自己的座位上静静地翻着图书，"哇……"的一声哭喊将整个活动室的静谧的氛围一下子打破了。

"老师，阅阅和佳佳打架了……""老师，阅阅哭了……"

只见阅阅的手抓着佳佳的衣服，眼泪和鼻涕糊在一起，仰面大哭；佳佳用手使劲地抠着阅阅抓衣服的手，挣扎着，面含委屈地看着老师……

"好了，好了，阅阅先停下来，告诉老师怎么了！"教师一边帮阅阅擦着眼泪鼻涕，一边将佳佳从阅阅的手中"解救"出来。在阅阅断断续续的讲述和"旁观者"七嘴八舌的解说中，教师终于明白了事情的经过。原来，佳佳和阅阅看的是同一本书，两人一边看一边讨论，很开心。可是，佳佳在看书时被另外一位小朋友的图书吸引了,所以改换门径,决定去和别人一起交流。但这造成了阅阅的不满。她十分不希望朋友离开自己,所以就出现了开始时的一幕。

"阅阅,还记得豆豆的故事吗?"教师问道。

"记得。"阅阅拖着浓重的鼻音回答。

"故事中豆豆生气了,他是怎么让自己不生气的呢?"

"他吸了一口气。"阅阅说完,自己也深吸了一口气。

"很好,你看,豆豆的方法真好,阅阅试了一下,是不是就不那么生气了?再多试几下!"教师鼓励道。

阅阅在教师的鼓励下,深呼吸了几次,情绪慢慢地平静下来了,再经过教师的缓解,很快就又专注于自己的图书了。

在后续主题活动"爱开玩笑的纳纳"、"快乐是这样开始的"、"微笑"等活动中,教师有意地让阅阅在日常生活中学习故事中的小动物与朋友的相处方式,如:经常赞美别人,把自己的好东西与好朋友分享,经常用微笑面对朋友等。

随着主题活动的深入开展,阅阅开始慢慢地能去理解和体谅别人的情感了,也开始能慢慢地控制自己的情绪,再也不会抓住朋友不放手了,还会尝试用商量的口气和协商的办法与朋友交流自己的想法呢!

二、学理分析

从心理学角度来看,情绪是以个体的愿望和需要为中介的一种心理活动。幼儿心理健康的一个重要标志就是情绪积极、情绪反应适度。因此,培养幼儿情绪的自我调节能力,是幼儿社会性教育的一项重要内容。而中班幼儿正处于同伴交往发展的关键期,在这一时期,他们开始渴望与同伴交往,并有了初步的合作意识,但由于缺乏交往的策略和方式,经常会与同伴发生冲突,而其中对自己情绪情感的调节和对他人情感的尊重成为影响幼儿同伴交往的重要因素。

中班主题活动"朋友见面真开心"就是一个意在通过各种活动让幼儿理解不同的人有不同的情绪，体验和感悟朋友间的友情，让他们在活动中学会如何与朋友相处、如何调节自己情绪的主题系列活动。案例中阅阅正是一个渴望交朋友，但不知道如何与朋友相处，不知道怎么调节自己的情绪，只会通过"暴力"手段强留朋友的孩子。因此可以说，这一主题活动的开展为解决阅阅的交往问题提供了一个恰当的时机。

在案例中，当阅阅大肆哭闹的时候，教师自然地将主题活动中的内容运用到了幼儿的日常生活中。她让幼儿向"豆豆生气了"中的豆豆学习，虽然自己很生气，但是可以通过深呼吸、看看窗外的蓝天白云、想想自己心爱的玩具等方法让自己的情绪平静下来。然后，教师通过"爱开玩笑的纳纳"的故事，让幼儿明白：每个人都有自己的情绪，作为好朋友，应该学会尊重别人的情感，即使自己喜欢做这样的事情，也应该考虑到朋友的感受。同时，在日常的游戏活动和生活活动中，教师让幼儿学习主题中小动物们的相处方式：经常赞美别人的优点、把自己的东西与好朋友分享、与好朋友合作完成同一件事等。慢慢地，他们亲身体验到了朋友间互相合作、互相体谅的愉快情感。随着主题活动的开展，"朋友见面真开心"主题的思想和内涵慢慢地融合、渗透到了幼儿一日生活的方方面面。阅阅也在潜移默化中渐渐地理解了好朋友，理解了同伴相处的含义，学会了如何去调节自己的情绪，也找到了与朋友相处的方法。

三、对策与建议

1. 常用"渗透法"，使幼儿的一日生活更和谐

在主题活动的开展过程中，常常会出现这样的误区：将主题活动等同于教学活动。这样的理念使幼儿的一日生活人为地被割裂了，被动地被分成了教学活动、游戏活动和日常生活活动。但这些活动在本质上都是一样的，都是为了满足幼儿的生理和心理发展需求，引导幼儿发展。幼儿的一日生活是一个完整的教育整体。因此，在主题活动的开展过程中，教师可常使用"渗

透法",将主题活动的思想全面地融入到幼儿一日生活的各个环节,使主题活动与幼儿的一日生活紧密结合。

在案例中,随着主题活动的开展,教师不仅在教学活动中给幼儿传达正面的情感和态度,还在游戏活动中将主题活动的内容加以运用,同时,在日常生活活动中让幼儿学习用主题活动中小动物们的相处方式来交往,让幼儿时时刻刻都能感受主题活动所要传达的思想情感和态度。正是这种"润物细无声"的关注和点点滴滴的渗透,让幼儿在日常生活中慢慢地感受到了互相尊重的重要性,学会了与人相处的方式方法,了解了友谊的含义,继而使其行为有了质的变化,同时也让主题活动的开展更为流畅,效果也更为明显,使幼儿的一日生活和主题活动的开展变成了一个相互融合、相互促进、共同发展的和谐整体。

2. 妙用"生成法",使主题活动的内容更丰满

美国著名教育家乔治·福门博士在《儿童经历的寻常时刻》中论述了儿童生活中的典型时刻和寻常时刻。他认为:儿童的大部分时间,不是在被命名为"学习"的活动中度过的,而是由一个个细微的生活片段联结而成的;恰恰是这些片段,蕴含了令人难以想象的潜在契机;最佳的时刻是简单细小的寻常时刻,而不是那些庞大复杂的时刻。在主题活动中,如果我们能在这简单细小的寻常时刻中挖掘适宜的教育契机,妙用"生成法",将能使我们的主题活动内容更为丰满。

以中班主题活动"快快慢慢"的开展为例。此主题活动包含了两方面的内容:一是通过认识各种交通工具和动物的速度特性等感知事物运动的快慢,领悟快速运动和慢速运动各自的意义;二是通过扮演不同速度的事物、演唱不同节奏的歌曲、参与快动作与慢动作的游戏等,学会有意识地控制自身动作的速度以及合理安排时间、提高效率。但在活动开展过程中,孩子们对另一件事十分感兴趣,那就是"使慢变快,使快变慢"的方法有哪些。他们会在如厕时讨论汽车要减速时该怎么办,要加速时又该如何;会在晨间活动时争论让小鸟飞得慢点的办法;还会在午间安静游戏时为怎样才能让乌龟爬得快一些而苦恼……孩子们在日常生活中乐此不疲的讨论引起了教师的注意，渐渐地，快快和慢慢的相互转化以及二者的相对性成为了主题活动探索的另一个主要内容。可见，教师对幼儿日常生活中的细节关注，以儿童的兴趣作为活动"生成"的重要依据，不仅能使教师的教育教学活动更为有效，同时，也使主题活动的内容更加丰满，更具个性化和适宜性。

3. 巧用"增减法"，使主题活动与幼儿的一日生活相得益彰

在幼儿园主题活动的开展中，我们常常有这样的感觉：主题活动的内容和幼儿最需要解决的问题总是找不到交界点。幼儿日常生活中最常见的问题很少在主题活动中见到，主题活动的开展似乎与幼儿一日生活的内容变成了两条平行线。因此，若想使主题活动的开展与幼儿的日常生活相得益彰，就必须要巧用"增减法"，根据对本班幼儿发展现状的评估和对主题活动基本目标和内容的理解，适时地删减不必要和不适宜的主题活动内容，适当地增加适宜的主题活动内容。

例如在中班"红黄蓝绿"主题活动的开展过程中，由于我们长期致力于幼儿的科学启蒙教育研究，因此幼儿对"玩色"有丰富的前期经验，但在对色彩所蕴含的意义的理解上则比较欠缺，于是，教师在进行主题活动时，适时地减少了幼儿的"玩色"活动，而增加了诸如"红色的祝福"、"绿色的生命"等对不同色彩意义的理解等活动，激起了幼儿对色彩意义的感知，也提高了他们的活动兴趣。而如果教师不能根据幼儿的已有经验去适时地调整主题活动的内容，那么，主题活动的开展就成了幼儿原有经验的简单重复，主题活动和幼儿的日常生活都将会变得索然寡味。

总之，主题活动与幼儿的一日生活是一个密不可分的整体，主题活动的顺利开展能优化幼儿一日生活的质量，而幼儿一日生活的高质量也能使主题活动更加丰富和精彩。因此，在幼儿园教育中，我们应该尽力使主题活动与幼儿生活有机结合，共同促进幼儿的发展。

第三部分

区域活动组织与指导

案例 44

怎样因地制宜地合理利用现有场地开设区域活动？
——"风水宝地"的利用

通过多年不断的实践，我们深刻地体会到，区域空间设置的合理性直接影响幼儿学习的积极性、主动性，于是我们以《幼儿园教育指导纲要（试行）》提出的"环境是重要的教育资源，应通过环境的创设和利用，有效地促进幼儿的发展"这一理念为抓手，开始深度思考怎样因地制宜地利用环境，让现有场地既发挥其最大的教育功能，同时又能在合理划分的基础上使区域空间创设与幼儿有效互动，使区域活动起到最大作用。

一、现象扫描

"风水宝地"的利用

在小（1）班和小（2）班教室门前的走廊处有个大凹角，这里空间较大，阳光充足，但是没有任何遮挡，夏天较热，冬天较冷，雨天不舒服。可是，如果放弃对这块场地的利用，就太可惜了。

于是，如何将这样的"风水宝地"充分地利用起来，成为两个班教师积极思考的问题。"要不弄个娃娃家！""不行！这里阳光有时是直晒的，会很热，冬天下雪时也太冷，利用率不高！""要不用来摆放一些公用的材料？""不太好吧？这里正对着操场，每天人来人往地看着这些，不太美观哦！"……

一个一个主意被否定。"那做什么好呢？"教师们互相张望一番，最后集体"摊手"。"既要美观,又要实用,可以弄个生态种植区吗?做生态种植既方便孩子们观察,又美化了这里的环境!""可以考虑啊。"

说干就干,教师们发动家长从家里带来了大小不同的泡沫箱,鼓励大班的孩子来种植丝瓜,随着丝瓜种子的播种,丝瓜在大家的期待中变化着、成长着。发芽了,长叶子了,长高了……每当孩子们在这里小憩时,都会去看看"我的丝瓜有没有长大";每当有了小小的发现,孩子们是最兴奋的……

再看看凹角处绿意盎然、一片生机的模样,教师们十分欣慰,可是,当丝瓜种植的时光逝去后,教师们又开始头疼了,该怎么去利用这块地方呢?

二、学理分析

幼儿园环境是幼儿的第三位"老师",就如蒙台梭利所言:"在教育上,环境所扮演的角色是相当重要的。因为幼儿从环境中汲取所有的知识,并将其融入自己的生命中。"但是,并不是所有的环境都能促进幼儿的发展,环境亦有好坏之分,因此,在进行环境创设时,我们应该尽力创设能促进幼儿发展的适宜环境。这就需要教师根据园所和班级的整体环境、儿童的发展特点,全面规划,因地制宜地创设环境,挖掘幼儿园中一些利用度不高的环境资源,把它变成能与幼儿对话,并能吸引幼儿主动参与活动的区域环境,因地制宜地发挥环境的最大功效。

例如,在本案例中,两个班级中间的大凹角就是一个利用度不高的地方,可是,在经过教师们集思广益、全面思考的基础上,这里就变成了一个可供幼儿进行生命科学探索的种植区,与此同时,还兼顾了园所整体环境的美观,将美观与实用完美地结合起来了。从"丝瓜发芽了"到教师及时地在区中张贴图文并茂的种植注意事项,从"我看见丝瓜的叶子长大了"到教室墙壁上的丝瓜成长图的逐步张贴,这种动态的、富有变化的、能每时每刻引导孩子们去探究的环境正是幼儿园所需要的。"大凹角"的充分利用,既发挥了环境的最大教育功能,又在如何合理利用空间、创设与幼儿有效互动的问题上引发了我们新的思考。可见,环境创设除了要追随幼儿的兴趣、需要及发展目标外，还要学习挖掘一些现有场地资源，使幼儿园的各个角落都能渗透教师的智慧，使幼儿在环境中学会探究，也使孩子们更加爱护我们的环境。

三、对策与建议

对于应如何因地制宜、合理地利用现有场地开设幼儿园区域活动，基于本园开展区域活动的经验，笔者认为有以下三个方面值得借鉴：

1. 室外资源的再挖掘利用——空间布局合理化

室外环境是幼儿园整体环境的重要部分，一般来说，说到区域的时候，我们通常首先想到的就是班级的各个区角，但事实上，幼儿园室外巨大空间的合理利用，能有效弥补班级区域环境的诸如场地小、很多活动不能全面开展的弊端。因此，在创设区域活动时，我们要进一步挖掘室外的环境资源，通过整体规划、合理布局，使其为幼儿的发展提供更好的支持。

例如，本园的户外空间十分巨大，操场和绿化是融为一体的，春天樱花漫天飞舞，孩子们可以蹲下来寻找蚂蚁的足迹；夏天月季花开，枇杷惹来大批的小鸟；秋天丹桂飘香，冬枣、石榴挂满枝头；冬天梅花扑鼻，孩子们在操场上打着雪仗……各季的花、不同品种的果树，使整个场地成为孩子们游戏的乐园和花园！可是，除了户外活动时间，这些场地都被闲置了起来。于是，为了充分地利用这块场地，教师依据户外场地的特点，结合本园的科学教育特色、主题活动和幼儿需要对户外场地重新进行了区域设置。

第一是创设动物饲养区。教师在操场的旁边开设了饲养区，将一只只形状各异的木头笼子藏在幽静的树丛中，这些笼子和自然的景观混为一体，将本园尊重生命的科学理念蕴含其中。

第二是重设百米游步道，采用更多的自然材料：有的用鹅卵石铺成，有的用木桩搭成，还有的用铁管搭成，路的种类变多，同时游道上梯子、攀越障碍物等设施的设置，让孩子们一走上这条小道就能从脚开始进行不同部位的锻炼，使道路也变得更富创造性、探索性。

第三是在原有的戏水池上增添了自助动力水车，幼儿坐上去用脚有力地踩一踩，哈哈！水车开始咕噜咕噜转啦！水顺着水车的转动开始形成一圈水花，时大时小。

第四是扩大种植的面积。原来教师把这些区域根据班级数量划分给小中大各个班级，结果导致每个班虽然有属于自己的土地，但是土地面积很小，可以用来种植的植物种类也很少，不能保证每个幼儿都参与，也不便于取放种植工具。现在教师搭建了小木屋，把种植工具进行有秩序的管理，以中大班的幼儿为中心来进行种植，使班级中的每个幼儿都能有一块小小的地，都能参与种植和管理，都能体验到一种当小农夫的感觉。

第五是攀岩区、观赏平台的搭建和园内各角落的挖掘使用，使室外活动空间更加丰富，操作性更强。教师合理地设计和利用户外的现有场地，让孩子们能享受大自然的熏陶、阳光的沐浴和水的游戏，孩子们在这样的环境中获得了全面发展！

通过这种根据环境特点、融合幼儿园园本特色和幼儿发展需要的优化设计，幼儿园的户外区域与室内区域相互补充、互为依靠，使幼儿园环境成为一个统一的整体，充分体现了每种环境的不同特点和功用。

2. 室内公共环境的整合——区域的共享

户外的公共场地是幼儿户外活动的重要场所，但在室内亦有很多公共环境资源可以利用。因此，在幼儿园环境创设和班级区域设置时，教师应充分考虑这些室内的公共空间，根据其特点创设一些适宜的共享区域，充分发挥公共空间的作用。本园有3条长长的走廊，这是除了大厅外最重要的室内公共环境。为此，教师根据每条长廊上的班级年龄阶段分布情况，以及每条长廊的不同空间格局，按其功能将其划分成了不同的共享区域。在这个区域中，同年龄班之间或异龄班的幼儿都可以根据自己的能力共同使用这些材料，自主选择自己感兴趣的内容与活动方式，共享这些空间。

例如，因一楼分布着5个小班，因此，根据小班幼儿以直观感知为主的年龄特点，教师将长廊的一边设置为触摸墙，将生活中的不同材料粘贴在墙上，并在墙上张贴每个区块的问题指导，如"这个摸上去是什么感觉呢"、"它们摸上去是一样的吗",让孩子们在与环境的相互作用中,了解了不同材料的特性与感觉,学会了思考。同时,由于一楼的长廊有楼梯,因此,教师利用楼梯的空间创设出"蓓蕾超市"、"小吃店"、"蓓蕾医院"、"小蓓小蕾的家"、"理发店"等角色游戏区。二楼的长廊中,一边是扎染区,提供扎染白布、各色染料,还有呈现作品的一次性筷子框、棉被夹、塑管;另一边是沙摆区,提供摆的工具、各色的沙子,通过让幼儿摆一摆、玩一玩来激发幼儿思考,从而探索沙摆和力的大小及方向之间的关系,体现了科学和艺术的完美结合,称为"科艺长廊"。三楼因其空间的局限性,只能作为通行的道路,教师将它设计为公共的展示平台,通过悬挂和摆放的方式将教师、家长和幼儿一起用废旧材料制作的工艺品展示出来,共同创造了环保长廊。

这三条长廊各不相同,各具特色。这种公共区域的设置不仅突破了原有班级甚至年级区域空间的局限,扩大了幼儿的活动范围,也使公共区域更为立体化、综合化、生活化和共享化,充分诠释了对室内公共资源的整合利用,展现了环境创设中的因地制宜性。

3. 室内班级区域的合理规划

在幼儿园中,班级区域是幼儿日常活动的重要场所,班级区域的合理规划,对幼儿的发展和区域活动的效果具有重要意义。因此,在班级区域的创设中,合理规划布局十分重要。

(1)关注区域布局的合理性。室内空间的合理布局有利于区域活动的不断丰富与深化。因此,除了要划分不同的区域地块外,还要考虑动静分开和相关的区与区之间的融合。例如:阅读区适合放在教室光线充足、较为安静的地方,避免其他区的干扰;而建构区和表演区则设置在离阅读区相对远的地方,同时,其邻近需设置便于互动的区域。此外,还应根据不同区域的特点进行设置,如自然区要尽量放在有阳光的、方便幼儿参与的位置上;科学区需要有充足的亮光,使幼儿能看清楚操作材料;在语言区幼儿经常要听录音,故应尽量将其安排在有电源的地方。

（2）注意区域内容的动态性。区域活动和主题活动是互补的，因此区域空间的划分不是一成不变的，应该随着主题活动的深入和变化呈现出动态的变化。例如，当进行"秋天来啦"的主题活动时，就可以让幼儿去捡一些秋天的落叶投放在美工区中，孩子们既可以用树叶制作想象画，也可以用树叶来学习做树叶花，将落叶投放在娃娃家中，"爸爸妈妈"们可以用来做树叶项链、手链和"家里"的装饰；当进行"冬天来了"的主题活动时，就可以在区域中投放一些关于新年的图片等。

（3）重视立体空间的利用。在区域设置时，还应充分利用地面、屋顶等立体空间。教师可以在地面上粘贴条纹，使之成为棋盘、多米诺、迷宫、建构的世界，孩子们可以在这里趴在地上玩，不仅设置方法简单，而且幼儿参与的热情也很高涨。还可以在图书区的上空悬挂一些孩子们的自制图书，利用长气球的弹性来让自制图书自由伸缩，方便幼儿的阅读。植物区的植物呈现方式也可以考虑利用空中空间。

幼儿园环境的重要性不言而喻，但是，每个幼儿园的环境和特点都是各不相同的，因此，如何因地制宜地利用现有场地开设区域活动，是教师必须去思考和努力探索的问题。

> 案例 45

怎样在区域活动中对幼儿进行有效指导和管理？
——"学做解放军"等教学诊断

区域活动是幼儿根据自己的兴趣需要选择的一种有别于集体活动的活动形式。在区域活动中，幼儿根据自己的需要开展个性化的活动，教师的指导更多的是隐性指导，这种指导依赖于教师的区域设计与材料提供，教师的指导和管理不能影响幼儿的自主活动，更不能因为指导和管理而干扰幼儿的活动。

一、现象扫描

例1 大班主题活动：学做解放军

班里正在开展主题活动"学做解放军"，A老师觉得可以结合此主题活动增加一个区域活动内容——"警察组"。

当教师拿出准备好的道具——小军帽、小军装、玩具手枪等的时候，男孩子们发出了欢呼的声音，纷纷举起了自己的手，嘴里嚷嚷道："我要参加警察组"，"我也要，我也要"，"老师请我吧"。

淘淘最激动，把自己的手都伸到了教师的鼻子底下："老师，我很想去警察组。"

教师有点不满意淘淘的举动："请你坐到自己的座位上举手好吗？"

"好好好！"平时很淘气的淘淘这次居然老老实实地坐在自己的椅子上，端端正正地举着手一动不动。

"天天、乐乐、小强、莫莫,再来一个女解放军吧,好,小薇你来吧。"

没被请到的幼儿很是失望:"老师,我们也想参加啊。"

淘淘很生气地冲到教师面前:"老师,我坐好了你为什么不请我?"

教师说道:"你太吵了,让你去警察组你拿着冲锋枪在教室里乱跑会影响到别人的。这样吧,这次你先去建构区安安静静地造一座房子给老师住好吗?下次再请你。"说完教师就忙着去照顾其他的幼儿了,引导他们分工、准备材料。

淘淘嘟着嘴不情愿地走到建构区:"我不会影响别人的,我会拿着枪巡逻,我还会帮助来报警的人呢。"淘淘一边嘟囔,一边拿起泡沫积木胡乱地搭了起来,因为带着情绪,搭了就倒,再搭还是倒,索性就拿着长方形的泡沫积木开始挥舞起来,嘴巴里"哒哒哒"地轻声叫着。一直到区域活动结束的时候,淘淘还一直用羡慕的眼神瞟着解放军组的小朋友,什么作品也没完成。

例2 区域活动中的小雅和童童

区域活动开始后,选择美工区的孩子们有的拿着白纸开始绘画,有的拿着绣花圈开始绣花,有的拿着彩纸开始折纸,等等。

小雅拿着彩纸,想折一只教师刚教过的小兔子,可是小雅没学会,折到一半就不知道该怎么办了。这时刚好B老师从旁边走过,小雅向B老师求助:"老师,我想折个小兔子,可是我不会。"

教师很耐心地教:"你看着,这边先向里折一下,然后……"

这时建构区传来了争吵的声音,教师把折纸还给了小雅:"你问问旁边的小朋友吧。"教师急急忙忙去建构区解决纠纷去了。

小雅只好向旁边的小希讨教:"小希,你会折小兔子吗?"小希正沉浸在自己的绘画中,头也不抬:"会,但是我现在在画画,你别打扰我。"

小雅有些委屈,有些茫然,好不容易又鼓起勇气问同样在折纸的童童,童童很痛快地答应帮助小雅,但是两个人一起"研究"了很久后发现两个人都不会。

童童建议:"要不还是问问老师吧!"小雅看看老师,老师正在指导表演区的小朋友们做动作,小雅想了想说:"还是我们自己再想想吧!"

就这样,童童和小雅两个人折了折、折了折,教师从旁边走过,看到她们认真的样子,很高兴地摸摸她们的头,没多询问就去指导别的小朋友了。

小雅和童童经历了几次失败后,对折纸失去了兴趣,将手上的折纸揉成了团,两个人开始了"纸团大战",玩得不亦乐乎。区域活动结束了,小雅和童童望着手上的纸团,露出了失望和挫败的表情。

二、学理分析

1. "是谁玩游戏?"——幼儿是区域活动的主人

区域活动是人为创设的自然情境下的幼儿自主、自愿的游戏活动,应该让幼儿按照自己的兴趣和愿望去选择区域活动内容和方式,也只有提供给幼儿充分的自主选择和活动机会,区域活动的潜在价值才能被不断地挖掘出来。

"警察组"深受男孩子们的喜爱,大家都想选择这个组,由于人数的限制和对幼儿性格特点的考虑,教师选择了其中的几名。殊不知,教师这种看似"为大局着想"的举动忽视了其他幼儿选择游戏的自主权,打击了他们参与区域游戏的积极性。当幼儿觉得自己的主体性在区域活动中没有得到体现时,他就不会全身心地投入到游戏中。如例1中的淘淘,我们可以从他的自言自语中看出他对如何丰富警察组游戏还是很有想法的,他想参加警察组去巡逻,去帮助报警的人,而教师怕他去了警察组"调皮捣蛋"吵到大家,直接将他分配到了安静的建构区,同时给了他一个任务——给老师搭建一座房子住。淘淘带着情绪到了建构区,期间教师既没有安抚淘淘的情绪,也没有参与淘淘的建构,淘淘看似安静了,可心思还在警察组,所以直到活动结束也没有完成教师布置的任务。

2. "一起玩游戏!"——教师需要指导和管理区域

我们强调区域游戏中幼儿的主体地位,并不是说完全让幼儿自由游戏,想怎么玩就怎么玩,在区域游戏中也需要教师适时适度、及时灵活的帮助和指导，但有效的指导应该不干扰幼儿的游戏，发挥幼儿的想象力，丰富幼儿的行为表现，让幼儿体验成功的愉快情绪感受。

在例1中，如果教师和淘淘一起进入建构区，建议淘淘是不是可以为警察组盖一座派出所大楼，下次等自己参加警察组的时候可以在里面办公，相信淘淘一定会欣然答应；同时，教师应适时地参与淘淘的建构，给予一些平等状态下的隐性指导，如"别忘了给办公室加个窗户哦"、"你想盖个平顶还是尖顶的呢"等，相信这会是一次愉快而又成功的区域活动。

在例2中，小雅虽然按照自己的兴趣选择了美工区，想折一只小兔子，但是她求助了老师和同伴后没有得到她想要的帮助，在经历了数次失败后，小雅选择了放弃，所以这次区域活动对她而言是一种时间的浪费，同时对她也是一次失败的挫折体验，很可能会降低她对折纸活动的兴趣。

三、对策与建议

1."我想玩……"——让幼儿享有区域选择的自主权利

幼儿对事物的兴趣越浓，其稳定、集中的注意力越容易形成。教师不能强迫幼儿选择什么区域活动，应尊重幼儿的兴趣，让幼儿自主选择。

在例1中，由于想参加的人很多而人数又有限制，教师权威地进行分配，这样很容易引起幼儿不满和反抗的情绪，也会挫伤幼儿的积极性。那么教师可以和孩子们一起商量确定参加警察组的条件，以确保每个人都能有机会参与，同时也让孩子们知道想参加警察组需要付出一些努力。此外，还要注意，并不是每个区域、每次活动都能全部满足幼儿，教师可以做出环境布置，以好玩有趣的形式来提醒幼儿区域活动有多种选择，帮助幼儿全面发展。结合例1的情况，教师可以在教室里制作一面"接龙墙"，每一类区域活动就是一节不同颜色的龙身，幼儿在每次区域活动前可以自由选择一类区域活动，然后根据自己的选择找到相应颜色的龙身进行连接，一周下来看一看谁的龙颜色丰富。当然，这只是其中的一种方法，教师可以以多种形式对幼儿进行暗示和激励，相比教师反复的言语强调，这样更能调动幼儿的积极主动性，有助于在兴趣和发展的全面性中寻找平衡点。

2. "这样玩……"——师幼共享区域的有效互动

区域活动中教师的作用非常重要，教师需要全面观察、准确了解幼儿在区域中的表现和需要，经过观察分析，决定指导的对象和方式，以幼儿游戏伙伴的身份介入指导，平等地与幼儿共同游戏，采用建议商讨的口吻启发点拨幼儿，促使幼儿积极思维，帮助幼儿学习提高。教师的指导语言也可分为两种：显性指导和隐性指导。至于选择哪种适宜的指导方式，需要教师根据游戏的不同环节、不同性质的学习内容及幼儿的不同行为表现而斟酌。

例1中的淘淘有建构游戏的经验，同时对教师有一些不满情绪，这时就适合使用隐性指导，既能达到目的又不会引起幼儿的反感；而例2中的小雅由于技能上的原因而求助于教师，这时就需要教师进行显性指导，通过简单明确的方法帮助小雅学会折纸，这就是高效的指导，要避免因为教师指导不及时而导致幼儿区域活动时间的浪费。

3. "真好玩……"——区域内隐弹性指导管理的辅助

教师的指导对于幼儿从区域活动中获得发展价值尤为重要。但教师毕竟精力有限，不能对每一个幼儿都进行指导和管理。这时，区域活动中的内隐指导就能起到管理辅助的作用。如例2中的小雅不会折纸，如果教师能够在美工区提供一些折纸的步骤图，平时又有熟悉折纸符号作为经验基础，那么幼儿就无须求助别人，而是可以自己看着步骤图一步一步地进行，相信这样取得的成功肯定比教师或者同伴教授后取得的成功更能为幼儿带来自信和愉悦。教师可以提供步骤图，同时要充分考虑到不同能力层次幼儿的需要，可以从易到难地提供一系列的折纸步骤图，既让幼儿体验到成功感，也让幼儿对自我进行挑战。这样就不会让能力偏弱的幼儿感到挫败、让能力偏强的幼儿无所事事，从而让幼儿有更多的机会自己去探索、发现，使区域活动的时间效能更强。

案例 46

区域活动材料投放应该注意什么？

——"做彩链"教学诊断

区域活动是幼儿自主选择、操作、摆弄材料的过程，活动材料作为开展区角活动的物质基础，是促进幼儿发展的载体，更是开展区域活动的重要保证。只有与幼儿的年龄特点、经验、能力和需要相适应的材料，才能激起幼儿学习的主动性；在不断地主动操作材料的过程中，幼儿才能获取信息、积累经验、丰富情感，从而获得发展。

一、现象描述

大班数学区域活动：做彩链

大班数学区正在进行着排序主题的操作，教师投放了长短、宽窄、颜色不一的纸条，以做彩链的操作情境导入，让幼儿将材料以"ABABAB"的排序规律进行着组合活动。

孩子们很快发现了区域中纸条提供的不同外显特征，分别按纸条的长短、宽窄或颜色的特征进行着 AB 式组合。随着一串串彩链在区域空间的呈现，孩子们兴奋不已……

但随着几次重复性的活动之后，孩子们的兴趣逐渐淡去。教师也很快察觉到了孩子们行为的变化，于是将不同规格的纸条替换成不同颜色、大小、材质的夹子，继续以夹花盘的操作情境进行着 AB 式的排序游戏。

可是，这样的活动持续了一段时间，材料又将面临着被淘汰的局面，教师又一次陷入了替换材料的困惑中……

二、学理分析

案例中，教师为幼儿提供了生活中熟悉的操作情境——"串彩链"、"夹花盘"，所以幼儿的操作兴趣很快被激发。但在此过程中，教师仅仅关注到材料呈现形式上的新颖性是不够的。在活动"串手链"操作中，幼儿按照颜色、长短、宽窄等特征进行排序，在"夹花盘"的情境中，孩子们仍是按颜色、大小、材质等物体的基本单一特性进行排序，教师未重视在引发幼儿已有经验的基础上引导幼儿深入学习新的知识，幼儿的兴趣自然就如同昙花一现。

区域中材料的"换新"，体现的应是教师指导思路的"调整"和"深入"。案例中区域排序活动的创设初衷，是帮助幼儿多角度地理解排序活动。大班幼儿已经积累和建立了有关物体颜色、形体和数量等特征差异排序的学习经验，在此基础上，在进行综合特征差异性排序的同时，可融入数量的递增、递减规律的排序，帮助幼儿从多角度建立排序的概念。

三、对策与建议

1. 结合区域空间的创设思考材料的设计性

区域空间的创设是一门艺术，教师往往会根据区域游戏的不同情况，采取扩大、缩小、全开放、半开放、隐蔽等方式，为幼儿游戏提供不同的空间保证。本案例中的"排序"规律现象，在生活中随处可见，例如服装上的花纹、公园中花草的种植、棋盘上的黑白格等。孩子们会在生活中有意或无意地发现这些排序现象，而教师正是幼儿发现、运用和创造这种有规律的美的引导者。为了更好地渗透区域中"在幼儿生活中进行数学的学习"的精神，教师可以在活动区添加欣赏区，让孩子们共同收集生活中隐藏着规律性的图片，通过参与活动区的创设，让幼儿自主地感受规律、发现规律、创造规律，更好地体现环境、材料的积极暗示作用。

又如，某幼儿园大班建构区中，在游戏初期经常会出现这样的场面：凌乱的积木四散在地，孩子们很难找到自己需要的满意的材料，始终不见完整的作品，幼儿很容易在游戏中争抢玩具。经过观察和分析，教师将建构区的空间调整为材料放置区、作品展示区、小型材料供应区三个部分，并组织幼儿共同讨论出了建构区的规则，如取放材料要有序、搭建作品要合作、小型材料可利用等。第二天，争执的场面不见了，因为大家发现有那么多材料可供利用，大家一起商量好之后再搭建，比一个人玩儿有意思得多。

2. 从区域游戏的内容思考材料的层次性

材料的层次性，是指教师在选择、投放材料时，能预先做思考：将所要投放的材料，逐一与幼儿通过操作该材料可能达到的目标之间，按照由浅入深、从易到难的要求，分解出若干个能够与幼儿的认知发展相吻合的、可能的操作层次，使材料"细化"。

如案例中，教师提供了长短、宽窄、颜色不一的纸条，幼儿很快认识到了材料的特征，并按长短、宽窄或颜色的特征进行着 AB 式组合串彩链。在这之后，教师可以将材料的使用稍稍加以改进，如出示彩链递增、递减串联的半成品（①红圈不变，黄圈逐一增多；②红圈不变，黄圈逐一减少；③红圈逐一减少，黄圈逐一增多），幼儿通过观察、比较，就会发现彩圈递增、递减排序的规律，然后继续尝试运用这样的方法完善作品。在这个环节中，幼儿通过观察、比较、发现、操作，大大提升了判断和推理的能力。

3. 根据幼儿的能力发展调整材料的使用性

区域活动是幼儿的自主活动，教师应观察幼儿与材料之间的多种互动行为，关注幼儿行为背后的想法，根据幼儿的发展，及时调整目标，学着认同、顺应幼儿。目标的修正既是对材料利用的再认识，也是对幼儿能力的新发现。

比如，一个幼儿根据自己的喜好，挑选出同一色系的木夹，并分别以开口上、下的不同朝向排列着，教师惊喜地捕捉到了幼儿的这一行为，并追问道："想一想，还有怎样的摆法？"很明显，在材料的使用上又形成了新的刺激点，幼儿在教师的激励下，很快又将夹子分别以开口左、右的不同朝向进行组合，这样的行为引起更多幼儿的关注与参与……同种材料能够激发出更多种不一样的玩法，这样能加速幼儿对经验的整合和提升，使之变成自己能力结构中的一部分。案例中，教师根据幼儿的行为表征调整夹子的"动态"使用，也体现了教师追随对幼儿行为的发现，不断调整教育目标的"动态"过程。只有真正地追随儿童的发展，不断调整教育的主题，才能使幼儿园的活动区真正实现其教育的终极价值。

案例 47

怎样在区域活动中观察幼儿并给予有效指导？
——"建造车库"教学诊断

教师在区域活动中扮演着参与者和指导者的角色。要指导幼儿，首先就要了解幼儿。要了解幼儿，就必须进行观察。如何观察？怎样的观察才是有效的？教师在观察中又该如何处理好各种有效信息，从而给予幼儿适时的、有效的指导和帮助呢？

一、现象扫描

建造车库[①]

为了开展"汽车"主题活动，幼儿带来了不少的玩具车，柜子上逐渐放不下日渐增多的车子，孩子们提出了建造车库的建议。教师发现多数幼儿选择为小型车搭建车库，是因为小车库容易建造，几块积木围搭即可，而为大型车（如推土机、大卡车）搭建大车库有一定难度，因此就无人问津了。针对这一情况，教师向孩子们提出了问题。于是在建筑区里，孩子们和教师一起开始建造车库。

师："这推土机那么大，把它停在哪儿呢？"

多多："搭个大的不就行了嘛。"

---

① 参阅：虞莉莉，主编. 幼儿教育案例专题研究 [M]. 杭州：浙江大学出版社，2005：134-136.

师:"好,你们试试看。"

孩子们情绪高涨,他们觉得搭个大车库是件非常有趣的事。

此时,炜炜很快就用木头积木建造了一个类似门形的车库,然后拿推土机尝试,可车子太高太宽,无法进入"车库"。

师:"这个车库够不够大?"

达达:"不够大,得把门搭大点。"

炜炜把车库的两边加宽,再次拿车子尝试,结果车子还是过不去,因为车库还不够高。

炜炜看了看车库,他又把顶拿下,找了两块同样的积木叠在两边,使车库变高,车子终于能通过了!

师:"可是今天下雨,这个顶棚这么窄,汽车会淋湿的。"

达达:"搭两道门吧。"

多多:"还不够的话,搭很多道门就行了。"

师:"那么你们再试试。"

孩子们高兴地答应了,开始搭建。当搭好车库两边准备建棚时,他们发现长积木用完了,拿短积木一放就往下掉。炜炜还尝试将两边积木间的距离缩短,可是有难度。于是,他们求助于教师:"老师,积木用完了,我们要长积木。"

师:"想想,可不可以用其他的东西代替?"

炜炜看到了一块塑料积木,高兴地说:"有了!"他将那块积木横放在顶上,可是还不够长,于是又将另外两块小积木插接在大积木的两边,这回,架在顶上长度刚好。同时,达达向旁边的小朋友借了一块长积木。

二、学理分析

在案例中,我们发现教师的支持、引导作用恰到好处。教师既没有旁观不问，也没有剥夺幼儿的权利，而是依据观察提供了很多支架。当大部分幼儿还要继续搭建小型车库时，教师适时地抛出问题："这推土机那么大，把它停在哪儿呢？"教师以富有价值的内容提示幼儿挑战难度更大的建构活动，促使幼儿进入搭建大型车库的行列。当幼儿发现车库的宽度不够，尝试用加宽的方法去解决问题而照顾不到车库的高度时，教师又以提问的方式引发幼儿思考、探究，鼓励幼儿继续尝试：如何在空间层次上围合、包起。当长积木用完了时，教师又以"想想，可不可以用其他的东西代替"来提醒和引导幼儿开拓思路，尝试寻找替代物来解决问题，正是通过细致观察所获得的信息，教师才能有针对性地引导和指导幼儿的建构活动，幼儿才会在这个过程中获得空间、组合与接长等经验，并且顺利地解决问题。

三、对策与建议

要使区域观察做到及时、有效，教师应注意以下几点：

1. 要明确观察的目的

每一次区域活动前，教师要明确本次区域活动或本周区域活动中自己要重点关注和观察的区域是哪几个，要重点关注的问题有哪些，要重点观察的幼儿是哪些。也就是说，教师要明确自己在区域活动的观察中做什么和为什么而做。因为只有这样，教师才会进入较好的观察状态，才有可能使观察活动有意义和有效。

为了使观察的目的性更明确，为了更好地收集区域活动中的有效信息，我们建议，在区域活动观察中可以采用观察记录的方式，如下表所示：

幼儿园区域活动观察记录表

周次		班级		本周重点观察区域		观察员	
区域观察实录及反馈							
观察实录				观察反馈			
该区域幼儿姓名				关于活动材料			
幼儿在该区域活动实录				关于区域环境			
^				关于教师的指导			
^				教师的调整策略			

2. 要注意观察的连贯性

经过多次、反复的观察，教师才能较为正确地估计幼儿的活动水平和幼儿与材料互动的情况，才能清楚幼儿需要怎样的帮助和引导。正如本案例中描述的那样，如果教师不是一直在关注该区域，又如何知道幼儿只是喜欢搭小的车库，对于难度较大的车库不敢进行挑战和尝试呢？在后来的逐步引导中，如果教师没有连续地观察和给予适时的引导，有可能许多幼儿在第一次尝试失败后就放弃努力了。因此，对某一区域、某些幼儿长时间的、连贯的观察是必要的。

3. 要讲究观察的方法

观察幼儿是为了了解幼儿，观察区域活动展开过程是为了更好地了解幼儿与材料的互动情况，了解幼儿在其中的发展情况，从而可以为幼儿提供有力的支持和帮助。在观察中，教师首先要做的是旁观者，要通过关注幼儿的活动了解幼儿的活动意图、思维方式，对幼儿的活动水平做出正确的诊断，对幼儿与材料的互动情况进行正确的判断，然后根据观察情况进行分析，考虑是否介入活动进行引导或是对材料进行丰富和调整等。其次，教师要做一个优秀的活动者，参入游戏。所谓"参与"，即教师在适当的时候以平等的身份和幼儿一起活动。教师对幼儿活动的具体参与指导和帮助，可促使幼儿的活动水平不断提高，活动内容更加丰富，并收到更大的教育效果。但教师要注意，参与的时机是很重要的因素，在正确时机介入并参与幼儿的活动，可以扩大及丰富幼儿的活动内容，但如果时机不对，可能会使幼儿中止活动。因此，教师应先观察，再决定是否加入或何时加入。

4. 要学会及时处理有效的观察信息

幼儿对活动感兴趣吗？他们的关注点是什么？会出现什么样的问题？捕捉活动中的教育契机，不断开发教育目标与内容，需要每位教师具有敏锐的洞察力，教师要及时捕捉瞬间的信息，及时了解幼儿的需求，给予适当的帮助与肯定。比如，当炜炜第一次尝试造大"车库"不成功时，教师马上用语言给予适时的引导："这个车库够不够大？"她没有直接指出幼儿的疏忽，而是启发他进行再一次尝试，让幼儿自己在尝试中去发现问题，然后通过自己的努力去解决问题。当幼儿通过努力成功以后，教师再次设疑引发幼儿新的探究活动，可当幼儿遇到问题求助于教师——"老师，积木用完了，我们要长积木"时，教师不是直接给他几块长积木，而是说："可不可以用其他东西代替？"她及时地抓住了幼儿抛过来的球，并且以很巧妙的方式再抛还给他们，激发他们再次探究的兴趣。

总之，在区域活动的观察中，教师始终要考虑两个问题：一是什么因素影响幼儿的发展，二是教师如何帮助每个幼儿发展，在幼儿活动的过程中，教师要做一个敏锐的观察者，善于抓住教育的契机，及时发现问题，采取有效的措施和方法，给予幼儿适时的帮助和引导，从而促进幼儿在区域中的发展。

案例 48

怎样根据幼儿的年龄阶段特征设计区域活动？
——"小熊请客"教学诊断

区域活动是幼儿个性化、自主化的游戏活动，它与集体活动的区别在于能够满足不同幼儿个性化的需求，因此在设计区域活动时，一定要依据不同年龄阶段幼儿的身心发展需要及学习经验水平来进行，各年龄阶段的区域要注意连续性与衔接性。

一、现象扫描

托班区域活动：小熊请客

走进宝宝班的活动室，映入眼帘的是一幅《小熊请客》图，可爱的小熊和它的好朋友小鸡、小狗和小猫围坐在一起，津津有味地分享着美味的食物。在活动室的每一处都可以看到孩子们正专注地为动物朋友们准备它们爱吃的食物。

首先是一个大大的鱼池，孩子们举着装有磁铁的长长的钓鱼竿专心地钓着鱼，脚边摆放的小水桶里装满了自己钓到的鱼。鱼钓好了，孩子们走到池边挂着的大网边，把鱼挂到钩子上晾晒，等小猫来做客时就可以取下来喂给小猫吃。

隔着一个柜子，是一个小青虫的世界，这里有用废弃碎布料制作而成的青虫的身体，分为两种颜色、三种形状、三种连接方式。孩子们正把同种颜色或是同种形状的布团连接在一起，连接的时候还得仔细看一看连接方式是不是合适。场地的另半边，有一条条用粗细不同的管子制作而成的小青虫，张着大嘴巴站立着，尾部有一个挖了洞的小盒子，小朋友们兴致勃勃地给小青虫们喂食物。食物是各种大小不同的球，有玻璃珠，有波波球，还有塑料小球，大小正好对应身体的粗细，如果喂错了，可就塞不进去或是滚不下来了!看着小青虫咕噜咕噜地吃下好多东西,孩子们都兴奋不已。

　　小青虫区的右边是一个烤肉区,肉是用泡沫纸做的,肉串有的有两排孔,有的只有单排孔,孩子们根据自己的能力串肉串,串好了还可以放在烤箱上烤一烤,香喷喷的。馋嘴的小狗正坐在小拖盒里张开大嘴等着孩子们喂食物给它吃呢!

　　最后,小朋友们拖着用纸盒做的小鸡、小猫、小狗玩具,来到了小熊的家,大家围坐在一起,给小熊过生日,帮小熊一起招待它请来的动物朋友们。他们都很开心!

二、学理分析

　　2—3岁的幼儿正处于各方面的意识开始萌芽的时期,他们好模仿,依靠感觉和动作进行思维,所以,他们的活动往往是在与材料的互动中产生的。因此,生活经验和成人的语言动作成为他们日常游戏中最常出现的内容。托班幼儿的心理活动带有明显的直觉行动性,他们的记忆和思维都是在直接与事物的接触中进行的,他们先做后想,或边做边想。基于这些特点,情境性的区域活动是比较适合托班年龄阶段幼儿的。根据托班幼儿的这一特点,教师以他们十分熟悉的故事《小熊请客》为线索,以故事中三个可爱的小动物小狗、小猫和小鸡为原型,设计相关的操作材料,同时以小动物们爱吃的食物作为材料的拓展与延伸,使幼儿在操作材料的同时始终沉浸在故事的情境之中,于是,游戏时的语言自然而然地围绕故事而产生,幼儿会自发地与小动物们对话,将自己融入到角色之中,不断进行操作活动,在操作中练习手的肌肉动作,学习物体的分类,感受事物的数量,而且乐此不疲。

三、对策与建议

1. 各年龄段的区域环境创设应符合不同年龄段幼儿的需要和发展特点

　　托班区域环境创设应重视营造动手操作材料有趣且为幼儿所熟悉的情境。对于简单的操作材料,幼儿在使用几次以后容易失去兴趣,而当这些看似独立的材料被串联起来,成为一个完整的情境时,幼儿的操作兴趣就能维持较长时间。"小熊请客"以故事情境为原型,投放了自制两片式拼图、用粗细不同的管子制作的小青虫、大大的鱼池和贴有磁铁的小鱼及鱼竿等。各种故事人物及小动物们爱吃的食物都被设计成各种玩法，搭配适合不同学习能力的操作材料，大大调动了托班幼儿强烈的情境感，幼儿与材料之间的互动将更频繁、更有趣，语言表达的积极性会得到大大的激发。

2. 各年龄段的区域环境应在突出年龄段特征的同时注重延续性和衔接性

幼儿的发展是个连续的过程，因此，教师在设计区域环境和材料时，要在把握幼儿年龄段基本特征的基础上，重视过渡和延续，而不宜人为地割裂。托班幼儿升入小班，虽然区域活动以角色游戏形式全面展开，但其中不乏情境感，角色与情境相辅相成，幼儿才能更好地将自己在生活中的已有经验应用到操作中去。小班幼儿升入中班，尽管在各项能力上都有了不同程度的提高，但仍然爱模仿成人，他们的游戏仍较多地体现经验的再现，因此，角色游戏延续到中班将会进入鼎盛时期，出于综合考量，中班幼儿更适合将角色游戏与领域区域游戏结合起来进行，这样既能较好地增强幼儿各方面的能力，也能使幼儿的交往能力与社会性得到极大的发展。而中班幼儿升入大班后，好奇的小脑袋里充满着对未知世界的无尽想象，他们渴望探索，善于通过自己的观察与操作寻求问题的答案，这时，教师应对以往使用过的材料进行组合和加工，使之更符合大班幼儿的需要，同时也照顾到幼儿之间的能力差异，给幼儿学习和缓冲的时间。

3. 设计各年龄段的区域材料时应考虑功能性和拓展性

教师在设计区域材料时，应有目的、有计划，尽可能避免单一功能材料的堆积，这会使幼儿很快对区域活动失去兴趣。材料能组合、能变化、有层次，才能多方位、多角度地满足幼儿活动的愿望。试想一下，如果托班的活动仅仅是枯燥地反复操作某一种材料，材料之间并没有任何联系，就引发不了幼儿的共鸣，幼儿的游戏也就索然寡味。幼儿即便一开始能对新材料产生兴趣，时间一长，这种兴趣也被消磨殆尽了。而教师如果能将这些材料的操作与幼儿熟悉和喜欢的人或事联系起来，呈现的效果就会完全不同：幼儿的操作与摆弄是有目的的、有情境感的，幼儿操作的兴趣会更大，目标的驱动力会更强。只有这样，才可能引发幼儿更多的联想，从而为教师进一步拓展材料的操作价值与功能提供基础和启发。

案例 49

怎样在区域活动中利用乡土资源？
—— "蓓蕾小农场种植活动" 教学诊断

区域活动是根据幼儿发展需求和主题教育目标创设的立体化游戏环境，它能使不同水平的幼儿在活动中获得不同程度的提高。如何因地制宜、充分挖掘乡土材料在区域中的价值，是需要关注的问题。

一、现象扫描

例1 蓓蕾小农场种植活动

又一季的蓓蕾小农场种植活动开始啦！活动前教师和当地的农民进行了联系，购买了一些果实类的植物秧苗，如西红柿、茄子、辣椒等，让幼儿来认领自己的植物。

当孩子们看到一棵棵绿绿的、小小的秧苗呈现在眼前时，个个兴奋不已。但教师也从他们的眼神里看到了犹豫。幼儿兴奋的是他们将拥有属于自己的小植物了，犹豫的是他们不知道该选哪一种秧苗。

当教师请他们上前选择时，他们还是自信满满地各自进行了选择。天天手上拿着的是紫紫的苗，奇奇看到后凑上前去对天天说："我的苗和你的是一样的，你的紫紫的，我的也是哎！"

天天说："真的，那你说这个是不是茄子苗啊？"

奇奇耷拉着脑袋说："应该是吧，茄子就是紫色的嘛！"

"我妈妈说，这个会结许多的紫色的大茄子！"奇奇炫耀着。

"我妈妈说茄子有很多颜色,还有白色的呢,我希望能种出白色的茄子!"天天不甘落后地说。

奇奇带着不敢相信的神情,眨巴着小眼睛歪着头问道:"茄子不是只有紫色的吗?"

"不是,茄子有白色的!"天天自豪地说。

看两人一直争论着,教师便接下他们的话题:"希望大家一起来等待,看最后的结果到底是什么,好吗?"

两个幼儿用力地点了点头,便和大家一起把自己的植物种在了小农场里。

二、学理分析

乡土资源包括自然地理资源、人文历史资源和社会发展资源等,《幼儿园教育指导纲要(试行)》指出:"环境是重要的教育资源,应充分利用自然环境和社区的教育资源,扩展幼儿生活和学习的空间。"

在本案例中,教师正是利用自然环境和社区的教育资源来扩展幼儿的学习和发展。小农场正是幼儿园开展的五小科学课程(科学小常识、科学小实验、科学小游戏、科学小制作、科学小农场)之一。教师在幼儿园开辟了一大片土地作为幼儿的户外种植区域,满足幼儿种植活动的场地需求。同时,幼儿园处于城郊结合部,教师也利用了这个优势,向当地有经验的农民请教种植经验,从他们那里获取存活率较高的秧苗让幼儿进行种植。教师还邀请他们作为种植区的顾问,一同指导孩子们种植和管理自己的植物。教师选择了幼儿生活中常见的植物,如西红柿、茄子、辣椒等作为种植对象,在材料的选择上贴近幼儿的生活,符合幼儿的经验储备,更利于幼儿进行后期观察,了解它们的生长过程。在案例中,两个小男孩猜测茄子的颜色,引发争论,他们为最终结出的果实的色彩各持自己的观点,这也充分体现出材料对幼儿兴趣的激发,为后续的活动奠定了基础。

三、对策与建议

在幼儿园区域活动的创设中,教师如何利用乡土材料,使区域活动更具特色、更具意义呢?

1. 利用乡土资源,创造区域活动特色

乡土资源是一种看似不起眼,实则能发挥意想不到的功能的多元化、多功能的重要游戏资源。教师需要把眼光从千篇一律的现成的、固有的游戏材料中解放出来,把眼光投向广阔的外围环境,寻找我们所处环境中有特色、有价值,可以挖掘和利用的资源,凸显我们的地域文化和特点。想要体现区域活动特色,充分利用乡土资源是十分简便而有效的途径。

(1)环境资源。利用环境资源的两种主要方式是建立种植小农场和饲养小农场。

①种植小农场。由于城市的现代化进程,现在很少有幼儿能接触到种植活动,有的幼儿甚至不知道常见蔬菜的名称、外形及基本的生长情况,教师可以开设户外种植区,让幼儿进行种植,观察植物的生长过程、外形特征,观察种子发芽、长叶、开花、结果的历程,记录下植物的生长过程。

例2 山芋种植活动

在户外种植区域中,教师大胆思考乡土材料的投放,将乡土材料与户外区角有机融合。

春天,教师在种植区里种植了山芋,并发动幼儿人人种一只,引导幼儿连续性地观察、探索山芋从发芽、长叶到开花的过程,通过抛出"山芋的果实结在哪里"这一问题引发幼儿的讨论、思考、大胆猜测。

秋天是山芋收获的季节,教师带领幼儿一起到地里挖山芋。当一只只山芋从泥土里挖出来时,经历了长时间期待的"答案"揭晓了,幼儿激动得又叫又跳。此时,教师牢牢抓住教育契机,提议幼儿利用山芋藤的茎进行手工创作,制成游戏区的门帘。幼儿对这个提议很感兴趣,投入地在"美工区"

创作着。

从山芋种子种植到果实收获，再到材料（山芋藤）的创作，孩子们的思维能力、动手能力和创造力都得到了提升。

②饲养小农场。动物是人类的朋友，如何保护动物朋友，是幼儿园科学教育中的一个重点，因此教师可以在园内创设小动物饲养区。

例3 小动物饲养活动

教师在小动物饲养区里饲养了公鸡、母鸡、兔子、鱼等。在主题活动"小兔乖乖"中，教师带幼儿实地观察了饲养区里各种不同的兔子，让幼儿对兔子的外形特征进行观察，并与同伴进行交流。

同时，教师还让幼儿进行喂养，思考兔子的基本生命需求："我们人要吃饭菜来填饱肚子，那兔子吃什么呢？"

这个问题一抛出，幼儿的热情迅速燃起，他们讨论着、争论着。

乐乐说："我知道，兔子吃胡萝卜。"

浩浩说："兔子吃青草，吃包心菜。"

在饲养的过程中，孩子们不但了解了兔子的外形和生活习性，对小动物的关爱之情也油然而生。

（2）人力资源。种植、饲养活动对于教师来说也并不是容易完成的事，教师可以请幼儿园、社区等环境中有这方面经验的当地农民引领教师和幼儿一起开展这类活动，让幼儿的种植、饲养活动有序、有效地开展。

例4 户外种植小农场创设

教师在幼儿园开辟了一大片土地作为幼儿的户外种植区，满足幼儿种植活动的场地需求。场地开辟后，教师开始了乡土材料的投放工作。

第一，列举、筛选作物。在选种方面，经验丰富的当属农民了。为了充分挖掘利用家长资源，让家长参与到课程实施中来，教师请来了田田的外公（老农），请他推荐几种存活率较高的秧苗。

第二，农作物照料。在农作物的生长过程中，教师又多次邀请本地农民担当"种植区顾问"，指导孩子们管理自己的植物（施肥、灌溉、锄苗）。家长是幼儿园教育的重要力量，家园共育，相互了解、相互配合、相互支持，才能更好地促进幼儿的身心发展。因此，为了发挥人力资源优势，实现幼儿园、家庭、社区三结合，教师采取了"请进来"的方式，扩大了幼儿的学习空间，丰富了幼儿的自然知识。

2. 利用乡土资源，突出区域活动的季节性

大自然是一本活的教科书，四季轮换，幼儿的区域活动也应当体现这种更替和变化；而乡土资源则是活道具，大量存在于我们周围。教师应当有意识地选取其中可以为教育、游戏所用的元素，如植物杆、斗笠、蓑衣、竹篮、石头等，加以收集、整理和制作，使幼儿的活动与日常生活息息相关，同时也能较好地解决区域游戏一成不变的僵硬、呆板局面。丰富的乡土资源能使幼儿在与自然的充分互动中感受周围环境的变化。

3. 依据区域游戏的目标投放乡土资源

目标是创设区域环境、投放材料的依据，也是教师观察、指导、评价幼儿活动的依据。因此，教师在选择材料时应充分考虑到目标达成的需求，让提供的材料为目标服务。比如，在数学区角，为了发展"幼儿对生活中数学用处的感知"，教师投放了弹珠、大小不同的"足球场"（用KT板制作的、标有相应分值的、模拟足球场的圆盘）、记录表，开展民间游戏"打弹珠"；为了让幼儿"感知数量关系"，投放了玉米粒、红豆粒、黑米粒等，以及茄子、萝卜、土豆、辣椒、黄瓜等。在美工区角，为了发展幼儿的动手能力，教师提供了麻线编织材料；为了发展幼儿的艺术表现力和创造力，投放了蛋壳、树叶贴画材料等。依据各个区角的发展目标，教师巧妙地、有层次性地投放着乡土材料。在孩子们多次的活动中，这样的材料提供对于目标的达成起到了关键性的作用，可见服从于目标的材料能让活动更有效地开展。

4. 依据幼儿的兴趣投放乡土资源

幼儿园区域活动是幼儿在一定的游戏环境中，根据自己的兴趣和需要，

以快乐和满足为目的,自由选择、自主展开、自由交流的积极主动的活动过程,是针对幼儿爱玩的天性而创设的。因此,教师在提供材料时不仅要考虑材料的教育性、实用性,而且要考虑材料的趣味性。兴趣是幼儿投入活动的重要动因,因此,在开展室内区域活动时,教师应综合考虑幼儿的兴趣、教育目标等因素,有选择性地投放乡土游戏材料。

比如,在秋天的主题活动创设中,教师察觉幼儿对秋天的各种落叶很感兴趣,于是便生成了活动区"树叶加工厂",指导幼儿和家长共同收集各种树叶,清洗、晒干后投放到区域中。幼儿的热情持续着,因此,考虑到活动的深入发展,教师提供了一些辅助材料,在教师的引导下,孩子们用树叶做项链、装饰服装,有的做成树叶标本、树叶贴画,还有的幼儿将树叶做成了叶脉书签等。可见,幼儿感兴趣的材料才能引发他们更多的创造、想象。

例5 区域活动:树叶加工厂

活动开始了,婷婷轻轻地对甜甜说:"等会儿我要去树叶加工厂!我想给自己做项链!"

一看加工厂的人还没满,婷婷急切地带着甜甜进入区域,迫不及待地选择了一条粉红色的彩带说:"女孩子要粉粉的才好看哦!"然后,她又拿起了小筐挑选了一些自己喜欢的树叶,开始饶有兴致地粘贴起来。很快,婷婷便完成了自己的创作,还将项链挂在了自己的脖子上,脸上露出了满意的神情。

看见好朋友甜甜的头上戴了一个"树叶王冠"头饰,婷婷便对甜甜说:"我也想做这个,等会儿你也做条项链好不好?做完了我们就去表演区表演!"于是,婷婷又忙开了……

5. 依据幼儿的年龄、能力层次投放乡土资源

幼儿的发展是一个持续、渐进的过程,但同时也明显地表现出一定的阶段性特征。因此,教师向区角投放乡土资源时,应充分考虑幼儿的年龄阶段特征。比如,小班幼儿的学习内容侧重于生活,教师就主要提供一些<u>丝瓜</u>、藕、茄子、辣椒等幼儿生活中常见的蔬菜，供幼儿进行认知及美工活动；中班幼儿喜欢并有能力进行尝试探索，教师就提供玉米、绿豆、大豆等各种种子，供幼儿做种子发芽的小实验；大班幼儿喜欢合作游戏，教师就提供光滑的细竹小棒材料，供幼儿协商讨论创造各种玩法。

每个幼儿在沿着相似的进程发展的过程中，各自的发展速度和到达某一水平的时间不完全相同。因此，教师在投放乡土材料时，应充分理解和尊重幼儿发展过程中的个别差异，支持和引导幼儿从原有水平向更高水平发展，不断提升幼儿的"最近发展区"。

例6 "小树叶"美工创作活动

依据对班内幼儿发展的整体性和个别差异性的了解，教师提供材料（各种形状的树叶、胶水、颜料等）供幼儿自主选择，并提示、指导幼儿选择适合自己能力水平的材料。

班内的峰峰实足年龄最小，小肌肉分化不细致，因此，教师建议他选择相对较容易的树叶拓印；女孩萌萌、锐锐的手工制作能力一向很强，教师便建议她们进行有些难度的树叶创造贴画。

孩子们投入地创造着，他们的动手能力和创造力也在发展着。

案例 50

怎样在区域活动中提高学习性材料的有效性？
——"有趣的滚动"教学诊断

幼儿是在与环境、材料的互动中不断获得经验、不断获得发展的。材料是幼儿活动的基础。区域活动是幼儿个性化学习、游戏的场景，它对材料的依赖性比较强，尤其是学习性材料的有效性直接关系到幼儿在区域中学习的效果。

一、现象扫描

中班科学活动：有趣的滚动

进入中班，教师开展了"有趣的滚动"主题活动，并根据该主题创设了科学区。

在科学区里，教师起初预设要让幼儿了解的知识经验点是"滚动"和"移动"，因此，教师在区域投放了易拉罐、卫生纸的内芯、圆柱体的小木棍、油画棒、正方体的盒子、长方体的盒子、小木板等各种可滚动和移动的材料，供幼儿操作。

新的操作材料吸引了很多幼儿来玩，只见昊昊拿着一个小圆木棍，把它放在斜坡上，高兴地喊："我的滚得快。"

亮亮在边上也指着自己的小木棍说："我的滚得快。"边说边把小木棍放在斜坡上，用力一推。

昊昊也跟着用力把小木棍推下斜坡。两个人为到底是谁的木棍滚得快开始有了分歧。

于是，教师提议："要不你们拿这个比比看，看谁的滚得快。"教师拿着两个蛋黄派的纸盒说。

亮亮一看，喊了句："这怎么可能呢？"

昊昊也说："是啊，这怎么能用？！"

教师问："怎么了？"

亮亮指着教师手上的纸盒说："这个是滚不起来的。"

教师故作惊讶状："为什么啊？"

亮亮说："你看，它是平平的，放在板上面滚下不去的。"

昊昊补充说："是啊，要圆圆的才滚得下去。"

之后，教师让孩子们来分一分，哪些材料是可以滚动的，哪些材料是不会滚动的，并丰富了"移动"这一概念。

教师发现这个知识点对幼儿来说过于简单了，于是转而把实验的焦点转移到了物体滚动的轨迹上，投放了果冻杯、一次性杯子、薯片罐、牛奶罐等材料。

活动开展初期，幼儿对滚动材料的兴趣依旧很高，并且对谁快谁慢的比较乐此不疲。为了能将孩子们的操作重点转移到物体滚动轨迹上来，教师在区域中设置了小比赛"谁最先到终点"。比赛方法是一人拿薯片罐子，一人拿一次性杯子，放在高度相同的斜坡上，看哪个最先到达终点。

挑战类的游戏大大激发了幼儿参与的热情，但幼儿在比赛中很快就发现了问题——杯子老是歪掉。于是，幼儿总是选择薯片罐、牛奶罐等材料以获取比赛的胜利。对于不选择果冻杯和一次性杯子，幼儿有相同的理由："因为一次性杯子和果冻杯两头的圆都是一个大一个小，一滚就会歪掉，在中途就会从斜坡上掉下去。"

于是，区域活动进入第三阶段——快快和慢慢。教师从幼儿的兴趣点入手，引导幼儿通过搭建不同高度的斜坡，感知物体滚动的快与慢，感受斜坡表面的光滑与粗糙对滚动速度的影响。教师在区域中投放了圆形小木棍、长短不同的木板、毛巾、搓衣板、记录纸、笔等，在搓衣板和长木板上以贴不干胶的形式设置了起跑线，让幼儿在操作前先进行快慢猜想，并将自己的猜想记录在小记录表上，操作完后再将操作结果记录在表格的第二行。但人手一张的记录表反而给幼儿的操作带来了阻碍，有的玩得兴起，根本顾不上记录，有的记好了又找不到了。教师发现了这一情况，将人手一张的小表格改成了一张贴在区域墙面上的大表格，所有参与游戏的幼儿统一记录在这张表格上。幼儿有了互相学习的机会，在相互影响下，幼儿记录的方式也越来越准确了，保证了科学区活动的质量。

二、学理分析

教师常常根据自己的想法、意愿或教学需要设计区域活动内容，容易忽视幼儿的相关经验和教师的有效指导，使得区域活动无法体现以幼儿的自主发展为前提的幼儿本位色彩，这种"被动"的学习是无法满足幼儿自主游戏的需要的。

如本案例中所描述的那样，教师在每一次活动前都按照自己的想法预设了材料和活动内容，而没有在活动前真实了解幼儿的知识经验达到了怎样的水平，预设的内容往往对幼儿来说过于简单，幼儿很快便失去了对辅助材料的兴趣，而改为使用单一材料开展单一游戏，材料的拓展性小。但教师能及时发现这些问题，并不断更新材料，为幼儿进一步的活动提供支持，使得活动能步步深入下去，可见教师的观察与适时修正是十分重要的。

在区域中，活动环境和材料是活动成功的重要组成部分，只有在与环境和材料的相互作用中，幼儿才会获得经验和知识。由于游戏的主人是儿童，要玩什么游戏是儿童自己的权利，每个幼儿的需要是不同的，所以在区域游戏环境的创设上应体现开放性和多样性，满足不同幼儿的各种需要，使幼儿能够逐渐学会控制外部环境。因为孩子们在各方面的认识和知识水平不相同，所以教师在投放材料时要注意材料的层次性、多样性、开放性和暗示性，使幼儿在与材料的"互动"中积累各种经验，提高认识。

不同年龄阶段的幼儿感兴趣的材料是不同的，每位幼儿在与材料的互动过程中产生的作用和效果也是不同的，这种差异性如果不能及时得到满足，就会使部分幼儿放弃使用该材料。要使材料的功能与价值得到最大的体现，就必须根据幼儿的不同年龄阶段、不同能力水平给予与之相适宜的、有梯度的材料与玩法，使不同个性、不同能力的幼儿都能在活动过程中感受到成功的喜悦。教师应成为幼儿学习和发展的支持者、鼓励者、合作者、引导者，使教育目标真正落到实处。

三、对策与建议

1. 及时捕捉幼儿与材料之间的互动信息，做好观察与记录

根据"滚动"这一学习内容，教师预设并制作投放了相关的活动材料，这只是幼儿活动的基础与起点，而不是全部。在幼儿的活动过程中，教师应注意观察幼儿的活动情况，倾听幼儿在活动过程中的对话语言，从而对自己所预设的内容做出客观的评价，对出现的问题进行分析，不断更换材料，为幼儿提供更适合他们的年龄特征和兴趣特点，能够引起并进一步激发他们的好奇心、求知欲和探索愿望，促进他们向更高水平发展的活动环境和材料。教师在活动区中的工作应该进入"提供材料—观察引导—调整材料"这样一个周而复始的良性循环。

2. 以合适的身份参与活动，指导幼儿有效地使用学习性材料

当幼儿在与材料、同伴的互动过程中出现了疑问，引起了争议，或是讲出了自己真实的感受时，教师应当注意收集这些信息，在适当的时候可以对幼儿的做法做进一步的了解，比如询问"你为什么不愿意选择那些材料来滚一滚"，同时对幼儿提出能引发进一步活动的有效提问，如"你认为在怎样的情况下，小木棍会滚得最快"。在区域中，教师应留意观察每个幼儿的兴趣点和操作情况，针对出现的问题，选择恰当的时机参与到幼儿的活动中去，与孩子们一起探索、操作、发现、讨论、解决问题，真正体现幼儿的主体地位。当发现问题时，教师不要把自己的意见和想法强加给幼儿，而应悉心与幼儿共同讨论、尝试解决，只有这样，才能够实现学习性材料价值的最大化，帮助幼儿实现真正意义上的可持续发展。

3. 材料投放要具有层次性

从案例中我们不难看出，教师是十分有意识地投放材料的，从一开始的"滚动"与"移动"这两个概念的了解，到之后的"物体滚动轨迹"的体验，再到最后的"快快和慢慢"的比赛，体现了层次性和循序渐进性，可见教师对区域的目标是十分明了的。当然，在区域游戏过程中，教师可能会发现预设和现实之间存在差别，于是，调整递进的速度，或提供更丰富的材料来保证活动的有效性都是可取的做法。毕竟，每个幼儿的发展各有其特点，即使是同一个幼儿，在不同的方面也存在发展的差异。因此，教师在投放学习性材料时，要满足不同能力幼儿的需要，一种材料最好有多种玩法，由易到难，既有挑战性又不会让幼儿望而生畏。

案例 51

怎样解决区域活动过程中教育契机的流失问题？
——"玩水"教学诊断

区域活动的自由性、自主性、个性化及指导的间接性决定了它对教师的要求更高。如何能在满足幼儿的需要和兴趣的基础上，在保证幼儿活动的愉悦性的基础上促进幼儿的学习和发展，如何充分利用区域活动中的教育契机，都是教师需要认真思考的。

一、现象扫描

区域活动：玩水

在区域活动时，有幼儿偷偷跑来"告状"说："老师，他们在娃娃家里玩水。"教师走到娃娃家发现，原来因为娃娃家里新添了粉红的水壶和配套的杯子，小朋友们看到了很喜欢，于是真的跑去装了些水，很有兴致地将一个杯子的水倒向另一个杯子，弄得桌子上、地上溅落了好些水。

这是教师在娃娃家里第一次发现孩子们找来了水开展游戏，但也出现了水弄湿地板等小问题。尽管如此，教师并没有立刻打断孩子们的活动，也没有训斥他们，反而开始考虑怎么玩才能玩出学问、玩得安全。

教师为孩子们准备了大大小小的容器，提供了各种大小的瓶子、罐子和一个大大的托盘，让小朋友们把小水壶放在托盘上，尝试用各种容器往小水壶里装水，吃过饭后可以在小脸盆里学习洗碗，并把洗好的碗、勺、锅、铲等按类别放入小柜子中，其目的一是培养幼儿爱劳动的意识，二是锻炼幼儿的分类能力,三是培养幼儿物品归位的意识。

孩子们在这种看似简单的操作过程中还得到了计算和科学方面的知识,有的幼儿意外地发现废纸掉进水里水会变色,这个发现让他们很是兴奋,不断地往水里扔各种颜色的纸片。于是,教师引导孩子们用那些透明的饮料瓶把不同颜色的水装进去,做成"饮料",并贴上标签和标价牌,在娃娃家里开办了自营小商店,既可以自己玩,也可以售卖给其他小朋友。幼儿越玩越起劲,更多、更生动好玩的游戏也在这一过程中不断地生成。

二、学理分析

在观察幼儿的区域活动时,我们需要思考:幼儿生成的游戏内容对幼儿而言是否有价值?价值如何体现?如何及时调整教育目标,使之真正符合幼儿的发展需要?教师不关注幼儿想做什么,而是牢牢死守自己预设的和自己安排的内容,想当然地认为这才是幼儿发展所必需的,却不把满足幼儿的游戏天性、让幼儿在游戏中快乐成长视为教育目标,是导致教育契机流失的重要原因。

"玩水"是幼儿十分喜爱的一项活动,他们常常会在任何有可能的情况下自发地投入到玩水游戏中去。在娃娃家游戏中出现玩水的现象是教师事先没有考虑到的,但这并不意味着这些超出教师预料之外开展的游戏活动都是没有价值、应当被制止的。幼儿园的区域活动本身就是一种将教学与游戏相结合的自主活动,在区域活动中,幼儿不仅与教师、环境产生互动关系,而且幼儿之间也发生着各种互动交流。这样的交流在很多时候具有积极的性质,有利于幼儿的自我成长,同时也是教师寻找教育契机的绝佳时机。幼儿喜欢玩水,这无可厚非,但怎样让水的玩法更丰富,让幼儿能在玩水的过程中收获更多,同时又不至于完全偏离角色游戏,这是教师要思考的问题。因此,在区域活动中,教师要做的是在活动中随时、全方位地观察了解幼儿在活动中的表现,掌握动态,捕捉指导机会,根据实际需要,以多种灵活的方式进行一定的介入干预,在幼儿遇到麻烦、独力难支时,及时介入,给幼儿以必要的支持，使幼儿的个性和创造力在充分独立自主的前提下都得到积极充分的发展。

三、对策与建议

1. 捕捉幼儿的关注点，善于把握教育契机

教育契机，就是教师对幼儿进行教育的最佳时机。在幼儿园一日生活中，存在着大量的教育契机，如果教师善于捕捉幼儿的关注点，能及时把握和利用好教育契机，其教育就会收到事半功倍的效果。那么，在区域活动中教师应该如何更有效地把握教育契机呢？

（1）体验幼儿游戏中生成的关注点。在娃娃家活动中，因为一个茶壶的出现，幼儿开始玩起了水，针对这一情况，教师并没有严厉禁止，相反，教师在尊重幼儿新的兴趣点的同时，引导幼儿将其与日常生活相联系，从而与角色游戏融为一体，丰富了角色游戏的情节，增加了真实感。

（2）善于捕捉生成的关注点可能带来的教育契机。能否发现幼儿的兴趣点，关键在于教师是否是个有心人。"水"所蕴含的教育价值很多，教师在分析了小班年龄段幼儿特点的基础上，适当地加入了一些简单的游戏内容，比如制作颜色水的活动，不生硬也不刻意，幼儿在操作过程中自然而然地得到了有关色彩的经验，也渐渐感受到不同颜色混合之后会产生新的颜色；而"彩色饮料"出现后，幼儿会针对不同的颜色，想象它们的不同口味，为它们起名字，这也使幼儿的语言能力和交往能力得到进一步的发展。作为教师，我们要有一双明亮的眼睛，有一个灵活的头脑，对幼儿"违背"常规的举动不能只会说"不能这样"，而应该学会把握教育契机。只有这样，我们的教育才能真正符合素质教育的要求。

2. 合理选择教育契机

生成活动可以边设计边实践，前一个活动是为后一个活动做铺垫，后一个活动是前一个活动的深入和延续。与预设活动不同的是，它不是精密的，甚至没有预先进行任何的计划和安排，但生成的活动是开放性的、具有生命

力的，而且在生成的过程中会出现许许多多的契机。然而，并不是所有的机会都需要成为活动的教育契机，教师要根据当时主题活动的进展情况、幼儿的年龄特点、幼儿各方面的发展水平，适当地取舍契机，为主题活动的开展服务。在活动中，教师应为幼儿提供更多的低、中结构的材料，让孩子们在与材料的交互中主动探索，撞击出火花，为教师创造出更多、更好的契机。

3. 把握教育契机，给予顺势利导的教育影响

当教育契机出现时，教师应当顺应当时的活动情况，选择相适宜的教育策略，以多重身份参与游戏，对幼儿的活动进行进一步的引导。

第一，教师是幼儿区域游戏的支持者，所谓的支持，即为幼儿创设真正有利于幼儿游戏的活动内容，满足幼儿参与游戏的需要。教师应当为幼儿提供必要的帮助，如筹集材料、分配人员、技术支持等，并在活动结束之后与幼儿共同梳理经验，开展分享与交流，使区域活动成为幼儿学习的又一个重要途径。

第二，教师作为鼓励者，就是要理解幼儿的游戏行为，准确判断游戏对幼儿发展的意义与价值，对幼儿的游戏给予充分的理解。

第三，作为合作者，教师要保有一颗童心，和幼儿玩在一起。只有与幼儿共同游戏，教师才能在幼儿的游戏需求与教育目标之间找到恰当的交叉点，减少教育契机的流失，更好地推动幼儿实现自我成长。

案例 52

怎样引导幼儿建立区域活动的规则？
——"玩沙"教学诊断

区域活动虽是自由、自主、个性化的活动，但区域的规则是必不可少的。教师如何引导幼儿共同建立区域规则，如何有效地将区域规则内化为幼儿行动的准则，成为指导幼儿活动的助力器，这是区域活动必须解决的问题。

一、现象扫描

例1　区域活动：玩沙

玩沙是孩子们最喜欢的游戏，每次在那个沙的世界里，他们都会一脸阳光，洒下满地的欢笑。

今天，又到了玩沙的时间了。吃完午餐后，小朋友们就迫不及待地、不断地跑过来催促徐老师。"徐老师，我们什么时候去玩沙啊？""快一点去好不好？"

徐老师带着一群兴奋的孩子来到沙坑边上。还没等教师发话，孩子们就像出笼的小鸟一样，跑到了沙坑的各个角落。造城堡、挖水沟、拓蛋糕、荡秋千……大家忙得不亦乐乎。

突然，远处传来了一阵与这热火朝天的场面极不协调的哭声，徐老师跑过去一看，才知道是有个孩子把沙子当投掷物扔到另一个小朋友的身上和眼睛里了。

二、学理分析

玩沙区是幼儿园户外的活动区域，很受幼儿喜欢。但如案例中所示，如果没有必要的规则保障，就很可能会出现这样的情景：沙土飞扬，幼儿的眼睛里、衣服上都是沙，甚至会发生幼儿之间开心地打"沙仗"的状况……也许幼儿玩得尽兴，但其安全受到了威胁。幼儿，特别是低年龄阶段的幼儿，对于将要发生的事没有预见能力，出于安全、卫生及秩序方面的考虑，更出于活动能够正常进行的必要性考虑，教师在区域活动开展之前必须引导幼儿明确区域的规定和规则，以保证区域活动的正常进行。

要想使幼儿玩沙玩得尽兴、开心，玩得有收获，教师必须根据沙区的特点及可能发生的问题，提出具体而明确的规则。比如，教师可以与幼儿一起制定以下规则：玩沙时要蹲下来，不能扬沙，不能把沙撒到别人身上，要合理用水，等等。这样的规则可以确保区域活动正常进行，保障幼儿的安全和卫生。这些规则必须在区域活动开展前就由教师与幼儿一起商定后制定，明确的规定是从大局上保证区域活动顺利开展的前提。

三、对策与建议

除了必要的规则外，对于其他的规则，可以尝试以下的做法：

1. 引导幼儿自行商讨，制定和修正解决一些争执性"问题"的规则

在区域活动开展的过程中，幼儿之间常常会发生一些争执，并会为这种争执而"告状"或"争吵"。这种争执的出现其实是很正常的。因为学前期的幼儿总是喜欢以自己的立场和观点来思考问题，不能转换视角或从别人的角度来看待周围的现象，思维带有强烈的主观主义色彩，表现为明显的"自我中心"。英国教育家洛克曾这样指出："驯良死板的儿童，既不会吵闹，也不会使成人受到任何干扰；但是，这种儿童终生终世对自己和别人都是没有用处的，不可能有什么作为。"因此，当发生这种争执后，教师没有必要担心，也不必极力告诫或劝说幼儿发扬风格、彼此谦让合作。其实合理的争执过程实际上是幼儿观点的碰撞过程，也是幼儿在保持自我、展示自我的过程中努力赢得主体地位的过程，更是幼儿学会解决问题的过程。而且，正是有了双方的争执，甚至是较量，才使幼儿逐渐认识到别人的存在，感受到除自己以外的其他人的利益的存在。在区域活动中，活动的规则是从大家的角度、从众人的利益出发而制定的，排除了个人的自我倾向，这样的规则能使幼儿

学会从他人的角度来思考与解决问题。

例2 老师，我一次也没玩过

最近，中（3）班的表演区新增设了一个带有麦克风的录音机，小朋友们可以一边听音乐一边用麦克风跟着演唱。幼儿对这个新事物充满了兴趣，可录音机只有一个，有人想听这首曲子，有人想听那首曲子，大家纷纷跑到卢老师那儿去告状。"卢老师，李燕君一个人听了很久了，我一次也没听过。""卢老师，我想听《娃哈哈》，可她们不给我听。"（因为提供的材料与幼儿的人数出现了矛盾，因此发生了争吵）

卢老师看了看大家，微笑着说："大家都想听，那就想想办法吧，怎样让大家都可以听到自己喜欢的歌曲呢？"（教师把问题又重新抛给了幼儿，让他们在解决问题的过程中商讨制定规则）

顾垚说："我们轮流吧，一个人听一首。"

"好的。"

大家一致同意顾垚的主意。

（经过讨论，孩子们约定了第一个规则）

可好景不长，刚刚过了一会儿，大家又发现了新问题，先听谁喜欢的音乐又成了大家争吵的焦点。

李燕君说："我先来，应该先听我喜欢的音乐。"

奇奇说："你刚才听过了，所以轮到我们了。"

……

大家七嘴八舌，最后讨论的结果是，按来到表演区的次序，大家排队坐好，然后按次序放自己喜欢的音乐和使用麦克风，但每个人喜欢的音乐只能放一次，结束后就轮到下一个小朋友，如果还想轮流的话就到最后一个小朋友的后面去重新排队。（新问题的产生又引发了幼儿进一步的讨论和争执，在这个过程中，他们又制定了新的规则）

在区域活动中，幼儿就是在这样一次次的争执、一次次的商讨中约定一些共同遵守的规则，在解决问题的过程中不断推进区域活动的展开。因此，教师要充分相信幼儿，发挥幼儿的自主性与创造性，当区域活动发生争执现象时，教师一定要敢于大胆放手，引导幼儿自行商讨、制定、修正规则，解决冲突，使规则更容易为他们所理解，让规则真正成为幼儿生活、学习、工作中的重要组成部分。

2. 以解决区域活动中的"问题"为线索，与幼儿共同讨论，制定规则

目前，幼儿园区域活动强调打破过去单纯由教师制定规则的状况，倡导幼儿做自己活动的主人，自己萌发建立规则的需要，参与规则的制定。当区域活动中出现了"问题"，而幼儿无法自行解决这些"问题"时，就需要教师及时组织幼儿以发生的"问题"为线索展开讨论，通过讨论让幼儿明白，这一"问题"若不解决，活动将难以有效开展。如"娃娃家里每次只能容纳5个人，小朋友们应该怎么办"，"科学区里只有一个放大镜，可是有两个小朋友想用，应该怎么办"，"用什么办法可以让小朋友们离开积木区后保持玩具整齐"……一方面，这样针对问题，经过教师引导而讨论、制定、修改的规则，能使幼儿感受到区域活动的顺利进行关系到每一个工作伙伴的切身利益，这需要幼儿自己主动寻求各方面利益的平衡，在这种平衡中满足活动的愿望；另一方面，从这种寻求平衡的过程中萌生的规则，由于出自幼儿自身的生活、工作需要，对幼儿而言已不再是"约束"，幼儿一般都能够自愿地遵守，因为这是他们自己提出来的，不会产生对教师单方面制定的规则的抵触情绪。这样做还会增强幼儿的自主意识，帮助他们了解与小朋友相处的技巧，培养轮流、等候的习惯等。

总之，在制定规则的过程中，教师要明确的是：必须制定确保活动正常开展的规则，并且有约在先；能让幼儿自己解决时，一定要让幼儿自己解决；能与幼儿共同商讨的要尽可能地与幼儿共同商定，并且要通过不同的形式让幼儿明白为什么要制定规则、制定规则的好处在哪里、我们为什么要遵守规则等，只有这样，规则才能真正成为保证区域活动正常开展、促进幼儿的社会性发展的有效载体和有效约定。

案例 53

怎样使区域活动与主题活动相辅相成、恰到好处？
——"可爱的蛋宝宝"教学诊断

主题活动和区域活动是幼儿园两种不同的活动形式，各有其功能和独特的价值。但两者又不是相互隔离的，如何使主题活动和区域活动相辅相成、相互渗透，共同起到促进幼儿学习与发展的作用，是我们需要认真思考与研究的话题。

一、现象扫描

主题活动：可爱的蛋宝宝

开展"可爱的蛋宝宝"主题活动时，根据主题活动内容，教师将区域进行了调整，将美工区和语言区结合，扩大空间，将原有的益智区改名为尝试区，将表演区与娃娃家相结合，将活动室分成了完整的三大块区域。幼儿的活动空间扩大了，活动所涉及的领域拓展了。

教师以"鸡"作为切入点，在自然角饲养了一只老母鸡，激起了孩子们的兴趣，他们不但主动承担了喂养的责任，还常常围着它说话，提的问题还不少呢。"你怎么一个人在这里呀？""你有没有爸爸妈妈？""它是妈妈呢，它是大鸡了。""那它的孩子呢？"孩子们七嘴八舌地讨论开了。他们对这只鸡妈妈和它的宝宝产生了想象和疑问，这些疑问正是主题活动开展的契机。

教师顺势问道："如果鸡妈妈生孩子，你觉得会是怎样的一个宝宝呢？"美工区因此多了许多奇奇怪怪的蛋和奇奇怪怪的小鸡宝宝。

教师又记录下了小朋友们的疑问，以小问号的形式发给每位小朋友，请大家寻找一个问题的答案，并将答案展示在语言区的小博士信箱。同时，关于卵生动物知识的书籍也越来越多地出现在语言区里。进入主题活动教学时，幼儿已经知道哪些动物是生蛋的，哪些动物是直接生出小宝宝的。

随着科学活动"生蛋熟蛋大比拼"的开展，科学区里又多了许多生蛋、熟蛋、手电筒、盐和小脸盆等，让幼儿通过自己的实践去区分哪些是生蛋、哪些是熟蛋，看看可以通过哪些方法来检验，幼儿玩得不亦乐乎。可是活动一结束，材料一收拾，已经区分好的蛋又混到一块儿了，于是，幼儿自发地寻找碎纸片，在上面画上自己设计的符号，贴在蛋壳上，将实验结果用这种记录方式保留下来。但问题又出现了，这样的记录使得下一次区域活动时，幼儿可用的蛋越来越少了，且贴在蛋身上的纸一旦遇水，就会掉、会破。于是，教师和幼儿共同讨论，将记录方式进行了改进。幼儿为每一个蛋编号，号码牌经过塑封后贴在蛋身上。同时，在区域墙面上，出现了一张大大的记录表，注明了教师预设的两种实验方法，并留空供幼儿将自己的实验方法画下来。在实验方法下方的空格里，幼儿可将实验结果以记录编号的形式记录在上面，最后对应实验结果，做出自己的实验结论。

二、学理分析

主题下的区域活动，是教师根据主题活动的目标和幼儿的发展水平设计的，它以游戏为基本活动，以幼儿的兴趣为驱动力，关注幼儿的个别差异，促进每个幼儿富有个性的发展。在"可爱的蛋宝宝"主题之下，区域活动也做了相应的跟进，自然角的饲养过程引发了幼儿观察鸡妈妈的兴趣，成为主题活动的导入。美工区及科学区所提供的"彩蛋装饰"、"蛋壳画"及"生蛋熟蛋大比拼"等作为教学活动的延伸与拓展，满足了每一位幼儿操作和探索的需要。区域活动随着主题活动的深入而渐渐丰富，主题活动伴随幼儿区域游戏水平的不断提高而得到延续、发展和提升。幼儿的每一个有价值的兴趣点都应经过教师的思考和提炼被保留和挖掘。如果区域环境与主题活动毫无关联，则无法满足幼儿多感官参与、多角度体验、多途径了解的需要。许多在主题活动过程中生成的有趣内容将会失去进一步探索和游戏的平台。少了这种依托，主题活动便显得不够生动和深入，区域环境则会显得缺少主线而处于盲目投放材料的状态，这是不利于幼儿的学习和进步的。因此，区域环境应当尽可能地与主题背景相融合，通过环境的创设，通过幼儿与材料的互动来促进幼儿的发展，从而使主题活动的实施更加深入有效，使活动的价值实现最大化。

三、对策与建议

1. 创设与主题相结合的区域环境

主题活动是幼儿园课程教学的主要形式，将学习主线延伸到区域活动中，能为主题活动带来更丰富的内涵，使主题活动更深入，同时也使教师在投放区域材料时不至于因为缺少目标而显得盲目。

（1）依托主题有机划分区域。教师可依据主题划分区域，可以是领域式的，也可以是任务驱动式的，还可以是材料式的。不同的主题类型带来不同的划分方式，要打破区域环境的单调统一性。在"可爱的蛋宝宝"主题活动中，教师采用了任务驱动式的区域游戏方式，布置任务、提供材料，使幼儿在不断探索、不断练习、不断尝试的过程中获得科学知识，得到审美体验。

（2）依托主题有效设计材料。在材料投放上，教师要紧密围绕主题目标进行设计。在主题活动中没有玩透的材料可以放在区域中继续使用。集体教学中还来不及涉及的内容可以在游戏中让幼儿自主探索学习。主题活动中需要的知识经验可以事先在区域活动中让幼儿熟悉与初步了解，为主题活动开展做好铺垫；主题活动中生成的教育契机可以在区域活动中得到采纳和使用。相辅相成的教学环境与区域环境能让幼儿感受到整合学习的魅力。

2. 创设主题之下有弹性的区域环境

（1）主题活动中融合区域活动。在主题之下所创设的区域环境不是一成不变的，教师应随着主题活动的进程相应地变换活动内容，丰富活动材料。因此，将二者融合运用是最有效的途径。在主题活动中，教师可以最大限度地利用区域活动中的材料和墙面环境，在幼儿使用这些材料之后所获得的经验的基础上进行提升，激发幼儿再度尝试与探索的兴趣。比如在"可爱的蛋宝宝"主题之下开展的综合活动"蛋宝宝的一天"中，教师便可将主题活动与区域活动结合起来，幼儿为蛋宝宝制作的安全又温暖的家适合以区域活动的形式开展，幼儿自主寻找自己认为安全可靠、能保护蛋宝宝的材料进行家的制作，同时，在一天的活动中将蛋宝宝放在这个小窝里，比比谁的蛋宝宝在回家时仍是完好无损的；而幼儿的制作与一天的照顾过程可拍成照片，记录在主题墙或阅读区的自制照片书中，帮助幼儿回顾与体验。

（2）区域活动中生成新的教学活动。幼儿对材料的操作往往不会完全遵照教师的预设而开展，他们在自主活动中所产生的小火花，可能正是主题活动进行过程中教师所忽略的或没有预想到的，是十分有价值的教学点。教师可通过观察区域活动情况，收集有效信息，生成主题之下的教学活动，这类教学活动的开展是真正建立在幼儿自身活动基础之上的，能更好地贴近幼儿的生活，贴近幼儿的需求，符合幼儿的年龄特点和能力水平。

（3）区域活动可作为主题活动的先行。在主题活动开展之前，区域环境可先做调整，为幼儿进入主题学习铺路搭桥。"可爱的蛋宝宝"的导入可以从自然角的变化开始，也可以以一首儿歌《鸡的一家》的学习图谱在主题墙上的呈现开始，还可以从"各种动物的蛋"的图片或玩具材料的出现开始。作为主题导入的区域活动，方式可以是多种多样的，如作品导入式、材料导入式等，也可以完全交由幼儿自主尝试操作，使幼儿在真正进入主题活动之前就对主题产生浓厚的兴趣，并在操作过程中积累相关的经验，为之后的学习打下良好的基础。

（4）区域活动可作为主题活动的延伸。任何一种学习都是没有尽头的。在主题活动的过程中，由于时间和进程的问题，一定会有许多未完的或是未尽的内容，但有的幼儿仍然会保有浓厚的学习热情和探索欲望。此时，区域活动是最佳的后花园，能满足幼儿在有限的集体教学活动时间里所无法满足的种种需求，帮助他们进行自我拓展，使主题活动得到进一步的延伸。

案例 54

怎样有效地组织区域活动的分享交流环节？
——"分享交流环节"教学诊断

所谓的区域活动的分享交流，是指在区域活动进行到一个段落或活动即将结束时，教师通常组织幼儿围坐在一起或分散在幼儿选择的活动区域内交流活动的"成果"，分享不同的经验，这个过程被称为"分享交流"环节。① 借助这一环节，教师依据自己有效的观察和记录，能为幼儿提供交流的平台，帮助幼儿建构认知，促进其生动、活泼、富有个性地发展。分享交流作为区域活动的一个重要环节，承担着重要的作用，也被越来越多的教师认识，但在目前的区域分享交流中还存在着一些问题。

一、现象扫描

例1 分享交流环节②

活动区活动结束了，教师照例组织幼儿进行小结，进行分享与交流。

"谁来说一说你刚才在哪个活动区玩的，玩了些什么？"

教师话音刚落，孩子们就争先恐后地举起了小手。

"我在娃娃家当妈妈，给娃娃做了饭，还带娃娃去医院看了病。"毛毛说。

---

① 参阅：桂青红，王春燕. 生态式幼儿园区域活动分享交流初探［J］. 学前教育，2006(11)：34-35.

② 案例摘自：李军. 让评价活动更有实效［J］. 学前教育：幼教版，2004（6）：29.

"好的。"教师笑着回应。

"我和小乐在积木区搭建了一个动物园。"豆豆说。教师点点头,表示赞赏。

"我在音乐区表演。"雨施说。"你玩得真好,老师很高兴。"

这时教师看到几个始终没有吭声的幼儿,其中有一个是平时内向、胆小的菲菲。于是,教师摸着菲菲的头说:"菲菲,你也说一说,好吗?"菲菲没有说话,反而低下了头。

"菲菲在补图书,她没补好。"亮亮在一边搭话。

教师看到菲菲无助地望着她,连忙安慰她:"别着急,明天再去试试。"菲菲听了,点点头。

……

在轻松愉快的谈话中,教师帮孩子们总结了自己的区域活动,每个幼儿都展示了自己并得到了教师和同伴的认可,分享交流环节愉快地结束了。

二、学理分析[①]

本案例是众多区域活动分享交流环节的一个缩影,虽然每个幼儿在分享交流中都得到了肯定,但试想在这样的肯定安慰中,幼儿真的得到发展了吗?他们得到了什么发展?是宽松愉悦下的大胆表述,还是得到鼓励、支持后的喜悦感受?而区域活动的分享交流教育功能仅限于此吗?区域活动的分享交流仅仅只有讲述形式吗?

假如教师对毛毛能继续引导,比如"你为什么要给娃娃做这么香的饭,还耐心地喂她吃","娃娃生病了,你心里是怎么想的",那么就会使全班幼儿了解娃娃家里妈妈应该做的事,而且会使他们产生关爱妈妈、关爱他人的情感。如果能请豆豆讲一讲在积木区与同伴合作搭建动物园的情况并加以引导,比如"熊猫馆、狮虎山是豆豆搭的,小乐搭了围墙和小路,你们还一起

[①] 参阅:李军. 让评价活动更有实效 [J]. 学前教育:幼教版,2004(6):29.

种了树,你们为什么要这样分工呢","你们是怎么商量的",那么对全班幼儿来说,无疑将是一次生动的合作教育。

对于菲菲,教师可以在安慰她的同时,引导全班幼儿关注这本没有补好的图书,一起分析原因,一起想办法解决。这样菲菲就能在教师、同伴的群策群力中,感受到被支持、被重视,从而坚定战胜困难的信心,继续尝试。或者第二天教师与菲菲、其他小朋友一起去补图书,将菲菲补好的图书展示给大家,肯定菲菲的进步。这样做还能起到让孩子们爱护图书的作用。

教师也可以根据孩子们的不同特点为他们提供展示的机会:不善于表达的幼儿,可以用操作的形式展现他的方法;不愿意单独表现的幼儿,可以在同伴的陪同下一起展示他们的作品;对于不敢当众说话的幼儿,可以多组织一些小组成员之间的交流……在他们成功之后,除了给予表扬之外,还可以给一些具体建议,或提出一个更具挑战性的问题。这不但会给幼儿留下更多的思考空间、更广阔的探索空间,还能使他们更加自尊、自信并乐于创造。

三、对策与建议

真正有意义的分享交流活动,应该是能让幼儿在活动过程中交流体验、分享发现的,这种分享交流能够使幼儿以更高的兴趣与热情投入到下一次的区域活动中。因此,本案例中的分享交流活动其实是无效而无意义的,那么,在区域活动中我们应该如何有效地组织分享交流环节呢?

1. 经验式的小团体分享活动

在组织分享交流活动时,教师可以视情况将有过同一活动经验的幼儿组成小团体,开展相关的分享交流活动,通过这种类型的分享交流,使幼儿之间可以相互分享游戏经验,激发幼儿进一步活动的兴趣,拓展幼儿游戏的方式,促进幼儿的进一步发展。

例2 扑克牌放入益智区之后

大（1）班的沈老师发现，自从在益智区投放了扑克牌之后，小朋友们对那里特别感兴趣，而且她也发现幼儿给扑克牌注入了新的活动意义。原本教师的初衷是想让幼儿通过玩牌游戏加深对数的探索以及数概念的认知，谁知他们竟然玩出了许多新的花样，如叠牌、理牌和打牌，尤其是对"理牌"的理解更为丰富了。

教师说："今天我们来聊一聊'扑克牌'游戏，欢迎玩过这个游戏的小朋友一起参加。"

在交流中，幼儿讲了三种扑克牌的玩法：叠牌、打牌和理牌。

在交流"理牌"方法时，气氛特别热烈。

小豪和斌斌说："我们一起玩的，把一样的牌找出来放在一起就可以了。"

涛涛说："不对，一副牌有四种颜色，应该是把不同颜色的牌放在一起。"

清妍说："牌那么多，找的时候不是会出现重复吗？"

乐乐说："不会，一种颜色的牌只有一个数字的，我是先按颜色分，然后再按数字大小排队的。"

明明说："对，我也是用这种方法的，很快就能理好了。"

小豪："那我等一下也来试试这样的方法。"

我们发现，当幼儿置身于同一活动背景下，就拥有了共同的活动经历，在交流过程中就可能会产生共同的兴趣与话题。当教师有意识地将具有共同活动经验的幼儿进行组合开展交流活动时，讨论就将会更生动，因为幼儿既有共同感受，又能各抒己见，最后就能更好地达到经验共享的目的。

2. 展示式的交流活动

区域活动结束后或进行过程中，教师可以视情况为幼儿搭建一个展示交流的平台，让幼儿充分展示自己的新发现、新发明及新的活动成果，进行经验共享,比如,教师让某一幼儿介绍自己搭建的"城市的道路"、请佳佳小朋友展示自己的"麦秆画"等。通过介绍和展示,幼儿可以从同伴处获得更多的经验,从而激发参与相应活动的兴趣,拓展活动的思维,另外,交流活动还为展示的幼儿树立了信心,使其体验到成功和被认可。

除了以上不同形式的分享交流活动外,在组织分享交流时教师还应做到以下几点:

(1)视年龄而异确定分享交流的侧重点和形式。不同年龄段幼儿的发展水平、兴趣倾向是不一样的,因此,在组织分享交流活动时,教师也应根据幼儿的特点有所侧重,只有这样,才有可能在有限的时间内达到较为有效的分享目标。教师可以根据幼儿的年龄大致将其分为两个阶段:3岁—5岁半为第一个阶段,5岁半—7岁为第二个阶段。以下为在这两个阶段教师在区域分享交流环节中所要关注的侧重点的建议表。

关于区域分享交流环节的侧重点的建议表

年龄分段	第一阶段	第二阶段
	3岁—5岁半(小班和中班上学期)	5岁半—7岁(中班下学期和大班)
侧重点	区域规则与习惯的培养	在区域中是否有创造力
	参与各种区域活动的兴趣	再探索愿望是否强烈
	参与区域活动的目的性和持久性	与同伴的交往是否自信和会合作
形式	以教师的引导性提问为主,逐步引导幼儿进行同伴间的分享和交流	以同伴间相互交流、幼儿个别展示为主,以教师参与和问题激发为辅

(2)把握好交流讨论中设疑和解疑的尺度。一直以来,我们经常会看到许多教师在活动中喜欢过早地下结论,这样往往会影响幼儿的再思考和再发现,时间久了就容易导致幼儿产生思维与创造的惰性。而区域活动的本意是为了满足幼儿的不同活动风格与感知速度。因此笔者建议,在讨论时应注意以下两点:①以幼儿为主体的交流活动,对于年龄小的幼儿,教师可以引导提问幼儿使其积极反应,对于年龄大的幼儿,则建议多听幼儿自己的发言,减少过多的教师评判;②适当设置疑问或只展示结果,而把过程留给其他幼

儿去继续探索,这里应当注意的是,对于年龄大的幼儿可以"含"多露"少",对于年龄小的幼儿,则相反,甚至应当"全面展示",以吸引他们的兴趣。

(3)善于抓住教育契机,把握好分享交流的时机。幼儿的发展存在着一定的个体差异,这就需要教师在幼儿活动中善于抓住幼儿的闪光点,利用好这一教育契机加以鼓励,或者指出幼儿在活动中应该努力的方向。比如,中班的点点用雪花片成功地拼搭了一座"宝塔",这时教师对她说:"点点,你的想法可真棒,老师都没有想到哦!"教师的表扬吸引了旁边的几位幼儿,他们纷纷过来参观,指手画脚地议论着。过了一天,教师惊奇地发现,在展示台上又多了几座"宝塔"。除此之外,还有的幼儿利用这个道理,再加上自己的想法,拼出了"长筒花篮"、"彩虹桥"、"小别墅"、"神舟六号飞船"等作品。

在区域活动的分享交流环节,教师一定要做到因人施教,尊重个体差异,在活动中真正做到"以幼儿为本",围绕这个中心,才能更好地发挥区域活动对每个幼儿发展的促进作用,让区域活动更具生命力!

案例 55

怎样在区域活动中化解教师预设与幼儿选择的矛盾冲突？
——"老师，为什么"教学诊断

区域活动作为幼儿园教育活动的一种重要形式，承担了实现教育目标的功能，因此需要教师通过环境设计、材料投放等进行预设。然而，区域活动又必须满足幼儿是活动的主人的特性，满足幼儿自由选择的需要。那么，当二者出现矛盾时该如何着手，这是颇具挑战性的任务。

一、现象扫描

老师，为什么[①]

星期一下午，区域活动即将开始。小（2）班的胡老师和徐老师让孩子们围坐成一个半圆，给他们分配区域活动的项目。

当徐老师正在讲述"我们今天的活动有娃娃家、美工区、建筑区、操作区"时，俞晴忽然按捺不住兴奋的情绪，高声喊起来："我要喂娃娃！我要喂娃娃！"

喂娃娃是班级新开设的一个活动项目，在前几次分配游戏时一直都没有安排到她，这一次一听到老师说到操作区，俞晴就立即叫了起来。徐老师的话被俞晴的喊声打断了，老师脸上平静的表情转为微怒。

徐老师朝俞晴看过去，发现俞晴的注意力并不在自己这边，而是在角落

[①] 参见：王春燕，主编. 给幼儿园教师的 101 条建议·幼儿园课程 [M]. 南京：南京师范大学出版社，2010：301.

里的操作区，便提高了音量对俞晴说："俞晴，老师看你今天是不想喂娃娃了！"

俞晴听了她的话，吃了一惊，快速转过头，瞪大眼睛，大声问道："为什么？"

徐老师看了俞晴的反应，显然也有些吃惊，进而，表情中的怒气有所加重，语气更加强了几分。"你说为什么！你还问老师为什么！"

俞晴的嘴巴微张着，盯着徐老师看了一会儿，忽然间好像意识到了什么似的低下了头。

徐老师接着分配活动，俞晴显示出紧张、焦虑的神情，抬起头偷偷地瞥了一下胡老师，不再讲话。

二、学理分析

这是区域活动开展前教师给幼儿介绍区域活动项目时所发生的一幕。从教师的介绍、幼儿的反应及师幼互动的事件中我们可以发现两个明显的问题。

1. 教师对区域活动的理解有偏差，观念有待更新

在这里，教师总是以管理者、制约者的身份出现，依次给全班幼儿分配活动项目。她对幼儿的行为期待是：幼儿应该安静、认真地坐在那儿听教师的安排，否则就是不遵守纪律，是不能被允许的。俞晴高喊"喂娃娃！喂娃娃"的行为显然与教师对她的行为期待发生了冲突，与教师期待的行为相差太远。教师并没有真正意识到，在区域活动中幼儿才是活动的主体，教师没能把握好自己的角色定位。

2. 这是一个消极的师幼互动

这是一个以"纪律约束"为主题的师幼互动。教师向俞晴发出了第一个带有负面情感特征的施动行为："俞晴，老师看你今天是不想玩喂娃娃了！"在此之前，俞晴对玩喂娃娃的游戏可谓心驰神往，她丝毫没有意识到此时此刻自己以高喊"喂娃娃"来表明自己想玩喂娃娃的愿望有什么不合适的地方。相反,她当时对教师最热切的行为期待是希望教师分配她去玩喂娃娃游戏,根本忘记了教师平常要求的"小手放好,小脚并拢,小眼睛看老师,小耳朵听老师"。因此,对教师说出"老师看你今天是不想玩喂娃娃了"这句话,俞晴感到很吃惊,教师的这个行为与她的期待相差太大了,于是,她下意识地发出了一个反馈行为"为什么",表明她的惊讶和对教师的疑问。教师对俞晴的这一反馈行为也感到有些意外,教师希望俞晴马上坐正,安静地听自己讲话,没想到的是"一个违反了纪律的幼儿非但不认错,反而问为什么"。于是,教师发出了负面情感特征更强的第二个施动行为"你说为什么!你还问老师为什么",借以重申纪律约束的主题。这一次,俞晴终于明白了教师的意图:在分配活动的项目时,大声讲话是不对的,教师生气了,在批评自己。于是,她先前兴奋的神情转为沮丧,低下头来不再讲话,以这种畏惧性质的、非言语的反馈行为表明自己对教师约束纪律的接受。教师也将注意力重新放在分配活动项目上面,师幼互动的行为事件结束。

三、对策与建议

那么,教师在区域活动项目的安排上该如何引导幼儿?当幼儿的选择与自己的预想有冲突时又该如何做呢?

1. 教师应明确幼儿是区域活动的主人,享有选择活动项目的权利

在区域活动中,教师不是区域活动的主导者,不是教师想让幼儿玩什么幼儿就玩什么,不是哪个区域需要什么样的幼儿教师就分配什么样的幼儿到那儿去游戏,更不是教师认为谁喜欢什么就安排谁到那儿去。教师应该和幼儿商讨:"请大家说一说,你喜欢到哪个区域去玩?为什么?""你觉得哪里比较好玩,为什么?""你能向大家推荐一个你认为特别好玩的地方吗?"……教师应把区域的选择权交给幼儿,让他们有充分地选择自己喜欢的项目的权利和自由。

2. 教师应在充分地了解幼儿的基础上预设活动

区域活动中,教师的预设活动必须是建构在幼儿的生活经验和学习兴趣上的。丰富的教育环境、多变的组织形式,会最大限度地焕发幼儿的学习热情、满足幼儿的情感需要。俞晴是一个活泼、好动,敢于大胆提出内心想法的小朋友。当幼儿向教师发出信息时,教师要及时捕捉到来自幼儿的信息,并及时生成新的游戏内容,使孩子们在活动中的自主性显著提升,按照自己的意愿和能力选择自己的活动,并将孩子们共同关注、自发生成的有价值的东西纳入教师预设活动的轨迹中,将幼儿的学习与研究不断推向深入。在这样自由、轻松、愉快的环境中,幼儿才能不断地尝试,找到适合自己学习的最佳方式,体验成功和快乐,增强自信心。

3. 教师应学会倾听幼儿的想法,尊重幼儿的选择

教师预设活动与幼儿的自发生成活动不是对立的、割裂的,而是相互包容、相互促进、相互衬托的。教师应具备敏锐的观察力,要善于捕捉来自幼儿的信息,和幼儿一起真正地投入到每一个活动中,与他们共同成长。教师要善于倾听幼儿,懂得包容幼儿,学会支持幼儿。当幼儿的行为与自己的预设发生冲突时,教师应学会适时地引导,学会尊重幼儿的选择。当俞晴提出"我要喂娃娃"时,教师应以接纳、尊重的态度与幼儿交往,并耐心地询问"你为什么想玩这个游戏呢",耐心倾听、努力理解俞晴的想法与感受,支持、鼓励她的探索与表达,满足她的活动需求,而不是以"老师看你是不想玩喂娃娃了"这样的语言和行为让俞晴由积极主动地参与变成了消极被动的状态。

案例 56

怎样在区域活动中更好地介入活动、指导幼儿？
——"瓶子创意操作"教学诊断

　　区域活动的创设不仅为幼儿提供了一个丰富而又能促进他们发展的活动环境，还能使其在与环境的相互作用中获得活动经验、体验成功，最终促进幼儿的自我建构和自身的发展。因而，相对于集体活动而言，区域活动应该是低结构的，它具有自由、自主和个性化等特点。正因为有这些特点，教师在活动过程中的有效指导显得至关重要。教师应以怎样的角色来指导区域活动，以怎样的方式来引导幼儿，在怎样的时机介入活动……这些问题都直接影响着区域活动的有效性。

一、现象扫描

瓶子创意操作

　　在美工区中，贝贝和小米选择了"瓶子"的创意操作。进入区域，他们显得很迷茫，拿起这个看看，翻开那个瞅瞅，就是不动手。

　　见教师从身边经过，贝贝立刻抓住了时机："老师，这个怎么弄啊？"

　　"你可以用这些材料来装扮这个瓶子啊！"教师建议道。

　　听了这句话，贝贝马上开工了，只见他三下五除二就把彩纸剪了几下，然后迅速地将纸贴到了瓶子上，并大声地叫道："老师，我做好了！"

　　可这时离区域活动结束的时间还长着呢，而且他的作品并不能让老师觉得有"创意"，所以被"无情"地忽视了。"你再贴点吧。"教师淡淡地说。教师的态度打击了贝贝的积极性,很快他就对瓶子失去了兴趣,游离到了其他区域中。

而这时的小米依旧一手托着腮帮,一手转着瓶子,一脸思考的样子。小米的表现引起了教师的注意,她走过去说道:"小米,这些材料你都能用的啊,你可以这样……"教师拿起皱纸给瓶子缠了一圈,又拿起彩纸剪了圆片贴了上去,一边做一边说:"这样做瓶子是不是挺漂亮的啊,你也试试。"小米看着教师的操作,什么也没有说。而在后面的活动中,她只是重复着缠和粘的动作。不一会儿,她渐渐失去了耐心,开始东张西望、漫不经心起来……

二、学理分析

在开放的区域活动中,幼儿有着相对自主的选择权。例如,在该案例中,孩子们进行"瓶子"的创意操作活动完全是遵照了他们自己的意愿。但就活动本身而言,"创意"是希望幼儿能打开想象的翅膀,发挥自己的创意去制作出一个属于自己的与众不同的作品。但在这个活动中,幼儿的操作显然不能体现"创意"二字的真谛,究其原因,教师指导不明确和不及时,引导不充分和无效应为此结果承担责任。在活动的初期,因为教师指导不明确,幼儿感到茫然,不知从何下手。当幼儿向教师求助时,这是个很好的介入机会,教师把握了这个机会,但并没有充分利用这个机会。她没有和幼儿交流关于材料的使用和可以参考的创意方法,只是草草地告诉孩子们要做什么。正由于教师引导不充分,导致幼儿很快对活动失去了兴趣,游离到了其他区域。而在面对小米时,教师看似说出了"你可以这样"的话语,但反而捆住了幼儿的思维和想象。这使幼儿在后续的操作中只是"完成"任务而没有真正动脑筋去思考和想象,甚至不明白到底是怎么回事。可以说,在这时,教师的引导是无效的。

三、对策与建议

在区域活动中,教师如何做到恰当地介入、有效地指导,从而促进区域活动的有效开展呢？

1. 预设重点前置，消除茫然

在区域活动中，幼儿因为不知道怎么去操作，所以一脸茫然。为此教师可以将重点内容或难点问题前置，比如在该区域活动之前加入一个导入环节，将创意瓶子的问题抛给孩子们，请他们说说自己装扮瓶子的想法，教师进行适当的引导，就可以为幼儿的创意提供参考与梳理，孩子们可以在此基础上进行"改良"、"改变"，或创作"截然不同"的作品。同时，教师也可以在前置环节中直接运用区域中的材料作为引子，将一些难点在活动前共同解决，比如揉皱纸、卷瓦楞纸等动作。这样一来，幼儿对该区域的内容就有一个大致的了解，在接下来的亲手操作中也会更加得心应手。此外，还要积极鼓励幼儿尝试教师列举的想法之外的新的看法、做法，制作出一个属于自己的独一无二的创意瓶。

此外，这类策略还可以运用在新增设的区域的初期，或者是区域有新材料跟进的时期。比如，在小班娃娃家的小厨房里根据主题，教师新增加了"包饺子"的内容，并依据内容和幼儿操作的特点及时跟进了包饺子的饺子皮（彩纸）、饺子馅（皱纸）、固体胶、盘子、锅子、勺子等。虽然材料跟进了，但孩子们并不会包饺子。因此，在第一次活动时，教师发现幼儿都能关注活动内容，但有些幼儿是把饺子皮当饼干，有些幼儿把其当作荷包蛋之类的来使用。随后教师就运用这种方法，将材料前置，以问题的形式引出导入环节——这些材料是用来做什么游戏的？那你觉得可以怎么玩？你们平时吃过饺子吗？你知道饺子是怎么包的吗？紧接着，教师拿出一份材料进行示范，也可以尝试让个别幼儿试一试。最后，在操作时，注意引导幼儿，这时创造性的要求就能较好地达到。

2. 细致观察在先，适时介入

在区域活动中，教师需把握介入的时机，并适时介入。而这种时机感来源于教师的细致观察。教师可以将自己作为一个旁观者，观察幼儿的行为趋向和心理变化，给予及时的引导。例如在本案例中，幼儿的行为有一系列的变化，如一开始进入区域时"拿起这个看看，翻开那个瞅瞅，就是不动手"的迷茫，此时教师通过观察可以判断出：幼儿对该区域不熟悉。那么，教师可以考虑进入区域和幼儿一起操作或用语言建议等方式引导幼儿熟悉材料。再到后来，贝贝开始了装扮，而小米依旧托着腮帮思考，随后贝贝的心情发生了变化、小米开始了装扮，又出现了游离现象。教师通过对幼儿这些行为的观察，可以发现：区域内提供的材料不能引起幼儿的兴趣，幼儿缺少适当的操作引导，需要教师介入，或提供材料，或给予引导。可见，只要教师细致观察，就能从孩子们具体的行为表现与变化中分析出需要介入的时机，并抓住这些时机，及时介入，从而推动区域活动的进程，促进幼儿的创意行为，有效地提升创意的质量。

3. 方法紧随其后，引导恰当到位

有了时机的发现，接下来就应该是方法的跟进。恰当的引导方法能使区域活动更加生动有趣，也能使幼儿的探究更自由和有效。

（1）茫然期——角色参与，语言引导。当教师观察到区域中幼儿茫然不知所措时，可以以参与者、合作者的角色介入。比如，教师可以扮演一位购买瓶子的商人或者是以一个瓶子拟人的身份参与活动。如果是商人，可以这么说："这里是瓶子创意工坊吗？我想买一个有花边、五颜六色的瓶子。"（或者是展示一张瓶子的照片）如果是瓶子拟人的身份，可以这么说："我是瓶子宝宝，我想穿一件绿色的衣服、黄色的裙子，再戴上美丽的花朵……"这样一来，给幼儿一些类似于角色与语言并存的任务单，让孩子们明确操作要求，孩子们就可以根据这样的任务去操作了。

（2）安静思考和操作期——干预少一些，观察为主，轻声细语，旁敲侧击。当孩子们不再茫然，进入了认真的操作环节时，教师应该选择退出区域，作为一名观察者仔细地观察幼儿的表现，不要急于将自己的方法告诉幼儿。比如，在该区域中小米并没有像贝贝那样很快地动作，其实她在思考。幼儿的个性不同，行为也会有所差异，小米与贝贝不同，喜欢先想好了再做。这时教师就不能急于介入她的活动，这样反而会打乱她的思维。教师可以蹲下身轻

轻地问"小米,你有什么想法吗",引导她把自己所想的说出来,并逐步跟进。

(3) 困难期——行为示范、引导同伴学习。在区域活动中,幼儿难免会遇到这样或那样的困难。比如,在创意工坊区域中,幼儿不会打扮瓶子,向教师求助。教师可以在角色引导的基础上给幼儿一些行为示范,但前提是不能框住幼儿的创造思维。教师可以参与活动,和幼儿一起来制作,一边做一边说说自己的创意想法,从而引发幼儿思维的活跃、行动的推进。同时教师也可以引导幼儿向同伴学习,告诉幼儿"你看看佳佳是怎么做的","你觉得佳佳哪里做得好,你在哪里可以有所改变"等。这样就能改善幼儿过分依赖教师或者没有行为驱动导致的停滞。在其他区域也是如此,当幼儿有困难主动寻求帮助时,教师需要引起注意,分析幼儿是否是遇到了"真"困难。他自己思考过吗?他自己摆弄过这些材料吗?如果答案是肯定的,那么教师就必须抓住机会进行引导,为区域活动正常顺利进行提供保证。

(4) 游离期——分析原因,和幼儿一起总结,提出更高要求。在区域活动中,当幼儿出现了游离状态时,教师需要对此进行分析,然后给予策略上的跟进。比如,在本案例中,幼儿的游离有两种原因:第一种,他完成了工作,感觉没有挑战性了;第二种,因幼儿完全是按照教师的做法照搬照抄进行创意制作,觉得没有任何新颖性,失去了兴趣。面对以上两种情况,教师可以这么做:让完成任务的幼儿来介绍一下自己的作品,这种成功感会驱动他的兴趣,教师顺势提出更高的要求,推动他做得更好,这样也带动了区域活动的延续。同时,对没有兴趣的幼儿,应以激励为主。首先肯定他的作品的优点,再给他提出更高的要求,激励他重新回到区域活动中来,在其中获得自身的发展。除了以上两种原因之外,还有可能是该区域对幼儿没有挑战性,或者该区域的内容超越了幼儿的能力水平,幼儿自然也就没有再去挑战的兴趣。

总之,在区域活动开展的过程中,教师扮演着多重角色,是幼儿活动的支持者、参与者、合作者、引导者,不断以隐性指导推动孩子们区域活动的进程。

案例 57

怎样设计区域活动中的规则提示?
——"休闲吧的小闹钟"教学诊断

区域活动虽是自由、自主、个性化的活动,但区域活动的有序、有效进行依赖于区域活动中规则的隐性影响。如何有效地将区域规则内化为幼儿活动的内在行为准则,是教师面临的一个重要课题。

一、现象扫描

例 1　休闲吧的小闹钟

班级里新开的休闲吧可热闹了,小朋友们都爱上那儿去玩。可休闲吧只能一次接待 5 个小朋友,小朋友们总是不停地跑来告诉教师:"老师,我一次也没进去玩过","老师,我也想玩","老师,宁宁总是待在那里不出来"。

大(1)班的沈老师看到这种情形,觉得非常有必要为休闲吧制定一个活动规则,于是她组织全班幼儿讨论:"休闲吧地方小,有那么多小朋友都想进去玩,怎么办?"

小朋友们各抒己见,通过讨论最后大家一致决定,在休闲吧中放一个小闹钟,每次设定的时间为 5 分钟,进去玩的小朋友闹钟一响就得出来。虽然闹钟响了有的小朋友还恋恋不舍,但由于这是大家共同的约定,他们还是选择了出区。这不仅让幼儿体会到了规则的含义,而且可以使更多的幼儿进休闲吧去玩。

二、学理分析

区域活动是幼儿根据自己的兴趣、需要,自由选择、自发探索、自主操作的活动。相对于集体活动和小组活动而言，其个性化和自主性更强，因而需要通过规则来保证活动的顺利开展。俗话说"没有规矩，不成方圆"，例1中由于参与游戏的人数多，而区域空间又有限，教师组织小朋友们一起讨论解决的办法。而且在教师的引导下，小朋友们也找到了可行的方法。这样的做法不仅给了幼儿更大的主动权，而且帮助幼儿了解到了活动规则的意义，让幼儿学习参照规则调整自己的行为，在一定程度上推进了幼儿的社会性发展，同时也形象地体现了环境对幼儿的隐性调整作用。

三、对策与建议

在区域活动中如何创设规则提示，有哪些类型的规则提示呢？一般而言，主要有以下几种方法和类型：

1. 人数提示

人数提示是指通过一定的标识明确该活动区的参与人数。由于受活动区的空间、材料和游戏内容等因素的影响，所以人数提示是非常有必要的。它能确保在该区域活动的幼儿与材料互动的成效，能较好地帮助幼儿调整个体行为。区域活动人数规则提示的呈现方式是多种多样的，教师应根据活动区内容与材料的不同进行设计，如：小脚印、小圆点等告诉幼儿此处已有几人，还可以进入几人，小点子和脚印上的鞋子放满了就表示此处进区的人数已满；贵宾卡、小夹子、小胸卡等取完了就表示该区人数已满，后来者要等待下一次机会了；另外，像表演区的道具有几样、生活区的材料有几份、探索区的椅子有几把等都是在暗示幼儿可以有几人在此活动。

2. 时间提示

时间提示是指通过一定的方式来提醒幼儿活动时间的长短或是向幼儿发出结束活动的信号。一般来说，参加区域活动时幼儿可以根据自己的兴趣和需要及游戏的情况来自主安排活动时间，但在游戏的某个阶段或是在一些合作活动中，时间提示还是在起着积极的作用。

例2 定时器

中（2）班的陈枭是一个兴趣广泛、乐于尝试新事物的幼儿，但他没有耐心，注意力容易分散，因此，在区域活动时他常常是这儿摆弄一会儿、那儿溜达一圈，到最后可能什么都没干成。

这天下午，他走进了益智区玩拼板，没一会儿他就准备走开。周老师看到这种情况，马上走到他的身边对他说："昨天晨晨用9分钟拼好了这块拼板，不知道你行不行？"

因为他非常喜欢与人竞争，他看了看周老师，说："当然行喽。"

于是周老师拿来一个定时器放在了他的身边，把定时器定到了9分钟。周老师说："看着哦，时间到了它就会响的，你可要加油。"

只见陈枭一边点头一边马上行动起来，在这一次区域活动的时间里，他一直在专心地拼图，第一次他用了13分钟，于是他不服输，再来了两遍，第三遍的时候他才获胜。

定时器让像陈枭这样的幼儿学会了控制自己的行为，学会了一心一意地完成一样"工作"，使得幼儿在活动区活动的成效更明显了。可以说，时间提示是区域活动顺利开展的一个好帮手，但值得注意的是，时间提示比较适合年龄较大的幼儿，对于托小班幼儿不太适合。

3. 操作提示

操作提示是指通过一定的图示或相关形式的说明使幼儿明白操作的顺序，知道活动的玩法，简单而言就是一种让幼儿一看就明白可以怎么玩的提示方式。

例3 纸鲜花制作图

美工区中新投放了许多制作各种花卉的材料，也摆放了好几瓶不同造型的纸制"鲜花"，丽丽和她的几个好朋友一下子就被这些花给吸引了。她们走了过去，东摸摸，西看看，还不停地嘀咕着。"哇，这个真漂亮啊。""我最喜欢这朵红色的花。""我喜欢这朵白色的花。""这个是怎么做的呢？"

这时，丽丽发现了贴在一旁的制作图，她惊喜地说："快看，照着这些做就行了。"于是，几个好朋友一边看着图示一边尝试着做了起来。

简单明确的图示成了教师的最佳助教，它让幼儿学会自主学习、主动尝试。没几天，孩子们的作品就成了美工区一道亮丽的风景线。

操作提示可以表示操作顺序，也可以表示游戏的玩法或者合作的要求，具体而明确的操作提示能帮助幼儿更好地理解活动的内容，赋予游戏丰富的内涵，给了幼儿更多的学习机会。在实践中，操作提示的方法可以是案例中的图示式，也可以是照片式、箭头式或几者相结合，关键是表示的方式要能较好地传递给幼儿明确的活动信息，是幼儿能够看得懂、易操作的，切不可过于复杂，线索不宜太多，否则幼儿不理解，从而失去了它的意义。

在区域活动的规则提示中，除了以上三种方式外，还应有相应的材料摆放、归类、保管等相关的提示，比如，不同的操作材料要放在不同颜色的筐中，每个筐的外部都贴有相应的符号或是材料照片，幼儿一看就知道什么样的材料该放在什么颜色的筐中，然后再将筐放在有相应标识的橱柜上。这些看来也许是小事，但对于幼儿规则意识的培养，对于幼儿园材料的保管，对于幼儿活动中材料取放的方便等都是非常有帮助的，因此，千万不要忽视这一规则的建立。教师在规则的建立和运用的过程中还要明确，规则在区域活动中不是固定不变的。教师应根据幼儿当前的游戏情况，有针对性地进行指导，更好地顺应和推动幼儿的发展。教师还可以根据活动的发展情况呈现规则的多样性，起到一举多得的作用，比如：当休闲吧中的材料增多了，教师就可以适当地增加每次进区活动的人数，多发几张进区卡；在操作区中如果幼儿没完成作品，就可以把进区卡放在作品的旁边，那么下一次别人就知道这是还没完成的作品，也就不会进入这个地方或是破坏他人的劳动成果了，幼儿也就可以接着完成自己的"工作"。

总的来说，"规则提示"作为区域活动的一个重要组成部分，以固定的规则与灵活的变式相结合的形式，保证了区域活动的有序开展，从深度和广度两个方面拓展了区域活动的意义。开发和挖掘"规则提示"的意义以及智慧灵活地予以运用，是教师应积极探索和把握的。教师应充分利用"规则提示"，使活动更有理、有力、有序、有意义。

案例 58

怎样看待与应对区域活动中的幼儿偏区现象？
——"幼儿偏区现象"教学诊断

区域活动是幼儿自由、自主、个性化的活动，其源于幼儿兴趣、需要的不同。然而，教师在区域活动中也会经常发现某些幼儿有"偏区"现象（专注于某一区域而长期忽视其他区域），面对这种情况，教师该如何应对呢？

一、现象扫描

在幼儿园区域活动中，教师总会看到这样一些幼儿，他们只倾心于某一个区域或某一项工作。

例1 爱玩小赛车的涛涛

每到区域活动时间，涛涛就一个人待在玩具区玩汽车，自从那辆小赛车来到玩具区后，他已玩了几十次了，但每次他都是那么喜爱，甚至有点不太愿意让别的小朋友动它。教师曾多次提醒他别的地方也很好玩，并且把他带到了别的区域，可不一会儿，他又回到了原处，他说："我就是喜欢玩赛车。"

例2 美工区的创意天地

班级里新增了一个美工区，幼儿可以用各种生活材料创作自己喜爱的作品。陈老师发现，这个新区域出现在活动室已是第三天了，却没多少小朋友到那里去玩过。嘉怡走过来看了看，又回到她原来玩的地方去了。朵朵跑来玩了玩那些米粒和蛋壳，东张西望了一会儿也走了……第四天，陈老师走进了美工区的创意天地,她拿起那些鸡蛋壳、小米粒有模有样地做起了创意画,一边做还一边自得其乐地说着。这时小朋友们开始围上来,不一会儿,有许多人也照着老师的样子做了起来。接下来的几天,创意天地里人头攒动,小朋友们对那里可感兴趣了。

例3 无可奈何的嘉凯

又到了区域自主活动的时间,嘉凯在活动室里环视了一圈,他走到图书角看了看,发现里面已经坐满了;他又到了操作区,在几个小朋友中间好不容易挤到了一个地方,可没有操作材料了,他待了一会儿就失望地离开了;最后,他来到前几天他一直在玩的建构区活动。

二、学理分析

从以上三个案例我们不难看出,其实幼儿的"偏区"是由多方面的原因造成的。在例1中,涛涛是因为特别喜欢那辆小赛车所以才会对玩具区情有独钟;而例2中的朵朵及其他幼儿是因为不知道如何在创意区中游戏、如何运用这些好玩的材料来进行有创意的工作,所以才来了又走;例3中的嘉凯之所以选择之前一直在玩的建构区,是因为班级活动区太少,可供幼儿操作和游戏的材料太少,所以才不得不在原来的地方继续游戏。那么,是不是所有的幼儿"偏区"行为都是不好的?幼儿产生"偏区"行为后教师又该如何应对呢?

许多教师面对幼儿的"偏区"现象,第一反应是"偏区"不好,需要纠正,换言之,"偏区"是不合理的。这是许多教师在处理幼儿"偏区"现象时的一种先入之见,一种假设。其实"偏区"作为一种比较常见的区域活动现象,其存在是有一定的合理性的。教师需要深入思考,理性地看待幼儿的"偏区"。[①]

---

① 参阅:秦元东.生态式幼儿园区域活动对"偏区"现象的超越[J].教育导刊:幼儿教育,2006(10).

1. 加德纳多元智能理论昭示不同的人有不同的智能优势

美国哈佛大学的加德纳教授等人所提倡的多元智能理论向我们阐明和揭示了这样一个事实：每个人都是不同的，这种不同主要不是表现为所具有的智能种类的多少，而是表现为智能的不同组合。每个幼儿都拥有相对于自己或是相对于他人的智能强项。复杂多样的生存环境需要多种智能的组合，所以教师不能持一个标准去关注不同的幼儿。教育旨在帮助幼儿发现、培育自己的智能优势，并以强项带动弱项的学习，建构自己的优势智能组合，实现自身全面、和谐的发展。因此，不同的幼儿对不同的区域就有不同的偏好。这就是幼儿"偏区"现象合理性的一个表现与根源。

2. "非普遍发展理论"启示不同的人具有不同的活动范畴

"非普遍发展理论"的核心是强调与突出每个具体的人是不同的，不同的具体的人具有的活动"范畴"是不同的，他们感兴趣与擅长的具体活动也是不同的，所胜任与从事的活动也是不同的。对于具体的幼儿而言，必然会选择、从事与偏好不同的区域。这是幼儿"偏区"现象合理性的另一个表现与根源。

3. 区域活动个性化学习的特点

区域活动是以幼儿的需要、兴趣为主要依据，根据幼儿园教育的目标和正在进行的主题教育活动，通过创设不同的区域，投放多种多样的活动材料，制定相应的活动规则，让幼儿自由选择活动区域，在其中通过与活动材料、同伴等的积极互动，获得个性化的学习和发展的一种活动形式。它具有自由性、自主性、个性化和指导的间接性等特点，为幼儿提供了一个更加宽松、自由的活动空间。在这里，每个幼儿都可以选择自己感兴趣和需要的活动，按照自己喜欢的方式学习和游戏，这也就决定了在具体的活动过程中，每个幼儿可以选择自己喜欢的区域，按照自己的方式开展具体的区域活动，否则就违背了区域活动的特点。

从以上几个方面，我们可以看出，幼儿的"偏区"并非空穴来风，也并非全无合理性。因此，教师应理性地思考和分析，在一定程度上允许这种现象的发生,允许幼儿有更多的自主选择和活动的时间和空间。

三、对策与建议

任何事物的存在都既有合理的一面,也有不合理的一面。幼儿的"偏区"行为也是如此。一个幼儿长时间"偏区",便会导致其在一定程度上只能获得某一方面能力的发展,如例1中的涛涛,他的这种过分专注,不仅仅是只能使其能力在一个方面获得单一发展,而且他的这种独玩行为也使得他与其他的区域活动、与其他的幼儿分离开来,成为一个封闭的、孤立发展的个体,他对其他区域和人的不闻不问,割裂了他的不同智能之间原本具有的内在有机联系,导致他在某一种或某几种智能上孤立地高度发展,最终智能以单一的形式表现出来,成为加德纳所说的"奇特的个体"、"非正常的人"。而"事实上除了非正常的人,智能总是以组合的方式运作的。任何有经验的成年人在解决问题时,都会运用多种智能的组合"。由此我们可以得出结论,幼儿"偏区"现象既有其合理的一面,也有其不合理的一面,针对不合理的实质与根本,教师应认真分析幼儿产生"偏区"的原因,运用生态的、发展的视角,积极采取相应的措施来对幼儿实施引导和帮助。

1. 丰富环境

提供多样的材料、根据幼儿的年龄特点创设丰富的区域环境,是避免幼儿"偏区"的一项积极而有效的措施。试想,当幼儿处在一个可以充分选择区域活动的环境,且周围的区域对他们都具有足够的吸引力时,他们又怎么可能"两耳不闻窗外事,一心只玩手中物"呢?例3中的嘉凯就是因为转了一圈都没有他感兴趣的活动才回到他已玩了很多天的建构区的。因此,要想幼儿不"偏区",教师还是得从源头上寻找原因,尽可能地为幼儿创设一个能自由选择的、多样的区域环境,并且能根据幼儿的发展水平和主题开展情况及时更新区域内容和材料,使幼儿有更多可选择、可活动的空间。

2. 示范引导

对于一些新开设的区域或新提供的材料,教师可以通过自己参与活动的方式，引导幼儿了解材料的特性和区域的活动方式，从而使幼儿有更多可以选择的活动内容，避免"偏区"现象的出现。如在例2中，教师通过自己的创作活动引起幼儿对该活动区的注意和兴趣，然后在示范创作的过程中使幼儿了解材料的性质和功能，知道如何在该区域进行活动和创作，引导幼儿从观望中走近创意区，在创意区中大胆创作。

3. 交与任务

对于一些因为兴趣爱好而特别"偏区"的幼儿，教师可以采用交给其一些任务的方式引导他们逐步走出个体的独自游戏而参与到团队游戏当中去，让他们在与其他伙伴的互动中了解其他区域的活动内容，从而使他们慢慢地喜欢上别的活动。如例1中的涛涛我们可以通过请他扮演出租车驾驶员的办法，让他帮娃娃家的爸爸妈妈送宝宝上幼儿园、到医院去送病人、为需要帮助的人运送货物等，这样一是可以让他继续玩他喜欢的小汽车，二是可以通过游戏使他与别的区域、别的幼儿进行沟通交流、合作游戏，这样不仅能丰富活动的内容、增强各区域之间的联系，而且能让涛涛在与别的小朋友、别的区域内容的接触过程中逐步去了解其他的活动，激发他对其他活动的兴趣，从而慢慢地让他尝试着去别的区域游戏，使区域内容不断得以拓展与深化，从而真正从根本上实现对幼儿"偏区"现象的超越。

4. 加强区域活动和社区或家庭的内在联系

在例2中，教师可以启发幼儿在家长的帮助下，通过上网查找、到图书馆查阅等方式，寻找关于京剧脸谱的相关知识。有了许多丰富的感性经验，幼儿就有了创作的源泉和动力了，这样美工区的创意脸谱活动才会不断得到丰富和深化，从而能更好地为主题活动服务。

总之，面对幼儿的"偏区"问题，教师要在充分了解幼儿需求的基础上理性地分析与思考，辩证地看待幼儿的"偏区"问题，运用生态学的观点，创设丰富的、适合幼儿发展的区域环境，引导幼儿了解区域和材料，对个别特别"偏区"的幼儿进行跟踪观察和有针对性的教育引导，充分挖掘社区和家庭的教育资源，从而真正从根本上实现对幼儿"偏区"行为的指导和帮助。

学前教育类书目

书号	书名	著、译者	定价(元)
幼儿园教师专业成长指导			
2547	认识婴幼儿的游戏图式	张晖 等译	48.00
2113	做会沟通的幼儿教师	胡剑红 等主编	38.00
2236	幼儿园文案撰写规范与技巧	刘敏 等著	52.00
2311	幼儿园探究性环境创设（四色）	康丹 等译	48.00
2056	小脑袋，大问题（四色）	孟晨译	48.00
2309	破解幼儿园教师的90个工作难题	杜长娥 徐钧 主编	52.00
2112	幼儿园优质教研活动设计方案	朱清 等著	38.00
1781	给青年幼儿教师的建议	吴邵萍 著	40.00
8470	答新手幼儿教师120问	刘洪霞 主编	28.00
1798	幼儿园新手教师指导手册	王芳 等著	48.00
1783	从新手到骨干——幼儿教师专业成长故事	尹坚勤 编著	42.00
1780	幼儿教师追求幸福的方法	余胜兰 著	42.00
9111	做个幸福快乐的幼儿教师——为你的专业成长支招	莫源秋 著	28.00

9047	幼儿教师临场应变技巧60例	冯伟群 著	25.00
8930	幼儿教师易犯的150个错误	伍香平 编著	32.00
0070	幼儿教师必知的礼仪规范	向多佳 编著	38.00
9611	幼儿园教师必知的60条教育政策与法规	洪秀敏 编著	34.00
幼儿园教师专业成长指导系列合计			681.00
幼儿园教师教学技能与活动指导			
2727	从头到脚玩绘本（全彩）	董旭花 张海豫 主编	78.00
2253	理解儿童心理从绘画开始（全彩）	陈侃 著	38.00
0760	幼儿园备课·说课·听课·评课	俞春晓 等 著	42.00
9499	幼儿教师必须修炼的10项教学技能	俞春晓 著	25.00
9454	幼儿园教学诊断技巧与对策58例	王春燕 等 著	38.00
9612	幼儿园综合主题活动 ——设计技巧与优秀案例	赵旭莹 等 主编	42.00
1235	幼儿园绘本美术活动创意设计（全彩）	郭莉萍 赵福云 主编	68.00
9323	幼儿园美术活动创意设计（全彩）	罗梅 赵福云 主编	56.00
0180	给幼儿教师和家长的81条美术教育建议（全彩）	李力加 著	62.00
9150	幼儿园节日活动精彩设计方案	刘洪霞 主编	35.00
9590	幼儿园语言活动创新设计	郭咏梅 著	32.00

……
欲了解更多图书信息，请登录：www.wqedu.com
联系地址：北京市西城区三里河路6号院2号楼213室　万千教育
咨询电话：010-65181109，65262933
*本目录定价如有错误或变动，以实际出书为准。